Fábio José Parreira
Gilse Antoninha Morgental Falkembach
Sidnei Renato Silveira

Construção de Jogos Educacionais Digitais e Objetos de Aprendizagem:

um estudo de caso empregando

- **Adobe Flash**
- **HTML 5**
- **CSS**
- **JavaScript**
- **Ardora**

Fábio José Parreira
Gilse Antoninha Morgental Falkembach
Sidnei Renato Silveira

Construção de Jogos Educacionais Digitais e Objetos de Aprendizagem:

um estudo de caso empregando

- **Adobe Flash**
- **HTML 5**
- **CSS**
- **JavaScript**
- **Ardora**

EDITORA CIÊNCIA MODERNA

Construção de Jogos Educacionais Digitais e Objetos de Aprendizagem: um estudo de caso empregando Adobe Flash, HTML 5, CSS, JavaScript e Ardora

Editor: Paulo André P. Marques
Produção Editorial: Dilene Sandes Pessanha
Capa: Daniel Jara
Diagramação: Lelo Oliveira
Copidesque: Kamilla Loivos

FICHA CATALOGRAFICA

PARREIRA, Fábio José; FALKEMBACH, Gilse Antoninha Morgental e SILVEIRA, Sidnei Renato.

Construção de Jogos Educacionais Digitais e Objetos de Aprendizagem: um estudo de caso empregando Adobe Flash, HTML 5, CSS, JavaScript e Ardora

Rio de Janeiro: Editora Ciência Moderna Ltda., 2018.

1. Informática. 2. Aprendizagem-ensino
I — Título

ISBN: 978-85-399-0849-3

CDD 001.642
373-27

Editora Ciência Moderna Ltda.
R. Alice Figueiredo, 46 – Riachuelo
Rio de Janeiro, RJ – Brasil CEP: 20.950-150
Tel: (21) 2201-6662/ Fax: (21) 2201-6896
E-MAIL: LCM@LCM.COM.BR
WWW.LCM.COM.BR

08/18

PREFÁCIO

Na UFSM/Frederico Westphalen existe um grupo de pesquisa, liderado pelo Prof. Dr. Fábio José Parreira, denominado IATE-UFSM – Inteligência Artificial e Tecnologia Educacional. As linhas de pesquisa deste grupo abrangem: Ambientes Virtuais de Aprendizagem, Inteligência Artificial aplicada à Educação, Objetos de Aprendizagem e Tecnologia Educacional. Neste contexto, os integrantes deste grupo vêm desenvolvendo pesquisas nas áreas de EaD (Educação a Distância), Jogos Educacionais Digitais, Objetos de Aprendizagem e Inteligência Artificial aplicada à Educação, entre outros temas. Essas pesquisas constituem projetos docentes, tais como: Estudo e Aplicação de Técnicas de Inteligência Artificial aplicadas à Construção de Jogos Educacionais Abertos; Objetos de Aprendizagem Hipermidiáticos na Mediação Pedagógica da Disciplina de Linguagem de Programação Comercial para a Modalidade *b-Learning*; Arquitetura para Adaptação de Cursos na Modalidade de Educação a Distância empregando Objetos de Aprendizagem.

Além destes projetos de pesquisa, alguns alunos do Curso de Bacharelado em Sistemas de Informação têm desenvolvido seus projetos de conclusão, na disciplina de TGSI (Trabalho de Graduação em Sistemas de Informação), em temáticas ligadas ao IATE, tais como: Desenvolvimento de um Jogo Educacional Digital para Auxílio à Alfabetização utilizando Redes Neurais e Jogo Educacional Digital para Apoio ao Aprendizado de Matemática.

Estes projetos de pesquisa e de TGSI, bem como a criação do Curso de Licenciatura em Computação na modalidade a distância, demonstram a força dessas áreas de pesquisa no *campus* da UFSM de Frederico Westphalen. Aliada a esta força, tem-se a experiência dos integrantes do grupo de pesquisa na produção científica e no desenvolvimento de projetos nesta área.

Sendo assim, a partir da experiência desse grupo de pesquisa no desenvolvimento de jogos educacionais digitais, elaboramos este livro, que pretende discutir conceitos de OAs (Objetos de Aprendizagem) e Jogos Educacionais Digitais, além de estimular o desenvolvimento, na prática, destes jogos, utilizando-se de algumas tecnologias que estão entre as mais empregadas atualmente, que são o *Adobe Flash* e o HTML 5 (*HyperText Markup Language*).

Para dar conta dessas temáticas, o capítulo 1 apresenta uma série de conceitos que envolvem o desenvolvimento de materiais educacionais digitais, abordando ferramentas de autoria multimídia, objetos de aprendizagem e jogos educacionais digitais.

O capítulo 2 apresenta um tutorial de utilização básica do *Adobe Flash*, para que o leitor se familiarize com esta ferramenta. Já no capítulo 3, são apresentados recursos de aplicação do *Flash* para a construção de OAs e jogos educacionais digitais.

As características e exemplos de utilização das linguagens HTML 5, CSS e *JavaScript* são apresentadas nos capítulos 4, 5 e 6; e a construção de jogos educacionais digitais e OAs, aplicando HTML 5, CSS e *JavaScript* é apresentada no capítulo 7.

O capítulo 8 encerra este livro, trazendo um tutorial de utilização da ferramenta de autoria *Ardora*, que permite a construção de objetos de aprendizagem de forma interativa.

Os exemplos desenvolvidos envolvem conceitos básicos de programação de computadores. Entretanto, algumas ferramentas podem ser empregadas por usuários que não possuem conhecimento de programação (tais como os *Snippets* de código do *Adobe Flash* e a utilização da ferramenta *Ardora*). Sendo assim, acredita-se que este livro possa ser aplicado por usuários de nível intermediário em informática.

Espera-se que este livro contribua para a discussão que envolve o desenvolvimento de jogos educacionais digitais, bem como estimule a prática de implementação e aplicação dos mesmos em sala de aula, por professores de diferentes áreas do conhecimento, tendo-se em vista que não há necessidade de conhecimentos aprofundados em programação para utilizar as tecnologias aqui apresentadas, já que os exemplos foram construídos de forma simplificada.

Sumário

PARTE I
Conceitos

PARTE II
Construção de Objetos de Aprendizagem e Jogos Educacionais Digitais com o *Adobe Flash*

PARTE III
Construção de Objetos de Aprendizagem e Jogos Educacionais Digitais com HTML5, CSS e *JavaScript*

PARTE IV
Construção de Objetos de Aprendizagem com a Ferramenta ARDORA

PARTE I
Conceitos

CAPÍTULO 1
Conceituação

Este capítulo apresenta uma série de conceitos que envolvem a elaboração de materiais didáticos digitais, especialmente OAs e Jogos Educacionais Digitais. Tais materiais podem ser utilizados nas modalidades de ensino presencial ou a distância (por meio de Ambientes Virtuais de Aprendizagem).

A construção de jogos educacionais digitais envolve a aplicação de recursos multimídia, tais como: imagens, animações, vídeos e sons. Além disso, um jogo educacional digital é um recurso que pode ser empregado em atividades voltadas à EaD (Educação a Distância), podendo ser classificado como um OA (Objeto de Aprendizagem, ou Objeto Educacional). Neste contexto, antes de iniciarmos a construção de jogos educacionais utilizando *Flash* e HTML5, vamos conceituar os diferentes termos e áreas envolvidas.

1.1 Ferramentas de Autoria Multimídia

A **multimídia** envolve a utilização de diferentes mídias na construção de materiais educacionais digitais, tais como: textos, áudio, vídeos e animações. A **hipermídia** é a união do conceito de hipertexto com a multimídia, ou seja, uma aplicação hipermídia envolve a utilização de diferentes mídias conectadas entre si, por meio de diferentes *links*, tal como funcionam os inúmeros *sites* existentes na *web*.

Para a criação de materiais educacionais digitais multimídia, podem ser utilizadas ferramentas de autoria. A utilização de ferramentas de autoria multimídia possibilita a construção destes materiais com recursos de imagens, textos, vídeos e sons, entre outros, sem que haja necessidade de o professor aprender a codificar em uma linguagem de programação específica. Atualmente, as ferramentas de autoria multimídia também podem ser conhecidas como *ferramentas de construção de objetos de aprendizagem*. Os especialistas em programação de computadores podem criar aplicações multimídia e/ou hipermídia utilizando diferentes linguagens de programação, tais como C#, *Java*, *Visual Basic* e *Delphi,* entre outras. Entretanto, estas linguagens de programação necessitam de conhecimentos específicos e avançados, diferentemente das ferramentas de autoria.

A maioria das ferramentas de autoria multimídia possui facilidades para incorporação de diversas mídias e, muitas delas, não necessitam de código de programação, tais como o *Ardora*, *Visual Class* e o *Everest*, por exemplo. Algumas possuem linguagens de programação embutidas, como é o caso do *Multimedia ToolBook* (que utiliza a linguagem *OpenScript*). A diferença na utilização dessas ferramentas é que as que possuem uma linguagem de programação embutida possibilitam uma maior liberdade ao desenvolvedor e, consequentemente, maiores recursos. Algumas dessas ferramentas, antes da disseminação do acesso à Internet no Brasil, eram muito utilizadas no âmbito educacional, tais como o *Everest* e o *Visual Class*. Com a ampliação do acesso à Internet, ferramentas como o *Ardora*, *CourseLab* e *SCORMEditor* acabaram ganhando maior destaque. Uma ferramenta interessante, que une recursos de multimídia e de ambientes virtuais não imersiva, é a *Active Worlds* (AW-EDU), um ambiente em realidade virtual não imersa que permite a criação de mundos virtuais voltados à educação.

O desenvolvimento de materiais educacionais digitais é uma das áreas nas quais as ferramentas de autoria têm maior aplicação. As ferramentas de autoria oferecem um ambiente integrado para a combinação do conteúdo e das funções do software desenvolvido. Estas ferramentas fornecem a estrutura necessária para a organização e a edição dos elementos de um software multimídia, incluindo gráficos, desenhos, animações, sons e vídeos. Elas são utilizadas para o desenvolvimento da interface do software, visando estimular a interatividade, agrupando os elementos da multimídia em um projeto coeso.

Ao utilizar uma ferramenta de autoria multimídia, as possibilidades para a construção dos materiais educacionais digitais são inúmeras, visto que a maioria delas permite desde a importação de imagens em diversos formatos, até a construção de desenhos utilizando as barras de ferramentas. A construção dos materiais educacionais digitais dependerá da habilidade do usuário.

A utilização de ferramentas de autoria facilita o desenvolvimento de materiais educacionais digitais com recursos de multimídia, permitindo que equipes interdisciplinares possam desenvolver materiais atrativos. Estas equipes podem ser formadas por profissionais de diversas áreas, envolvendo *designers*, educadores e informatas, o que possibilita o desenvolvimento de materiais educacionais digitais tão elaborados quanto os *softwares* e jogos comerciais existentes atualmente, os quais não possuem uma função educacional ou não foram projetados com este fim.

A **hipermídia** permite criar, alterar, excluir, compartilhar e consultar informações contidas em várias mídias, possibilitando o acesso às informações de uma forma não sequencial, baseado no paradigma conexionista das Ciências Cognitivas. A hipermídia na Educação possibilita criar aplicações hipermídias educacionais atraentes e motivadoras, agregando o fascínio da multimídia ao aprendizado.

Como viu-se anteriormente, a hipermídia é a união dos conceitos de multimídia e hipertexto, sendo que a multimídia é um recurso que combina texto, som, imagem, animação e vídeo, ou seja, utiliza-se de múltiplos meios de exibição de uma informação para comunicar.

- Texto: é a informação textual, na forma de palavra escrita;
- Som: é a informação na forma de áudio, ou seja, na forma de música, voz, ruídos ou outros efeitos sonoros;
- Imagem: é a informação na forma de desenhos, fotos, figuras ou gráficos;
- Animação: é a informação na forma de imagem com movimento e sem som; e
- Vídeo: é a informação na forma de imagem com movimento e som.

A combinação dessas mídias auxilia nos processos de ensino e de aprendizagem, pois prende a atenção, entusiasma e transmite as informações de várias formas, estimulando diversos sentidos ao mesmo tempo. Nisso reside o poder da informação multimídia, em que a carga informativa é significativamente maior, os apelos sensoriais são multiplicados e isso faz com que a atenção e o interesse do aluno sejam mantidos, promovendo a retenção da informação e facilitando a aprendizagem.

O hipertexto é um recurso que vincula informações adicionais por meio de *links*, ou seja, é um texto que possui ligações com informações complementares. O hipertexto é, sem dúvida, um recurso importante, pois, possibilita consultas indexadas de forma direta, instantânea, por meio de elos interativos. Genericamente, hipertexto é qualquer texto com ligações para outros documentos, palavras ou frases, geralmente em destaque, que podem ser escolhidos pelo usuário, fazendo com que outro documento seja exibido. Em vez de uma estrutura linear, o hipertexto é uma cadeia de informações sem sequência, ligadas de maneira criativa e contextualizadas.

Hipertexto, na verdade, é comumente definido como uma forma não linear de armazenamento e recuperação de informações tendo a capacidade de interligar pedaços de textos ou outros tipos de informação entre si por meio de palavras-chave. Tecnicamente um hipertexto é descrito como um conjunto de nós conectados por ligações. Os nós podem ser palavras, páginas, imagens, gráficos, sequências sonoras e documentos complexos. Os itens de informações não são ligados linearmente, mas sim de acordo com o contexto dentro da aplicação hipermídia.

As aplicações hipermídias educacionais são ferramentas de ensino que visam facilitar a aprendizagem, pois essa pode acontecer por descoberta. Os alunos, ao tentarem localizar uma informação, participam ativamente de um processo de busca por meio da hipertextualidade que possibilita a descoberta de novas informações. Os hipertextos são construídos a partir das diferentes possibilidades de conexões de acordo com a vontade do aluno. Entre tantos conceitos, a hipertextualidade procura simular o processo de pensamento associativo realizado pela mente humana, melhorando assim as estratégias de aprendizagem existentes e auxiliando na construção do conhecimento. Esse processo de aprendizagem é considerado mais duradouro do que aquele direto e explícito, sendo, também, mais adequado ao atendimento das diferenças individuais, como o grau de dificuldade, o ritmo de trabalho e o interesse de cada aluno.

O computador como meio de ensino é um fato. É preciso que o professor o veja como mais uma aquisição dos educadores para seu ambiente de trabalho. Vivemos na era digital, na Sociedade da Informação e do Conhecimento, sendo preciso repensar a Educação e as práticas pedagógicas utilizadas. Para auxiliar nesse processo podem ser desenvolvidos objetos de aprendizagem, também denominados como objetos compartilháveis, objetos de conhecimento ou objetos educacionais (BEZZI *et. al.*, 2007).

Esses recursos educacionais podem ser chamados, genericamente, de objetos de aprendizagem de acordo com a terminologia adotada pelo *Learning Technology Standards Committee* (LTSC) do *Institute of Electrical and Electonics Engineers* (IEEE) (IEEE, 2015).

1.2 Objetos de aprendizagem

Os recursos oferecidos pelas tecnologias digitais têm acelerado o desenvolvimento de materiais educacionais que podem ser disponibilizados via Internet. Os Objetos de Aprendizagem ou Objetos Educacionais (*Learning Objects*, ou *Educational Objects*) surgem como um importante elemento para auxiliar qualquer modalidade de ensino com suporte tecnológico. Diversas são as definições, entre elas temos:

- O organismo de padronização IEEE, responsável pela definição de diversos padrões utilizados pela indústria eletroeletrônica, por meio de seu Comitê de Padrões de Tecnologia de Aprendizagem define objetos de aprendizagem como: "qualquer entidade, digital ou não, que pode ser utilizada, reutilizada ou referenciada durante o processo de aprendizagem que utilize tecnologia" (KONRATH *et. al.*, 2006);

- Segundo Wiley (2000), objetos de aprendizagem incluem conteúdo multimídia, conteúdos instrucionais, *software* instrucional e *software* em geral e pessoas, organizações ou eventos referenciados durante um ensino com suporte tecnológico. Esta definição é generalista e permite que qualquer material seja considerado um objeto de aprendizagem, bastando que este seja utilizado em algum processo de ensino com base tecnológica. Segundo Wiley (2000):

> Objetos de aprendizagem são elementos de um novo tipo de instrução baseada em computador construído sobre um novo paradigma da Ciência da Computação. Eles permitem aos designers instrucionais a construção de pequenos componentes instrucionais os quais podem ser reutilizados inúmeras vezes em diferentes contextos de aprendizagem. Eles são geralmente entendidos como entidades digitais derivados da Internet, e que podem ser acessados e utilizados por qualquer número de pessoas simultaneamente;

- Downs (2001) coloca que um objeto é definido como um conjunto de informações que contém rotinas e estruturas de dados que interagem com outros objetos. Nos objetos de aprendizagem, o "objeto" serve para encapsular ou "armazenar" materiais digitais, transformando-os em módulos reutilizáveis de fácil manipulação;

- Segundo Sosteric e Hesemeier (2001 apud KONRATH et. al., 2006), "Objeto de Aprendizagem é um arquivo digital (imagem, filme, etc.) que pretende ser utilizado para fins pedagógicos e que possui, internamente ou através de associação, sugestões sobre o contexto apropriado para sua utilização";

- Muzio et. al. (2001) colocam que:

> [...]objetos de aprendizagem são elementos de um novo tipo de instrução baseada em computador construído sobre um novo paradigma da Ciência da Computação. Eles permitem aos designers instrucionais a construção de pequenos componentes instrucionais os quais podem ser reutilizados inúmeras vezes em diferentes contextos de aprendizagem. Eles são geralmente entendidos como entidades digitais derivados da internet, e que podem ser acessados e utilizados por qualquer número de pessoas simultaneamente;

- Segundo Handa e Silva (2003 apud KONRATH et. al., 2006), o *Instructional Management System* (IMS), consórcio de especificações dos fabricantes de softwares educacionais, consideram objetos educacionais (ou objetos de aprendizagem) com base na teoria de orientação a objetos, que é utilizada no desenvolvimento de sistemas computacionais, como sendo "um conjunto de rotinas e estruturas de dados que interagem com outros objetos".

Segundo Tarouco (2003), para entender melhor o que são objetos de aprendizagem é possível fazer uma analogia com peças de um jogo do tipo LEGO, com as quais se podem construir outros objetos que por sua vez também podem ser usados como peças de uma montagem maior e assim sucessivamente.

O conceito de objetos de aprendizagem tem sofrido alterações. A partir das definições técnicas vinculadas ao seu uso na área educacional, pode-se dizer que objetos de aprendizagem são unidades formadas por um conteúdo didático como: um vídeo; uma animação; um texto; uma gravação ou uma imagem, ou seja, objetos de aprendizagem são unidades de aprendizagem formadas por um conteúdo didático que, agregadas a outras, formam um novo objeto.

Os objetos de aprendizagem devem obedecer a uma padronização no armazenamento e ser colocados em um repositório para a distribuição na Internet. Devem ter a característica da reutilização, ou seja, seu uso pode ser compartilhado, o que exige que eles tenham uma estrutura modular associada com o desenvolvimento direcionado para a *web*. Pode-se usar como recurso didático um só objeto de aprendizagem, bem como este objeto pode ser agregado a outros objetos de aprendizagem relacionados ao mesmo conteúdo (assunto), formando um novo objeto de aprendizagem.

Objetos de aprendizagem, ou objetos educacionais, se referem a um material educativo digital utilizado para propósitos instrucionais, ou seja, é um *courseware* que deve obedecer a uma padronização para ser reutilizável. Na verdade, entende-se por objetos de aprendizagem qualquer material ou recurso digital com fins educacionais (*courseware*).

1.2.1 Características dos objetos de aprendizagem

Segundo Tarouco (2004) e Pedroso (2006), as seguintes características são comuns aos objetos de aprendizagem:

- Reusabilidade: essa característica faz com que os objetos de aprendizagem, como módulos básicos, sejam utilizados de diferentes formas, para trabalhar conteúdos diferentes em contextos diferenciados;
- Portabilidade: é a capacidade que um objeto tem de ser executado em diferentes plataformas de trabalho (sistemas operacionais);
- Modularidade: se refere à forma dos objetos de aprendizagem. Os mesmos devem ser estruturados em módulos independentes e não sequenciais, para poderem ser usados em conjunto com outros recursos e em diferentes contextos;
- Metadados: significa dados sobre dados, envolvendo a descrição dos atributos do objeto para a catalogação, obedecendo a padrões para a indexação, pesquisa e recuperação dos objetos. As informações que formam os metadados são título, autor, data, publicação, palavras-chave, descrição, objetivos, características que mostra como, quando e por quem o objeto foi desenvolvido, armazenado e como está formatado. Os padrões de metadados mais comuns são: *Learning Object Metadata* (LOM) e o *Sharable Content Object Reference Model* (SCORM);
- Interatividade: é uma das características mais importantes, pois se refere à interação do aluno com o objeto. A interação pode ser ativa ou não, segundo a concepção do objeto.

1.2.2 Atributos dos objetos de aprendizagem

Além das características descritas na seção anterior, os objetos de aprendizagem devem possuir ainda os seguintes atributos (Tarouco, 2004):

- Flexibilidade: eles são construídos em módulos com início, meio e fim, são flexíveis, podendo ser reutilizados sem manutenção; essa capacidade apresenta a vantagem de utilizar conhecimentos já escritos e consolidados;
- Facilidade para atualização: como todos os dados, relativos ao objeto, estão em um mesmo Banco de Dados a atualização feita por meio de correções e aperfeiçoamentos é facilitada;
- Customização: como os objetos são independentes, podem ser usados em cursos e níveis de ensino distintos, organizados da maneira que mais convier ao professor. Este atributo equivale à portabilidade;
- Interoperabilidade: o armazenamento de objetos de aprendizagem é padrão. Isso cria mais uma vantagem que é a interoperabilidade, ou seja, a reutilização dos objetos não apenas em nível de plataforma de ensino, mas em nível mundial;
- Aumento da qualidade do ensino: a reutilização do objeto de aprendizagem por diversas vezes, em diversos cursos e os aperfeiçoamentos que vão sendo realizadas no mesmo, permitem a sua consolidação e contribuem, significativamente, para a melhoria da qualidade de ensino;

- Indexação e procura: a padronização dos objetos visa também facilitar a procura por um determinado objeto em qualquer banco de objetos que esteja disponível para eventuais consultas.

Todas essas peculiaridades mostram que os objetos de aprendizagem permitem facilitar e melhorar a qualidade de ensino, proporcionando aos tutores, alunos e administradores diversas ferramentas facilitadoras.

1.2.3 Repositórios de objetos de aprendizagem

Os repositórios de objetos de aprendizagem são dispositivos físicos de armazenamento, ou seja, são espaços também chamados de Banco de Objetos para armazenar os objetos logicamente, permitindo que eles sejam acessados a partir da busca por temas, por nível de dificuldade, por autor ou por relação com outros objetos. Um Banco de Objetos normalmente agrupa os objetos referentes a um mesmo assunto e mantém um índice/catálogo para localizá-los.

Já existem diversos Bancos ou Repositórios de Objetos nas mais diversas áreas de ensino, utilizando as mais variadas mídias como imagens, animações, vídeos e *applets* (aplicativos que podem ser executados na Internet, por meio de um *browser*, como o *Firefox* ou o *Internet Explorer*) para ensinar. É importante salientar que não apenas esses tipos de mídias podem ser utilizados, mas qualquer mídia que possa se veicular pela Internet, como por exemplo, documentos VRML (*Virtual Reality Modeling Language* - Realidade Virtual), arquivos contendo documentos, arquivos no formato de hipertexto (HTML – *HyperText Markup Language*), entre outros.

Os objetos de aprendizagem podem ser usados para apoiar os processos de ensino e de aprendizagem presencial ou a distância. O importante é saber onde encontrar os objetos adequados à proposta pedagógica usada pelo professor. Hoje existem repositórios de objetos de aprendizagem de diversas áreas tanto no Brasil como no exterior, tais como: MERLOT (www.merlot.org/merlot/index.htm), LABVIRT (www.labvirt.fe.usp.br), RIVED (www.rived.mec.gov.br), CESTA (www.cinted.ufrgs.br/CESTA) e Banco Internacional de Objetos Educacional (objetoseducacionais2.mec.gov.br). A FEB (Federação Educa Brasil) permite a busca por objetos de aprendizagem de 12 instituições parceiras com 16 repositórios em funcionamento (feb.ufrgs.br).

A utilização de objetos de aprendizagem vem crescendo significativamente à medida que melhora o modo como os objetos são armazenados e distribuídos na Internet. A tendência é que os objetos de aprendizagem tornem-se um padrão mundial de troca de informações entre sistemas de EaD, principalmente.

1.2.4 Recursos Educacionais Abertos

Um novo conceito, envolvendo a produção de materiais didáticos digitais, são os Recursos Educacionais Abertos (REA). Segundo o Rea-Br (2014):

> Recursos Educacionais Abertos são materiais de ensino, aprendizado e pesquisa em qualquer suporte ou mídia, que estão sob domínio público, ou estão licenciados de maneira aberta, permitindo que sejam utilizados ou adaptados por terceiros. O uso de formatos técnicos abertos facilita o acesso e o reuso potencial dos recursos publicados digitalmente. Recursos Educacionais Abertos podem incluir cursos completos, partes de cursos, módulos, livros didáticos, artigos de pesquisa, vídeos, testes, software, e qualquer outra ferramenta, material ou técnica que possa apoiar o acesso ao conhecimento.

Nesse contexto, objetos de aprendizagem e jogos educacionais podem ser considerados REA, desde que sejam desenvolvidos em formatos abertos e permitam sua livre utilização e adaptação.

O conceito de REA está ancorado nos fundamentos da Educação Aberta, em que todos devem ter a liberdade de usar, personalizar, melhorar e redistribuir os recursos educacionais, sem restrições (Rea-Br, 2014).

Os elementos principais de REA são os conteúdos de aprendizado (cursos, tópicos de um estudo, temas de aprendizagem), ferramentas (softwares para auxiliar a criação, entrega, uso e melhoria do conteúdo de aprendizagem –como ferramentas para construção de objetos de aprendizagem) e recursos para implementação (licenças de propriedade intelectual para promover a publicação aberta de materiais e das ferramentas, diretrizes para localização de conteúdo, etc.). Os usuários de REA podem usar, aprimorar, recombinar e distribuir os recursos (*review, reuse, remix e redistribute*) (Rea-Br, 2014). A intenção principal é que todos os materiais didáticos digitais possam ser utilizados e recombinados por outras pessoas, como blocos que podem ser conectados por pessoas, locais e modos diferentes. O conceito de objetos de aprendizagem, tais como os jogos educacionais (tema deste livro), se encaixa em REA, desde que seja permitida a revisão, o reuso, a recombinação e a redistribuição dos mesmos.

1.3 Jogos Educacionais

Os jogos educacionais baseiam-se no interesse que as crianças demonstram em brincar e jogar e, aproveitando-se disso, criam ambientes de aprendizagem atraentes e gratificantes, constituindo-se em um recurso poderoso de estímulo para o desenvolvimento integral do aluno. Os jogos desenvolvem atenção, disciplina, autocontrole, respeito a regras e habilidades perceptivas e motoras relativas a cada tipo de jogo oferecido. Podem ser jogados de forma individual ou coletiva, sempre com a presença do educador para estimular todo o processo, observar e avaliar o nível de desenvolvimento dos alunos, diagnosticando as dificuldades individuais, para produzir estímulos adequados a cada um (RIZZO, 1988).

Conforme aponta Negrine (1994, p. 9), "jogo se origina do vocábulo latino 'iocus', que significa diversão, brincadeira. Em alguns dicionários aparece como sendo a atividade lúdica com um fim em si mesma, embora ocasionalmente possa se realizar por motivo extrínseco".

Segundo diversos autores da área de Educação, dos quais são citados Lebovici & Deatkine (1985) e Rodrigues (1992), o ato de jogar é uma atividade muito importante na vida da criança. Ela joga por entretenimento e também porque o jogo representa esforço e conquista. A maior parte do tempo na infância é dedicada ao jogo. É uma necessidade vital, a preparação para a vida, possibilitando o equilíbrio entre o mundo externo e o interno, canalizando as energias das crianças e transformando em prazer suas angústias.

O jogo, dadas suas potencialidades, é uma via possível para estimular ou reforçar tanto as situações familiares como comunitárias, como de estímulo de competências cognitivas. O jogo e a atividade de jogar devem tornar-se uma alternativa de realização pessoal que, além de possibilitar a expressão de sentimentos e emoções, propiciam a aprendizagem de comportamentos adequados e adaptativos, aumentando a possibilidade de êxito na aprendizagem (KOTLIARENCO, 1997). Chapman & Martin (1995) colocam que os jogos oportunizam a descoberta de soluções para os mais variados problemas, por meio do estabelecimento de estratégias e implicações, encorajando os estudantes a resolvê-los.

1.3.1 A Influência dos Jogos no Desenvolvimento da Criança

Segundo Grossi (s.d., p. 86), "O jogo é uma atividade rica e de grande efeito que responde às necessidades lúdicas, intelectuais e afetivas, estimulando a vida social e representando, assim, importante contribuição na aprendizagem". Santos (1998) afirma que as atividades lúdicas podem contribuir significativamente para o processo de construção do conhecimento da criança e que o jogo é uma fonte de prazer e descoberta.

Vygotsky afirma que a influência do brinquedo no desenvolvimento da criança é enorme. Por meio do brinquedo a criança aprende a agir numa esfera cognitivista, sendo livre para determinar suas próprias ações. O brinquedo estimula a curiosidade, a iniciativa e a autoconfiança, proporcionando o desenvolvimento da linguagem, do pensamento e da concentração (VYGOTSKY, 1989). Baquero (1998, p. 101) diz que:

> [...]Vygotsky destaca o caráter central do brinquedo na vida da criança, (...) indo além das funções de exercício funcional, de seu valor expressivo, de seu caráter elaborativo, etc. Em segundo lugar, o brinquedo parece estar caracterizado (...) como uma das maneiras da criança participar na cultura, é sua atividade cultural típica, como o será em seguida, quando adulto, o trabalho.

Segundo Leif & Brunelle (1978, p. 114), "Desde Claparède e Dewey, Wallon e Piaget, está bastante claro que a atividade lúdica é o berço obrigatório das atividades intelectuais e sociais superiores". Uma das atividades superiores que nasce do jogo é o trabalho, sem o que nem a arte, a ciência e nem mesmo o esporte poderiam se desenvolver. Rizzi (1994) diz que, jogando, a criança forma suas atitudes sociais tais como: respeito mútuo, solidariedade, cooperação, obediência às regras, senso de responsabilidade, iniciativa pessoal e grupal. Segundo Clunie *et. al.* (1996), a função do jogo é:

> [...] treinar o sujeito para a convivência social no mundo regido por leis que precisam ser conhecidas, simulando situações que ele vivencia, onde pode extrapolar o concreto (...). Um único jogo pode desenvolver e aperfeiçoar diversos tipos de conceitos, sendo aplicável em diversas áreas do conhecimento.

Piaget (1977), afirma que a importância do jogo está na satisfação das necessidades das crianças quanto à assimilação da realidade a sua própria vontade. Estas necessidades originam-se da estranheza de coisas que as crianças não compreendem no mundo dos adultos, como regras, por exemplo: hora de dormir, comer, tomar banho, não mexer em certos objetos, entre outras. O jogo tem uma relação estreita com a construção da inteligência e possui uma efetiva influência como instrumento incentivador e motivador no processo de aprendizagem. Segundo Negrine (1994, p. 18),

> [...] Piaget entende que a inteligência é uma forma de adaptação ao meio, e o jogo é basicamente uma forma de relação da criança com o contexto no qual ela está inserida; neste sentido, adverte que a criança elabora e desenvolve suas estruturas mentais através das diversas atividades lúdicas.

Para Piaget (1977), conforme Brenelli (1996, p. 21),

> [...] por meio de atividade lúdica, a criança assimila ou interpreta a realidade própria, atribuindo, então, ao jogo um valor educacional muito grande. Neste sentido, propõe-se que a escola possibilite um instrumental à criança, para que, por meio de jogos, ela assimile as realidades intelectuais, a fim de que estas mesmas realidades não permaneçam exteriores à sua inteligência.

Baseando-se nestas afirmações, pode-se verificar a importância que Piaget atribui às atividades lúdicas, reforçando a ideia de que os educadores devem utilizá-las no contexto educacional.

Almeida (1981), citado por (GIARETTA, 1998), coloca que os jogos produzem diversos benefícios no desenvolvimento das crianças, os quais podem ser classificados em:

- *Benefícios físicos:* os jogos são atividades que suprem as necessidades do crescimento e satisfazem as crianças;

- *Benefícios intelectuais*: os jogos podem desenvolver as mais diversas habilidades, tais como: memória, atenção, observação e raciocínio;

- *Benefícios sociais*: no jogo as crianças podem aprender que as regras não constituem um constrangimento, mas uma condição de cooperação;

- *Benefícios didáticos*: diversas teorias tornam-se mais interessantes quando aplicadas sob a forma de jogos.

Negrine (1994) aborda a concepção de jogo para alguns pesquisadores, entre os quais se destacam Piaget e Vygotsky. Estes pesquisadores apresentam diferentes características da criança para o jogo. Algumas destas características são apresentadas no Quadro 1.1.

Quadro 1.1: Características dos Jogos na Concepção de Piaget e Vygotsky

Piaget	Vygotsky
O jogo é assimilação, ou assimilação que predomina sobre a acomodação;	O jogo completa as necessidades da criança;
O jogo, no início, é um complemento da imitação;	O prazer não é a característica definitiva do jogo;
Os conteúdos do jogo são os interesses lúdicos;	A imaginação surge da ação, a criança imagina e ao imaginar joga;
A estrutura do jogo é a forma de organização mental;	Sempre que se produz uma situação imaginária haverá regras (sem regras não há jogo);
Assim como o símbolo substitui o simples exercício, a regra substitui o símbolo;	O jogo é fator básico do desenvolvimento;
O jogo adquire regras com a socialização da criança.	A criança avança por meio da atividade lúdica, criando "zonas de desenvolvimento proximal" (funções que ainda não amadureceram, mas se encontram em processo).

Fonte: (NEGRINE, 1994)

Um jogo para ser útil aos processos de ensino e aprendizagem precisa ser interessante e desafiador para que os jogadores-alunos participem com entusiasmo e sintam-se motivados. É importante que os conteúdos dos jogos correspondam aos objetivos pedagógicos esperados. Além de auxiliar no aprendizado de um conteúdo, permitindo a autoavaliação quanto ao desempenho, um jogo pode contribuir para a formação de atitudes sociais como respeito mútuo, cooperação, respeito às regras, senso de responsabilidade e de justiça.

Segundo Passerino (1998), o jogo utilizado com recurso pedagógico, traz muitas vantagens para os processos de ensino e aprendizagem, como:

- Agente motivador, por meio do jogo a criança sente prazer e realiza um esforço (trabalho) espontâneo e voluntário para atingir o objetivo do jogo;

- O jogo mobiliza esquemas mentais, estimulando o pensamento e a organização de tempo e espaço;

- Desenvolve a área afetiva, social, motora e cognitiva;
- Trabalha a coordenação, a concentração, destreza, força, rapidez, etc.

A escolha do conteúdo de um jogo deve estar diretamente relacionada com o estágio de conhecimento e com a capacidade de raciocinar em que se encontra o jogador-aluno. Não se pode propor um jogo de regras para uma criança de, por exemplo, quatro anos de idade, pois suas capacidades motoras e cognitivas, não se encontram desenvolvidas para a realização deste tipo de jogo.

1.3.2 Jogos Educacionais Digitais

Os jogos educacionais digitais são elaborados para divertir os alunos e aumentar a chance na aprendizagem de conceitos, conteúdos e habilidades embutidas no jogo. Um jogo educacional digital pode propiciar ao aluno um ambiente de aprendizagem rico e complexo. Alguns pesquisadores denominam esses jogos de "micromundos", porque fornecem um mundo imaginário a ser explorado e no qual os alunos podem aprender.

Bongiolo (1998) afirma que:

> [...] a fórmula computador mais jogo se torna perfeita, pois associa a riqueza dos jogos educativos com o poder de atração dos computadores. E, como consequência desta associação teremos os jogos educacionais digitais, onde o computador será usado de forma lúdica e prazerosa, para explorar um determinado ramo de conhecimento, além de trabalhar com algumas habilidades, como por exemplo, destreza, associação de ideias e raciocínio lógico e indutivo, entre outras.

As características que tornaram os jogos educacionais digitais intrin-secamente motivadores são o desafio, a fantasia e a curiosidade. Os jogos podem fornecer alguns resultados educativos não previstos e que são tão importantes quanto os previamente determinados. Podem oferecer oportunidades para o aluno usar lógicas, raciocínio e habilidades de organização para resolver problemas de maneira mais interessante do que seriam expostos em um exercício comum. Um jogo simples pode ensinar várias habilidades e conceitos, de maneira sofisticada para que os alunos não cansem rapidamente do jogo.

Segundo resultados de uma pesquisa realizada sobre a utilização de jogos educacionais digitais (GELLER & SILVEIRA, 1998), os professores pesquisados consideram que a utilização destes jogos é vantajosa para o processo de ensino e aprendizagem, justificando que os mesmos servem como estímulo e reforço à motivação, reforçam os conteúdos estudados, despertam o interesse dos alunos, desenvolvem o raciocínio lógico, atraem os alunos, facilitam a aprendizagem, possibilitam a construção do conhecimento de forma prazerosa e propiciam uma forma diferenciada de aprendizagem.

Stahl (1991) e Bongiolo (1998) relacionam características importantes que devem estar presentes em um jogo educacional digital, das quais se destacam as seguintes:

- As instruções do jogo devem estar claras para os participantes e os objetivos do mesmo devem ser compreendidos pelos alunos;
- O jogo deve atrair e manter o interesse e o entusiasmo;
- O jogo deve explorar efeitos auditivos e visuais, para manter a curiosidade e a fantasia e facilitar o alcance do objetivo educacional proposto;
- Explorar a competição;

- Permitir ao jogador controlar a interação e a continuação do jogo, o nível de dificuldade desejado, a taxa de avanço e a possibilidade de repetir segmentos;
- Deve oferecer reforço positivo nos momentos adequados;
- Incorporar o desafio, por meio da utilização de diferentes níveis para solucionar um determinado problema, pontuação, velocidade de resposta, *feedback* do progresso, entre outros aspectos;
- Deve manter os alunos informados do nível de seu desempenho durante o jogo, fornecendo resumos do desempenho global ao final;
- Utilizar mecanismos para corrigir possíveis erros dos alunos e melhorar o desempenho dos mesmos;
- Fornecer instruções inequívocas, exceto quando a descoberta de regras for parte integrante do jogo;
- Propiciar um ambiente rico e complexo para resolução de problemas, através da aplicação de regras lógicas, da experimentação de hipóteses e antecipação de resultados e planejamento de estratégias.

Franciosi (1997), citado por (BONGIOLO, 1998), coloca que, além das características apresentadas anteriormente, um jogo educacional digital precisa observar alguns requisitos de qualidade didático-pedagógica e também de qualidade técnica, tais como:

- Requisitos de qualidade didático-pedagógica: objetivos bem definidos, encadeamento lógico do conteúdo, adequação do vocabulário, possibilidade de formação de conceitos, ortografia e gramática corretas, *feedback* apropriado, clareza e concisão dos textos apresentados, possibilidade de acesso direto a diferentes níveis do programa e possibilidade do professor interagir com o sistema, incluindo, excluindo ou alterando o conteúdo proposto;
- Requisitos de qualidade técnica: execução rápida e sem erros, resistência a respostas inadequadas, interface amigável, tempo suficiente de exibição das telas, possibilidade de acesso à ajuda, possibilidade de trabalho interativo, possibilidade de controle do usuário sobre a sequência de execução do jogo, possibilidade de correção das respostas, possibilidade de sair do sistema a qualquer momento e uso de telas com diagramação seguindo um modelo único de organização.

Os jogos educacionais digitais vão além do entretenimento, eles servem para educar e ensinar. Constituem-se em ferramentas instrucionais eficientes que divertem enquanto ensinam. A melhor forma de conduzir a criança à atividade, à autoexpressão, ao conhecimento e à socialização é por meio dos jogos. Se o ensino for lúdico e desafiador, a aprendizagem prolonga-se fora da sala de aula, fora da escola, pelo cotidiano e acontece de forma interessante e prazerosa (FALKEMBACH, 2005; FALKEMBACH, 2006).

Um jogo projetado adequadamente supõe interação, mantém o interesse do aluno enquanto aumenta suas habilidades, socializa, auxilia na construção do conhecimento e estimula o desenvolvimento do raciocínio. O ensino de conteúdos, com a ajuda de jogos digitais, empregados de forma efetiva, desempenha um papel importante para o desenvolvimento do aluno, promovendo a iniciativa pessoal e de grupo, a solidariedade, constituindo-se em um poderoso elemento de motivação no ambiente de aprendizagem (FALKEMBACH, 2005; FALKEMBACH, 2006).

Os jogos, como ferramentas de apoio ao ensino, estimulam o aprendizado devido à fantasia e à curiosidade. Os jogos podem ser desenvolvidos de maneira a proporcionar oportunidades de se aprender, de forma divertida, não só conceitos e conteúdos tradicionais, mas também de se desenvolver o pensamento lógico. O jogo tem estreita relação com a construção do conhecimento, possui efetiva influência como instrumento incentivador e motivador no processo de aprendizagem. Na escola, o jogo educacional deve ser usado como um recurso didático com função motivadora e não o uso do jogo pelo jogo (FALKEMBACH, 2005; FALKEMBACH, 2006).

Passerino (1998) destaca algumas características de jogos educacionais digitais:

- Trabalham com representações virtuais de maneira coerente;
- Dispõem de grande quantidade de informações que podem ser apresentadas de maneiras diversas via imagem, texto, sons, filme, etc., de uma forma clara, objetiva e lógica;
- Exigem concentração, certa coordenação e organização por parte do usuário;
- Permitem que o usuário veja o resultado de sua ação de maneira imediata, facilitando a autocorreção. Isso firma a autoestima da criança trabalhando com a disposição espacial das informações, que em alguns casos pode ser controlada pelo usuário;
- Permitem um envolvimento homem-máquina gratificante;
- Têm uma paciência infinita na repetição dos exercícios;
- Estimulam a criatividade do usuário, incentivando-o a crescer, tentar, sem se preocupar com os erros.

1.3.3 Tipos de Jogos Educacionais Digitais

Os jogos de ação/aventura podem auxiliar no desenvolvimento psicomotor da criança, desenvolvendo reflexos, coordenação motora e auxiliando no processo de pensamento rápido frente a uma situação inesperada. O jogador deve reagir rapidamente às circunstâncias para continuar jogando e ganhar. Além de desenvolverem a capacidade viso-motor, os jogos de ação desenvolvem (FALKEMBACH, 2005; FALKEMBACH, 2006):

- A capacidade do “processamento paralelo” por parte dos alunos, no que se refere a tomar informações de diversas fontes simultaneamente;
- O esforço indutivo, ou seja, as jogadas iniciais que ocorrem por acaso são substituídas por jogadas intencionais e sequenciais por meio de indução;
- A cooperação entre pares de alunos, desde que possa ser jogado em dupla com um único objetivo a ser atingido pelos jogadores;
- A estratégia de integrar as variáveis interagentes fornecidas durante o jogo;
- A flexibilidade;
- A transferência de conceitos para um novo domínio e a generalização do conhecimento formal;
- Habilidades espaciais;
- Capacidade de coordenar informação visual proveniente de múltiplas perspectivas;
- Exigem bastante perícia e rapidez.

Os jogos de estratégia normalmente apresentam níveis de dificuldade variados e, na maioria das vezes oferece algum tipo de bônus.

Os jogos de aprender são jogos de aplicação de conhecimentos como: questionários de cultura geral, brincadeiras com expressões matemáticas cujo resultado as crianças precisam encontrar; associação de uma palavra à imagem ou de legenda sobre as mais variadas áreas do conhecimento.

Os jogos de adivinhar consistem em ir adivinhando as letras/números. Os jogos de passar tempo são também chamados de "jogos de fazer e desfazer". Entre eles estão os jogos de colorir, a composição de fotografias/imagens (quebra-cabeça), são também chamados de jogos de construção e contribuem para o desenvolvimento das crianças.

1.3.4 Elementos de um Jogo

Os jogos devem ter um objetivo, regras bem definidas e exibir um resultado, além de outros elementos como: fantasia, entretenimento, aventura e um elemento oponente. O cenário de um jogo deve considerar o público alvo, a faixa etária e considerar os princípios de design gráfico na concepção das interfaces, as normas previstas na área de comunicação visual relacionados a cores, fontes, imagens, sons e vídeos (FALKEMBACH, 2005; FALKEMBACH, 2006):

- *Objetivo:* todo jogo deve ter um objetivo bem determinado. O objetivo varia segundo o jogo, pode ser vencer obstáculos, definir o que é certo ou errado, solucionar um problema, chegar a um estágio preestabelecido, bater um recorde, vencer um desafio em um tempo determinado;

- *Regras:* todo jogo tem um conjunto de regras que podem ser explícitas ou não e podem ou não mudar durante o jogo. As regras determinam como o jogo deve ser conduzido e precisam ser obedecidas. Elas devem ser claras e exibidas na ordem adequada para manter a atenção do aluno e seu entendimento.

- *Resultado:* o resultado de um jogo é o objetivo alcançado. Em um jogo educacional, o resultado esperado é a aprendizagem dos conceitos abordados, e existem várias formas de detectar isso. O resultado indicando a perda do jogo pelo aluno não deve levar à desmotivação, deve servir de estímulo para novas investidas e ser tão importante quanto a vitória. As respostas (*feedback*) em um jogo devem ser rápidas para dar dinamismo e não frustrar o aluno com esperas;

- *Entretenimento:* é o fator que seduz os alunos, os atrai por meio do lazer e da diversão. Com isso prendem sua atenção e os mantêm continuamente motivados, despertando a curiosidade para os conceitos a serem aprendidos;

- *Fantasia:* a fantasia em jogos não tem limites. Pode variar de uma simples simulação da vida real, até realidades não existentes, com personagens imaginários e utilizar a estratégia da "realidade sem perigos", induzindo o aluno a tomar atitudes que não seriam tomadas na vida real. O cenário de um jogo pode também simular a passagem do tempo para exibir ocorrências reais como o envelhecimento;

- *Aventura:* é um elemento estimulante e todo jogo educativo deve ter características de aventura que desafiem o aluno-jogador;

- *Elemento Oponente:* normalmente em um jogo existe algum elemento de oposição. A oposição pode ser: na forma de obstáculos a serem vencidos; na corrida contra o tempo; na obtenção de um escore determinado; na meta de quebrar um recorde ou uma combinação desses elementos.

A receita básica para um jogo de sucesso é interatividade e inteligência, o que demanda criatividade para a sua concepção.

Acredita-se, com base nas afirmações apresentadas, que os professores não devem subestimar os jogos digitais, devem sim, procurar conhecê-los, experimentá-los para que possam emitir opiniões sobre os mesmos. Além disso, devem incentivar os alunos antes e depois dos jogos, para auxiliá-los a planejar previamente uma estratégia, encorajando-os a contar ou escrever o que jogaram, por exemplo.

1.3.5 Uso de Jogos Educacionais na Escola

O uso dos jogos nos processos de ensino e de aprendizagem serve como estímulo para o desenvolvimento do aluno e faz com que ele aprenda o valor do grupo. Por meio do lúdico, o aluno desenvolve aprendizagem e torna-se um agente transformador encontrando uma forma de representar o seu contexto. É o vínculo que une a vontade e o prazer durante a atividade.

Os jogos educacionais se caracterizam por estimular a imaginação infantil, auxiliar no processo de integração grupal, liberar a emoção infantil, facilitar a construção do conhecimento e auxiliar na aquisição da autoestima (FALKEMBACH, 2005; FALKEMBACH, 2006).

Segundo Piaget (1977, 1978), os jogos consistem em uma assimilação funcional, no exercício das ações individuais já aprendidas, um sentimento de prazer pela ação lúdica e domínio sobre as ações. O jogo de regras marca o enfraquecimento do jogo infantil e a passagem ao jogo adulto, que é a atividade lúdica do ser socializado, possibilitando desencadear os mecanismos cognitivos de equilibração e é também um poderoso meio para favorecer o desenvolvimento e a aprendizagem dos alunos.

Na fase das operações formais, entre os 11 e 12 anos, as crianças constroem uma compreensão sofisticada das regras; é a fase dos jogos mentais, das hipóteses e do planejamento. O jogo tem uma relação estreita com a construção da inteligência, e possui uma efetiva influência como instrumento incentivador e motivador no processo de aprendizagem. Ainda segundo Piaget (1977, 1978) o desenvolvimento cognitivo de uma criança não se deve só à acumulação de informações recebidas, mas, é decorrente de um processo de elaboração essencialmente baseado nas atividades da criança. A criança, ao interagir com o ambiente, desenvolve estruturas por meio de esquemas de ação, ou seja, por meio de uma sequência bem definida de ações físicas e mentais e o jogo ajuda nesse processo (FALKEMBACH, 2005; FALKEMBACH, 2006).

Por isso, a escola, segundo Piaget (1977, 1978), deve enfatizar o jogo, as situações-problemas, os desafios e os conflitos. Essas práticas devem ser frequentes nas salas de aula, pois, por meio do jogo, a criança sente uma razão intrínseca para exercitar sua inteligência e sua capacidade. As crianças podem reforçar conteúdos vistos em aula de uma maneira atraente e gratificante. O jogo na perspectiva construtivista constitui-se em um recurso pedagógico de inestimável valor na construção da escrita e da leitura, além de propiciar o desenvolvimento cognitivo.

Conforme Passerino (1998), Piaget classificou os jogos de acordo com as fases do desenvolvimento infantil:

- Na fase sensório-motora, que corresponde à faixa etária do nascimento até os dois anos de idade aproximadamente, em que a criança brinca sozinha sem a noção da utilização de regras, o jogo é classificado como jogo de exercício sensório-motor, tendo por finalidade o próprio prazer do funcionamento, ou seja, são exercícios simples, repetitivos como agitar os braços, caminhar, pular, correr, etc.;

- Na fase pré-operatória, dos dois aos cinco ou seis anos de idade, a criança começa a jogar jogos de faz-de-conta e adquire uma noção da existência de regras, o jogo é classificado como jogo simbólico. Este consiste em assimilar a realidade por meio de uma atividade lúdica, em que a criança se satisfaz transformando esta realidade em função de um desejo. Por meio destes jogos, as crianças realizam seus sonhos e fantasias, bem como revelam conflitos, medos e angústias, aliviando tensões e frustrações;

- A fase das operações concretas começa aproximadamente nos sete anos e vai mais ou menos até os doze anos de idade. Nesta fase as crianças aprendem as regras dos jogos que se caracterizam pela existência de um conjunto de leis (regras) imposta pelo grupo, o descumprimento destas geralmente é penalizado. São jogos que incentivam a competição entre os indivíduos. Por serem realizados em grupos, tendo obrigações, possuem um caráter social, desenvolvendo o relacionamento afetivo-social da criança.

Segundo Vygotsky (1989), os jogos proporcionam o desenvolvimento da linguagem, do pensamento e da concentração. O lúdico influencia no desenvolvimento do aluno, ensinando-o a agir corretamente em uma determinada situação e estimulando sua capacidade de discernimento. Os jogos possuem um papel relevante no processo de aprendizagem fazendo os alunos adquirem iniciativa e autoconfiança. Para esse mesmo autor, a influência do brinquedo no desenvolvimento da criança é enorme. Por meio do brinquedo, a criança aprende a agir em uma esfera cognitivista sendo livre para determinar suas próprias ações. O brinquedo estimula a curiosidade, a iniciativa e a autoconfiança, proporciona desenvolvimento da linguagem, do pensamento, da concentração e da atenção.

Os jogos educacionais oferecem um mecanismo alternativo de aprendizagem e ganham popularidade nas escolas. Eles devem ser usados adequadamente pelos professores como um poderoso motivador para o início do processo de aprendizagem, estimulando as relações cognitivas como o desenvolvimento da inteligência, as relações afetivas, verbais, psicomotoras e sociais. Os jogos provocam uma reação ativa, crítica e criativa dos educandos, socializando o conhecimento. O aluno é diferenciado e valorizado como pessoa. Os aspectos afetivos são determinantes na construção da personalidade e eles se revelam de forma explícita no jogo (FALKEMBACH, 2005; FALKEMBACH, 2006).

Considerando que a repetição é uma condição básica para a aprendizagem o projeto de um jogo deve prever a motivação para que o aluno retorne ao jogo várias vezes. Jogos muito fáceis ou usados de forma ineficaz são descartados rapidamente. Para atrair o aluno, o jogo deve ser lúdico, ou seja, deve ensinar e divertir ao mesmo tempo, incorporando a diversão para estimular a aprendizagem de conteúdos e habilidades por meio do entretenimento (FALKEMBACH, 2005; FALKEMBACH, 2006).

Os recursos multimídia utilizados no desenvolvimento de jogos exploram os efeitos visuais e sonoros que mantêm o interesse e o entusiasmo do aluno, possibilitando criar jogos atraentes, constituindo-se em um recurso poderoso de estímulo para o desenvolvimento integral do aluno.

Os jogos com recursos multimídia permitem a interação e estimulam as estratégias cognitivas que motivam, envolvem e capturam, de maneira lúdica e prazerosa, a atenção por maior intervalo de tempo. São elaborados para divertir os alunos e aumentar a chance na aprendizagem de conceitos, conteúdos e habilidades embutidos no jogo (BONGIOLO, 1998).

1.3.6 Vantagens e Limitações do Uso de Jogos Educacionais

Dentre as vantagens tem-se que os jogos educacionais despertam o interesse e permitem atividades que podem ser individuais ou em grupo fazendo com que o aluno libere as emoções, aprenda conceitos e adira ao mundo social (FALKEMBACH, 2005; FALKEMBACH, 2006).

Os jogos podem explorar diversos aspectos, como a ludicidade nos jogos de exercício, simbólicos e de construção. Os jogos que apelam para o raciocínio prático, a discriminação e a associação de ideias favorecem a aquisição de condutas cognitivas. Os jogos que exploram a aplicação de regras, a localização, a destreza, a rapidez, a força e a concentração ajudam no desenvolvimento de habilidades funcionais. Os jogos que ajudam a desenvolver a confiança, a autonomia e a iniciativa auxiliam na aquisição de condutas afetivas.

Um jogo bem concebido e utilizado de forma adequada oferece muitas vantagens, entre elas: fixa os conteúdos, ou seja, facilita a aprendizagem; permite a tomada de decisão e avaliações; dá significado a conceitos de difícil compreensão; requer participação ativa; socializa e estimula o trabalho em equipe; motiva, desperta a criatividade, o senso crítico, a participação, a competição sadia e o prazer de aprender.

Um jogo bem projetado deve apresentar as seguintes características: ser atrativo, de uso fácil e agradável. O aluno deve conseguir, sem maiores dificuldades, entender o funcionamento do jogo, os comandos mais elementares e as opções de navegação podendo se orientar rapidamente. Todas as opções precisam levar para algum lugar (FALKEMBACH, 2005; FALKEMBACH, 2006).

Mesmo um jogo bem projetado pode ter algumas desvantagens como:

- Se não for bem aplicado, perde o objetivo;
- Nem todos os conceitos podem ser explicados por meio dos jogos;
- Se o professor interferir com frequência, perde a ludicidade;
- Se o aluno for obrigado a jogar por exigência do professor, o aluno fica contrariado;
- Se as regras não forem bem entendidas pelos alunos, o jogo fica desorientado;
- Quando não for avaliado corretamente, não atinge o objetivo.

Pode-se dizer que, os jogos educacionais quando bem utilizados nos processos de ensino e de aprendizagem fazem com que o aluno: perceba melhor; compreenda; interprete; aplique; avalie, reinterprete e refaça. Os jogos educacionais, de fato, estimulam o desenvolvimento cognitivo, auxiliando na criação de estratégias para a solução de problemas. Passada a fase inicial da brincadeira, o aluno demonstra pouco a pouco uma perspectiva bastante individual de atingir o objetivo proposto e isso implica em ganhos cognitivos que ocorrem de forma gradativa (FALKEMBACH, 2005; FALKEMBACH, 2006).

Jogos instrucionais não são por si só um novo conceito, a introdução do computador na Educação fez com que projetistas instrucionais incorporassem os elementos de um jogo no desenvolvimento de materiais educacionais digitais.

Atualmente, com a possibilidade de oferecer cursos de capacitação sob demanda via Internet e com a modalidade de EaD, tornou-se fácil desenvolver e implementar jogos interativos com conteúdos educacionais oportunizando a aprendizagem assíncrona, a interação em tempo real de uma população geograficamente dispersa possibilitando que um aluno não jogue somente com a máquina, mas também com outros alunos.

Entre as ferramentas que possibilitam a elaboração de jogos educacionais, estão as ferramentas *Ardora* e *Flash*, bem como as tecnologias HTML 5, CSS e *JavaScript*, que serão abordadas nos próximos capítulos deste livro.

PARTE II
Construção de Objetos de Aprendizagem e Jogos Educacionais Digitais com o *Adobe Flash*

CAPÍTULO 2
Tutorial Básico do *Adobe Flash*

Este capítulo apresenta um tutorial básico sobre a utilização do *Adobe Flash Professional CC*, para que o leitor se familiarize com a ferramenta e possa desenvolver exemplos práticos. A seção 2.1 apresenta recursos básicos de animação, tendo em vista que o *Flash* é, essencialmente, uma ferramenta de autoria multimídia que possui diversos recursos para animação de objetos.

Na seção 2.2 apresenta-se, passo-a-passo, a construção de um objeto de aprendizagem.

2.1 Recursos Básicos de Animação

O *Adobe Flash* permite a construção de animações, objetos de aprendizagem e jogos educacionais que podem ser disponibilizados via Internet. Estes materiais didáticos digitais podem ser utilizados no contexto da Educação a Distância. Neste tutorial, utilizou-se a versão *Adobe Flash Professional CC 13.1.0.226*. A Figura 2.1 apresenta a tela de abertura do *Flash*.

Figura 2.1 - Tela de Abertura do *Flash Professional CC* (Fonte: dos autores)

Para iniciar o trabalho com o *Flash*, deve-se selecionar a opção Criar Novo *Action Script* 3.0, apresentada na Figura 2.1. Será apresentada, então, a tela da Figura 2.2.

Figura 2.2 - Ambiente de Desenvolvimento do *Flash* (Fonte: dos autores)

Na Figura 2.2 pode-se visualizar o quadro em branco, denominado de palco da animação. No lado direito da tela encontra-se a barra de ferramentas e, na parte inferior, a linha do tempo. O *Flash* trabalha com o conceito de linha do tempo que organiza e controla o conteúdo de um documento com o passar do tempo em camadas e quadros. As animações (ou documentos) são divididas em quadros e as camadas são como várias faixas de filme empilhadas uma sobre a outra. No lado esquerdo da linha do tempo são visualizadas as camadas. Os quadros que compõem cada camada são visualizados no lado direito, numerados.

Para iniciar os conceitos de animação, é preciso inserir um objeto no palco. Pode ser um objeto desenhado a partir da barra de ferramentas (um quadrado, uma elipse) ou uma imagem importada. Para importar uma imagem (um arquivo JPG, por exemplo), deve-se selecionar a opção Importar para o palco no menu Arquivo, como mostra a Figura 2.3. Após escolher esta opção, deve-se selecionar o local (pasta) e o arquivo que deve ser importado.

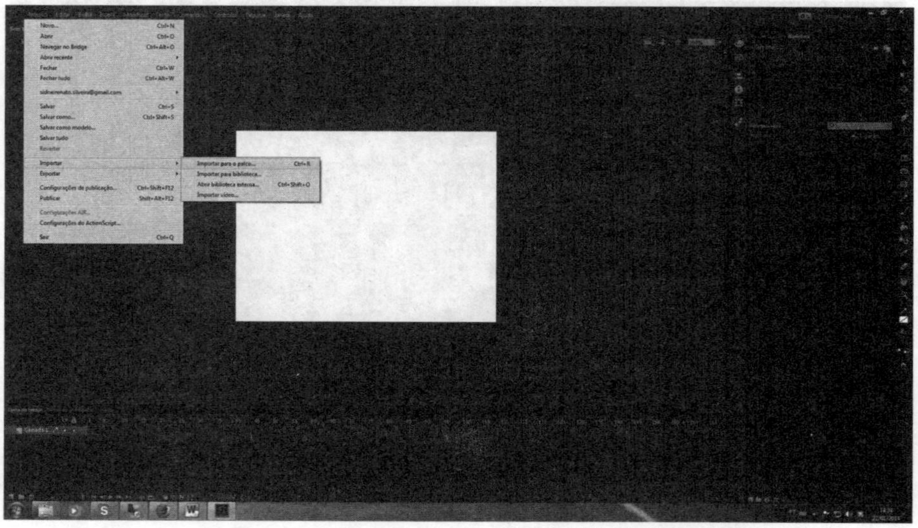

Figura 2.3 - Importar uma Imagem (Fonte: dos autores)

A Figura 2.4 apresenta o palco já contendo uma imagem importada.

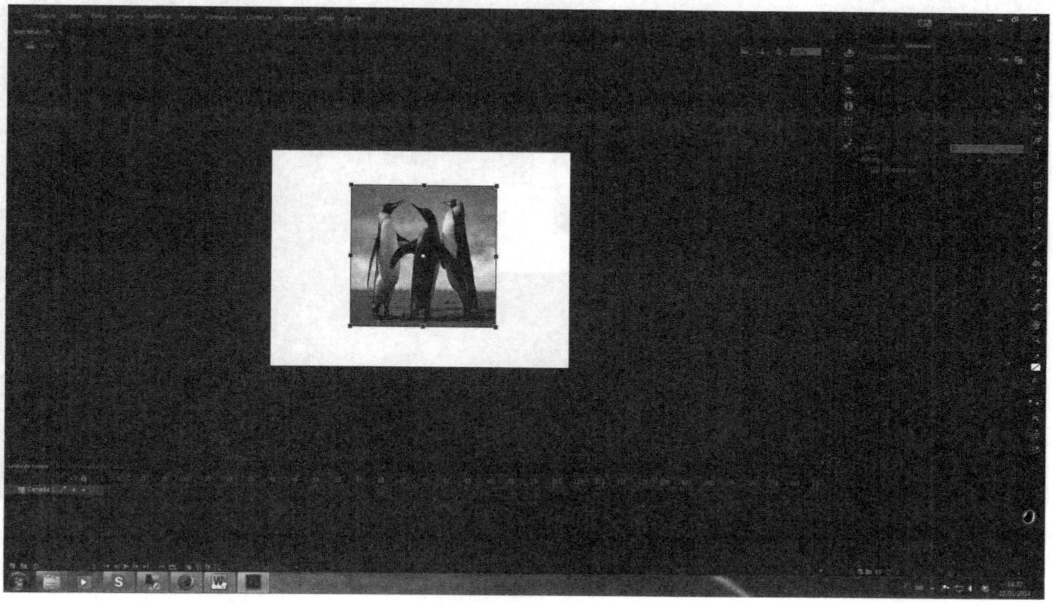

Figura 2.4 - Imagem Importada (Fonte: dos autores)

Para que um objeto inserido no *palco* possa ser animado, é preciso convertê-lo em um *símbolo*. Esta conversão é realizada clicando com o botão direito do *mouse* sobre o objeto e selecionando a opção *converter em símbolo* ou a tecla F8, como mostra a Figura 2.5.

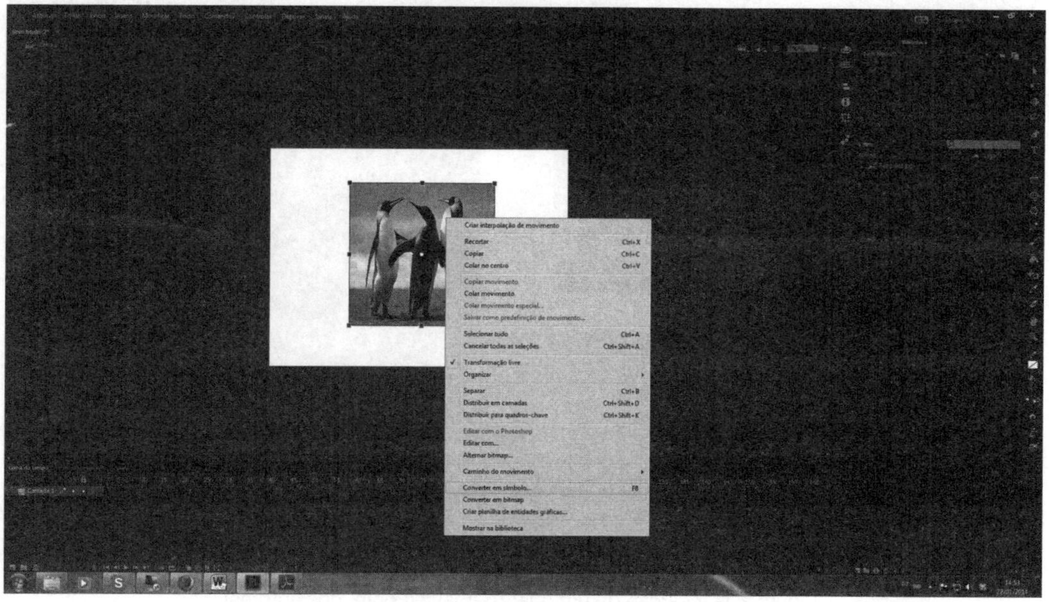

Figura 2.5 - Conversão da Imagem em Símbolo (Fonte: dos autores)

A Figura 2.6 mostra que foi escolhido um nome para a imagem (imagem1) e definido seu tipo como gráfico.

Figura 2.6 - Definição do Nome da Imagem e Tipo – Configuração do Símbolo (Fonte: dos autores)

Para construir animações deve-se utilizar a *linha do tempo* que é dividida em *quadros*. Para definir as posições de uma animação devem-se inserir *quadros-chave*. A inserção de um *quadro-chave* pode ser feita clicando com o botão direito do *mouse* sobre o número do quadro na linha do tempo, selecionando *quadro-chave*. A Figura 2.7 mostra esta opção, criando um *quadro-chave* no quadro 15 da linha do tempo.

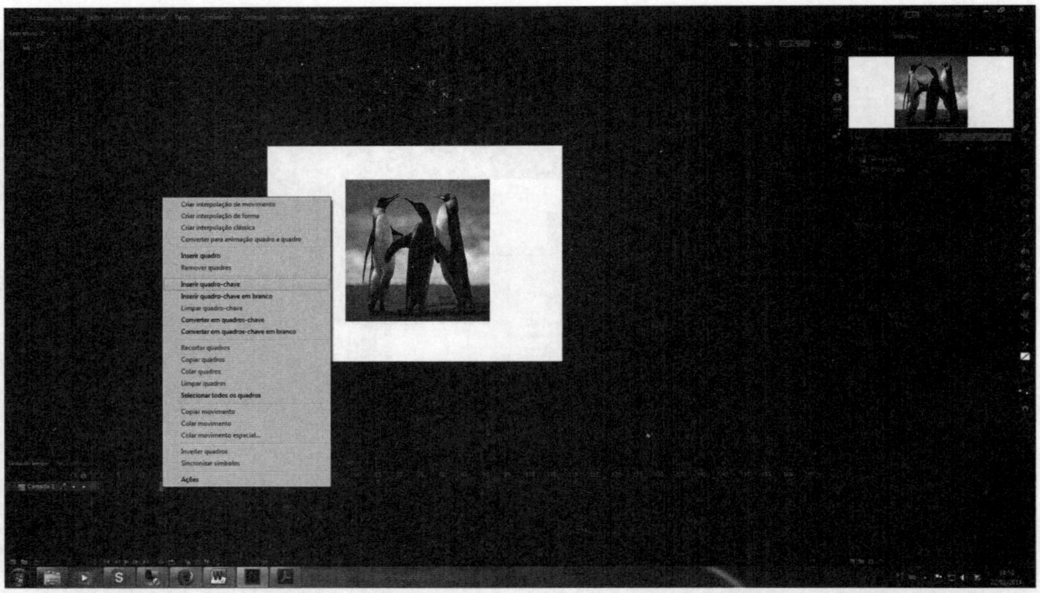

Figura 2.7- Inserção de um quadro-chave (Fonte: dos autores)

A Figura 2.8 apresenta o *quadro-chave* inserido.

Figura 2.8 - Quadro-chave (Fonte: dos autores)

Para criar uma animação da imagem inserida no palco, basta utilizar a opção *interpolação de movimento*. Para tal, deve-se mover a imagem para a posição desejada no quadro-chave (quadro 15 do exemplo) – como mostra a Figura 2.9.

Figura 2.9 - Localização da imagem alterada no quadro-chave (Fonte: dos autores)

Deve-se, então, clicar com o botão direito do *mouse* sobre o quadro-chave inserido na linha do tempo e selecionar a opção *criar interpolação de movimento*, como mostra a Figura 2.10. Para testar a animação criada é preciso pressionar as teclas *Ctrl+Enter*.

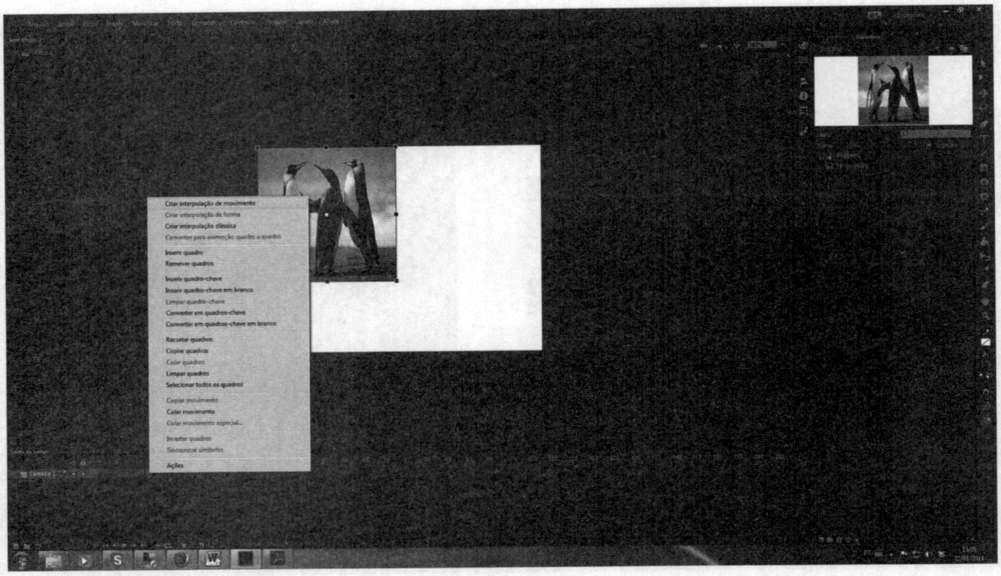

Figura 2.10 - Opção criar interpolação de movimento (Fonte: dos autores)

2.1.1 Inserindo ações nos objetos

Para tornar os objetos interativos é necessário incluir ações. Estas ações podem ser programadas por meio do *Action Script* ou por meio do painel *Snippets* de código, que facilita a aplicação de ações interativas por usuários que não são programadores. Quando se aplica um *snippet* de código, o código é adicionado ao quadro atual da camada de ações na linha do tempo. Se não tiver sido criada uma camada de ações, o *Flash* adiciona esta camada acima de todas as outras na linha do tempo.

A seguir apresenta-se um exemplo de interação que permitirá que o usuário movimente um objeto utilizando as setas do teclado. Para isto, deve-se inserir um novo objeto no palco, no primeiro quadro: uma elipse, como mostra a Figura 2.11. Após a inserção da elipse, deve-se clicar com o botão direito do *mouse* sobre a mesma para transformá-la em um símbolo com o nome de *elipse1* do tipo *gráfico*, como mostra a Figura 2.11.

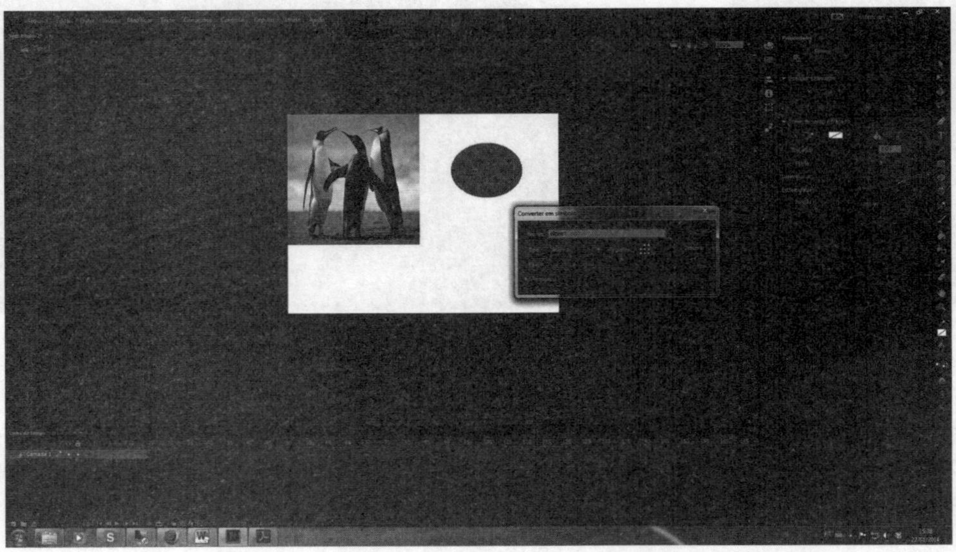

Figura 2.11- Inserção de uma Elipse (Fonte: dos autores)

O próximo passo é selecionar a opção *Snippets* de código no menu Janela, como mostra a Figura 2.12.

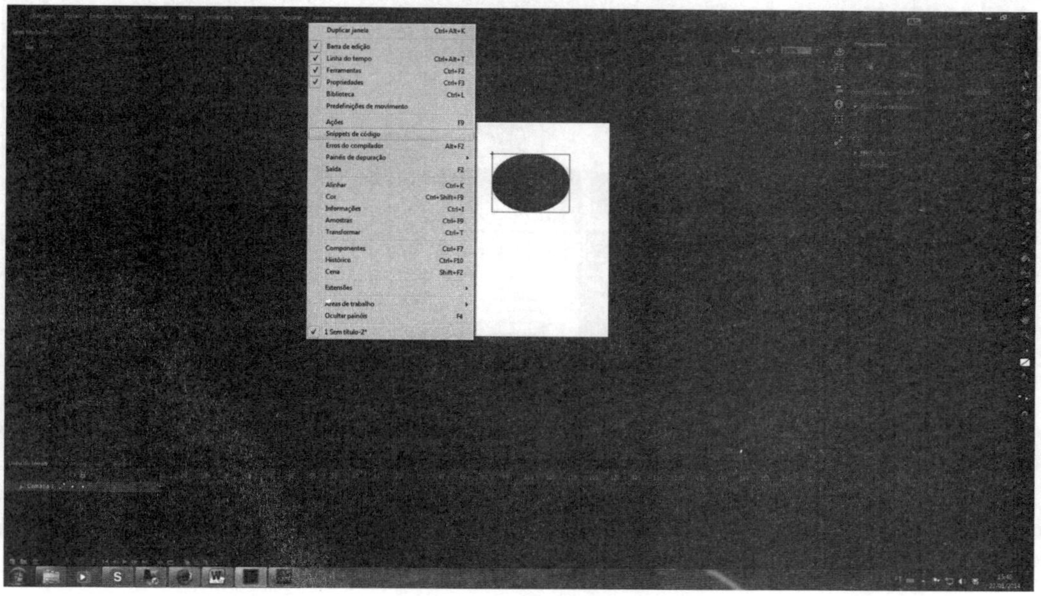

Figura 2.12 - *Snippet* de Código (Fonte: dos autores)

A Figura 2.13 mostra a janela *Snippets de código aberta.*

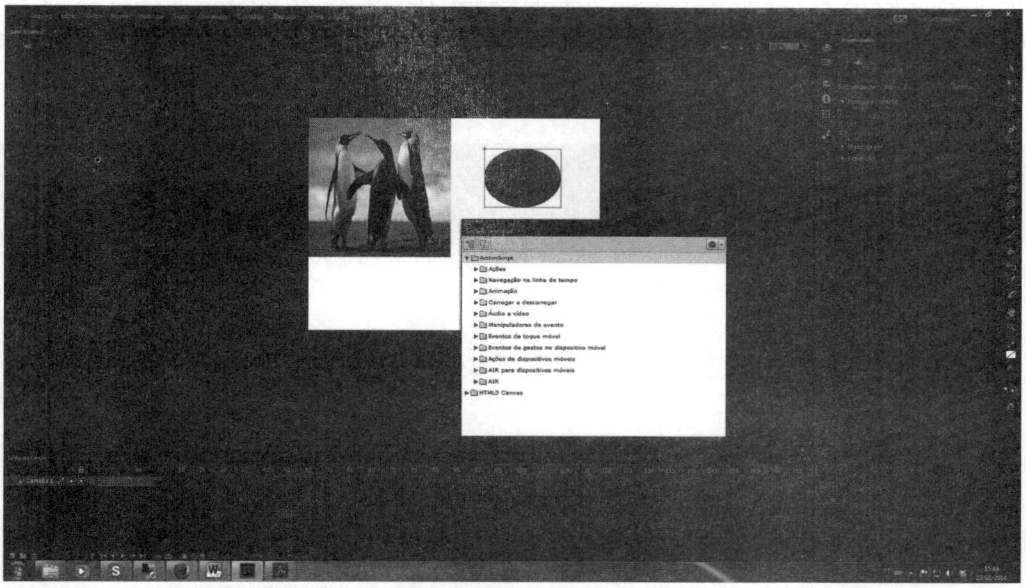

Figura 2.13 - Janela *Snippet* de Código (Fonte: dos autores)

Na janela *Snippet* de código deve-se selecionar, na pasta animação, a opção mover com setas do teclado. Observe-se no exemplo que a elipse está selecionada. Ao dar um duplo clique sobre a opção mover com setas do teclado visualiza-se uma mensagem de aviso, informando que o objeto selecionado será convertido para um clipe de filme, como mostra a Figura 2.14.

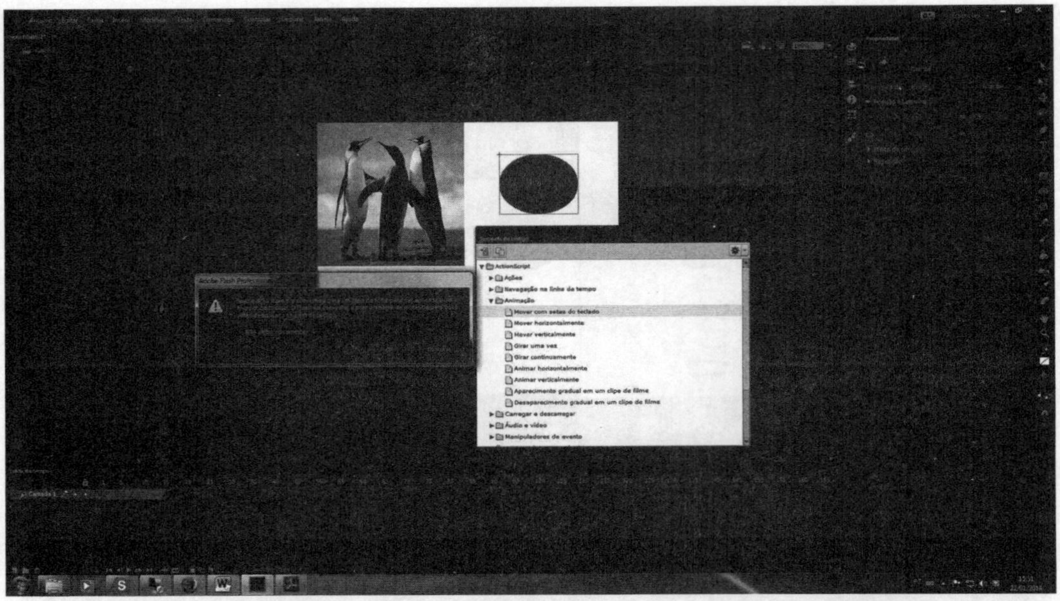

Figura 2.14 - Mensagem de Aviso da Janela *Snippet* de Código (Fonte: dos autores)

A Figura 2.15 mostra o código criado em *Action Script* para inserir a ação que permitirá que o usuário movimente a elipse com as setas do teclado. A inserção de *Snippets* de código pode auxiliar, também, para que um programador inicie seus conhecimentos em *Action Script*. Para testar a interação com as setas do teclado para movimentar a elipse deve-se pressionar as teclas Ctrl+Enter. Para visualizar novamente o código *Action Script* inserido deve-se selecionar a opção Ações no menu Janela.

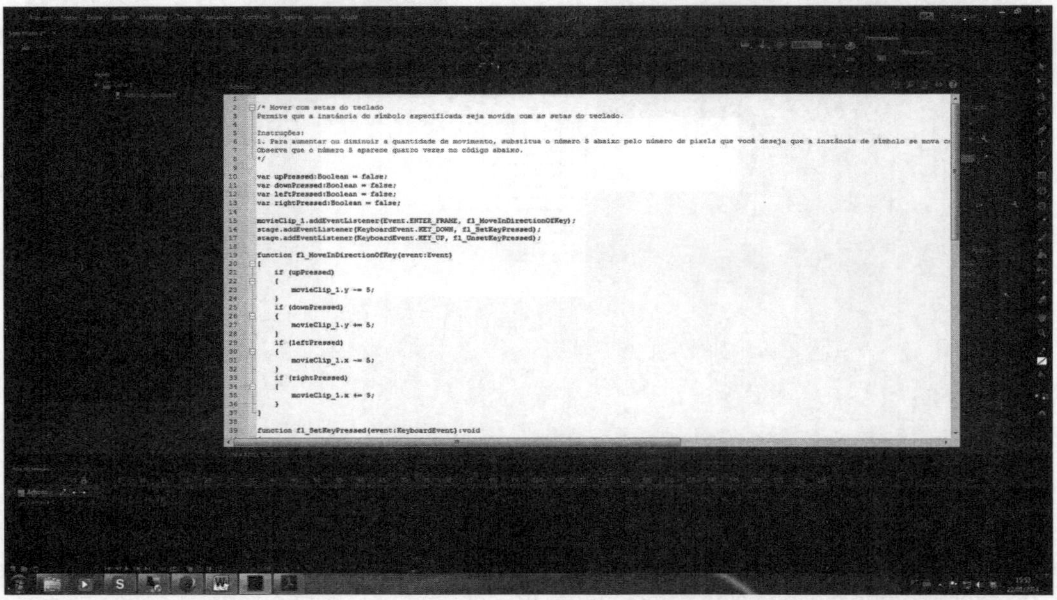

Figura 2.15 - Código *Action Script* criado (Fonte: dos autores)

2.2 Construção de um Objeto de Aprendizagem

Para exemplificar os recursos básicos abordados será construído um objeto de aprendizagem (OA) sobre o tema *Sistemas Hipermídia Adaptativos*. O objeto de aprendizagem irá apresentar o conceito de Sistemas Hipermídia Adaptativos (SHA), suas principais técnicas, além de uma avaliação com perguntas sobre as técnicas apresentadas.

O primeiro passo será criar um *layout* para o *background* do OA proposto. É preciso iniciar um novo projeto no *Flash*, delimitando a área em que serão exibidas as informações do OA. A Figura 2.16 apresenta uma proposta de *layout*, com um retângulo superior e um retângulo inferior na cor vermelha. A camada foi denominada *fundo* (para alterar o nome da camada basta dar um duplo clique sobre o nome e editar o mesmo, no lado esquerdo da linha do tempo).

Figura 2.16 - Proposta de *layout* para o objeto de aprendizagem (Fonte: dos autores)

Pode-se alterar o tamanho do palco, utilizando a opção documento do menu modificar, como mostra a Figura 2.17.

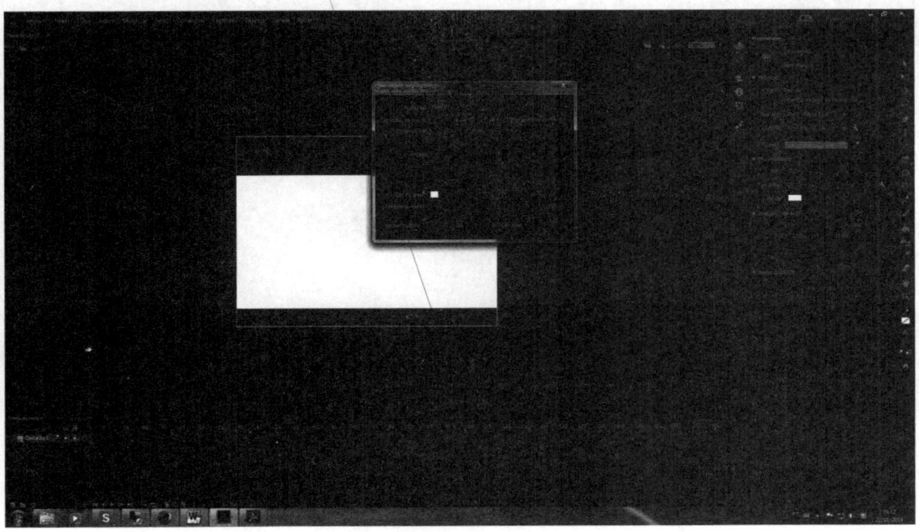

Figura 2.17: Definição do tamanho do palco (Fonte: dos autores)

Antes de prosseguir, deve-se clicar no ícone representado por um ponto abaixo do ícone do cadeado, na camada criada, para que a mesma fique protegida. A Figura 2.18 mostra que o ícone do ponto passará a ser representado por um cadeado.

Figura 2.18 - Camada de fundo protegida – ícone do cadeado (Fonte: dos autores)

Deve-se, então, inserir uma segunda camada no OA, onde serão apresentados os textos do objeto. Para isto deve-se clicar com o botão direito sobre a lista de camadas existentes e selecionar a opção *inserir camada* mostrada na Figura 2.19.

Figura 2.19 - Inserção de uma nova camada (Fonte: dos autores)

A nova camada foi denominada *textos* como mostra a Figura 2.20.

Figura 2.20 - Camada Textos (Fonte: dos autores)

No primeiro quadro da camada textos devem-se inserir dois campos de texto, por meio da ferramenta texto, como mostra a Figura 2.21.

Figura 2.21- Ferramenta Texto (Fonte: dos autores)

A Figura 2.22 mostra os dois campos de texto criados, bem como, no lado direito da tela, as opções que permitem a formatação da fonte dos textos (tipo da fonte, tamanho, cor, etc.).

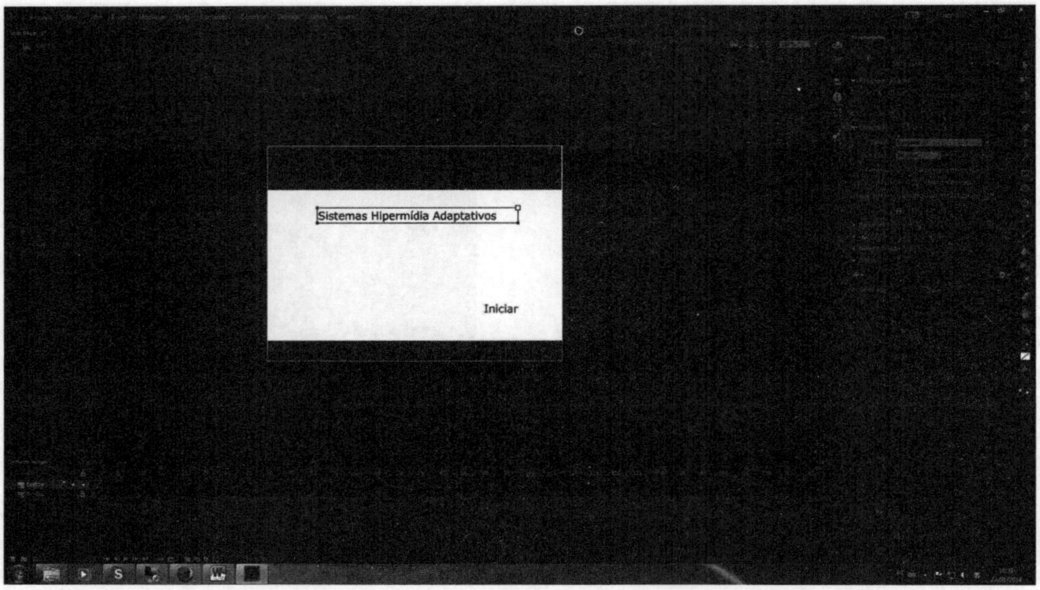

Figura 2.22 - Formatação das caixas de texto (Fonte: dos autores)

Para transformar a caixa de texto iniciar em um botão é preciso selecionar a caixa de texto, clicar com o botão direito do *mouse* sobre a mesma e escolher a opção converter em símbolo, como mostra a Figura 2.23.

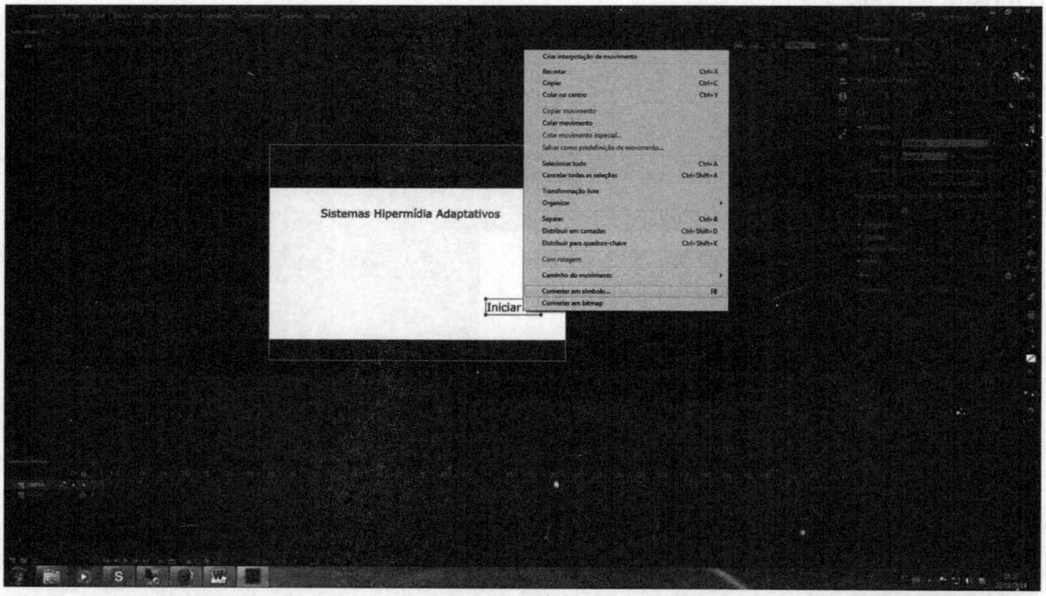

Figura 2.23 - Converter a caixa de texto em símbolo (Fonte: dos autores)

Deve-se definir o nome deste símbolo (botao1) e o tipo como botão, de acordo com o exemplo mostrado na Figura 2.24.

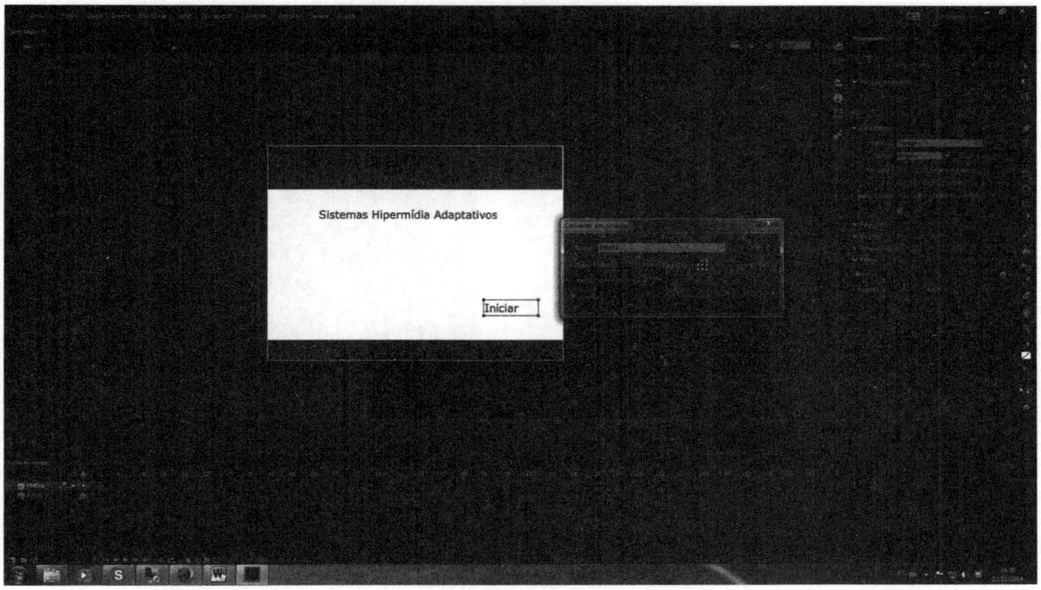

Figura 2.24 - Criação do Botão (Fonte: dos autores)

A seguir, deve-se inserir um quadro-chave em branco na camada textos e inserir um campo de texto explicando o que é um Sistema Hipermídia Adaptativo (SHA), como mostram as Figuras 2.25 e 2.26.

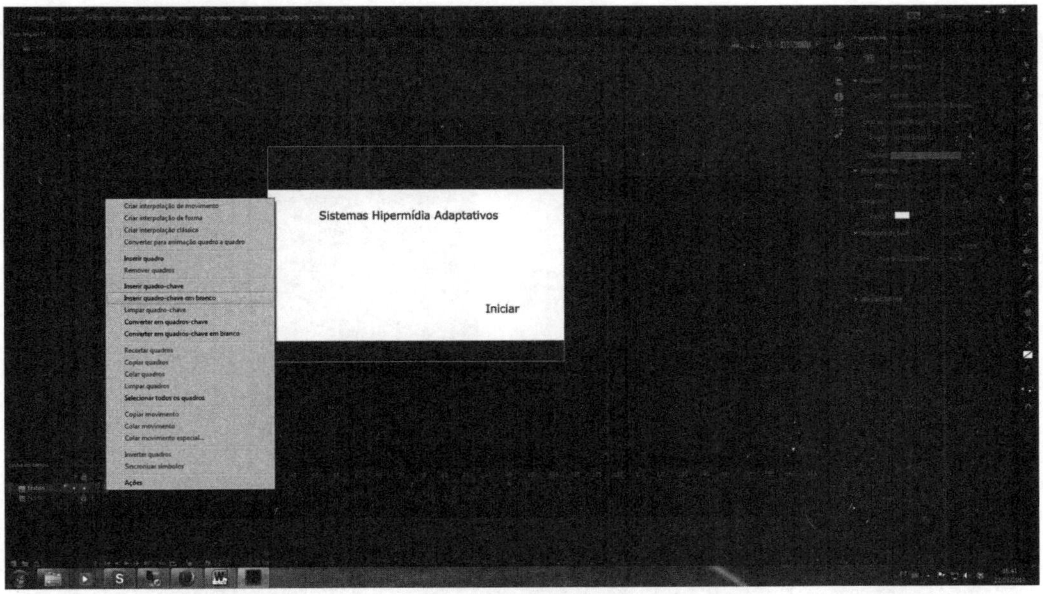

Figura 2.25 - Inserção de um quadro-chave em branco (Fonte: dos autores)

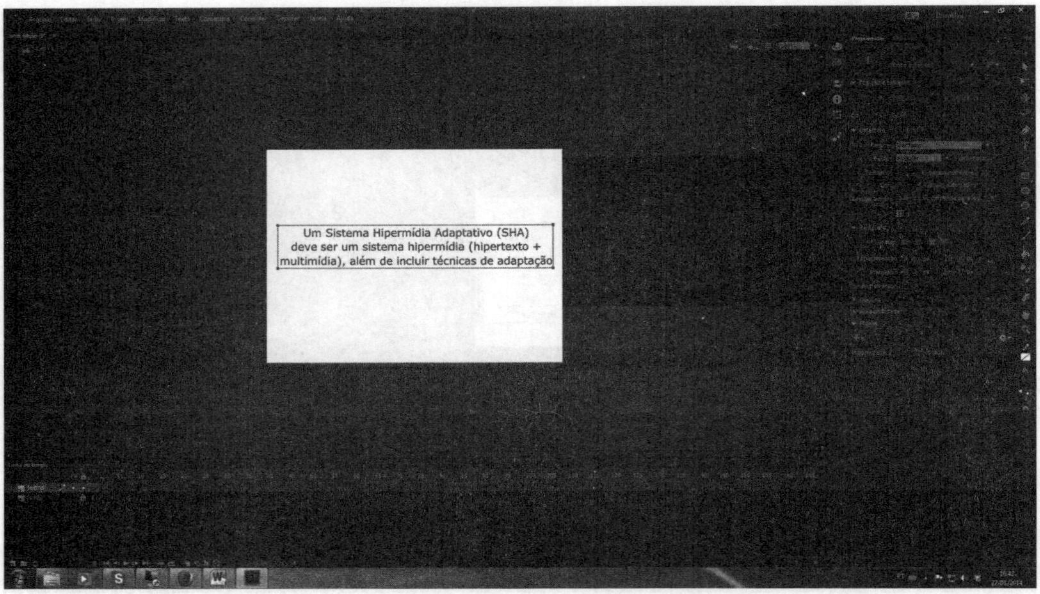

Figura 2.26: Caixa de Texto incluída (Fonte: dos autores)

Para que o fundo criado anteriormente (camada *fundo*) apareça no quadro atual com o texto, deve-se clicar com o botão direito do *mouse* sobre o quadro 2 da camada *fundo* e selecionar a opção *inserir quadro*, como mostra a Figura 2.27.

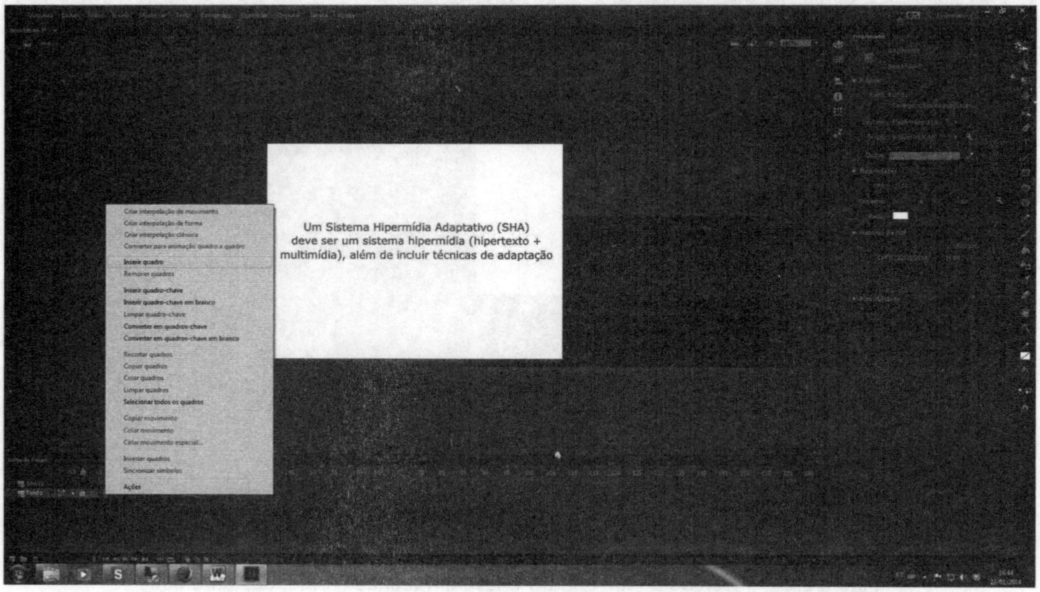

Figura 2.27 - Inserção de um quadro na camada fundo (Fonte: dos autores)

A Figura 2.28 mostra o novo quadro já com a camada de *fundo* sendo visualizada.

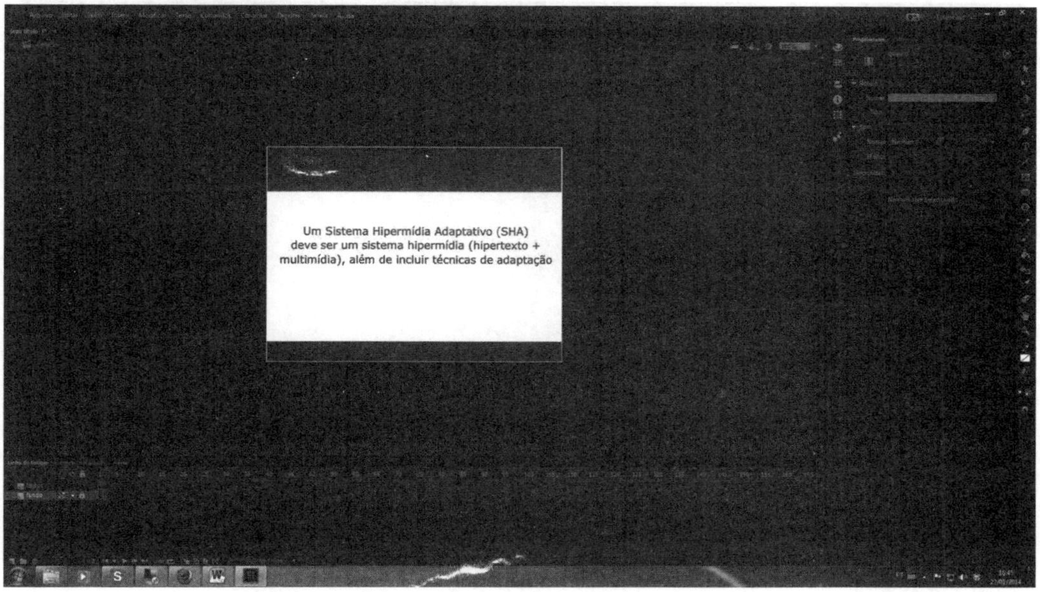

Figura 2.28 - Novo quadro com a camada de fundo (Fonte: dos autores)

Para incluir novos quadros com diferentes textos referentes ao OA, devem ser inseridos novos quadros-chave em branco e repetir a inserção dos referidos quadros, na camada *fundo*. Para que o filme não seja executado rapidamente, apresentando todos os quadros, deve-se voltar ao primeiro quadro da camada *textos* e inserir a ação *stop()* clicando com o botão direito do *mouse* sobre o quadro e selecionando a opção *Ações*, como mostram as Figuras 2.29 e 2.30.

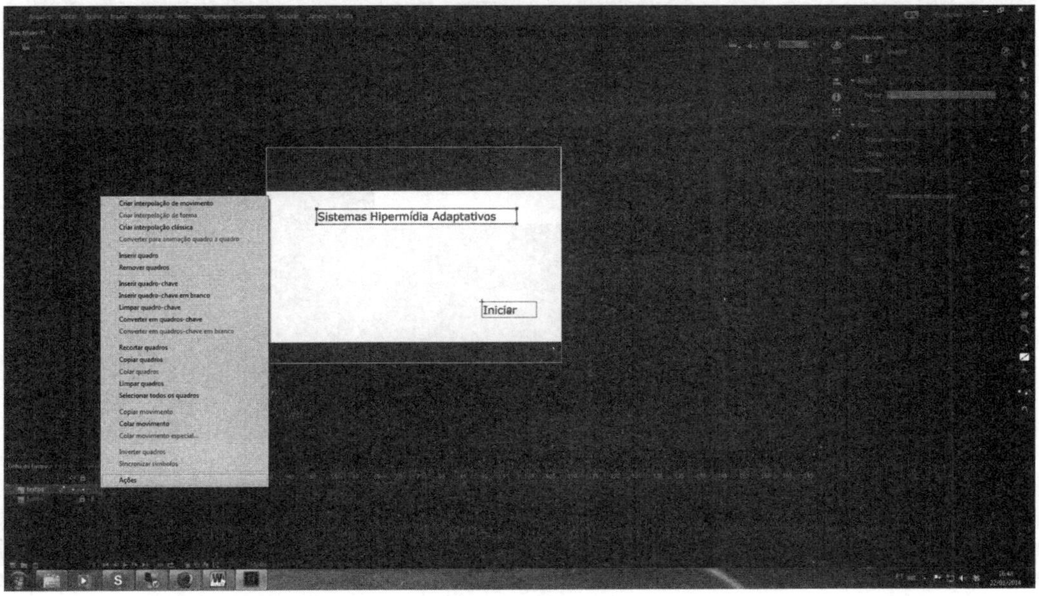

Figura 2.29 - Inserção de Ações (Fonte: dos autores)

Figura 2.30 - Inserção da Ação stop no primeiro quadro (Fonte: dos autores)

A Figura 2.31 mostra o OA em teste, por meio da visualização pressionando as teclas *Ctrl+Enter*.

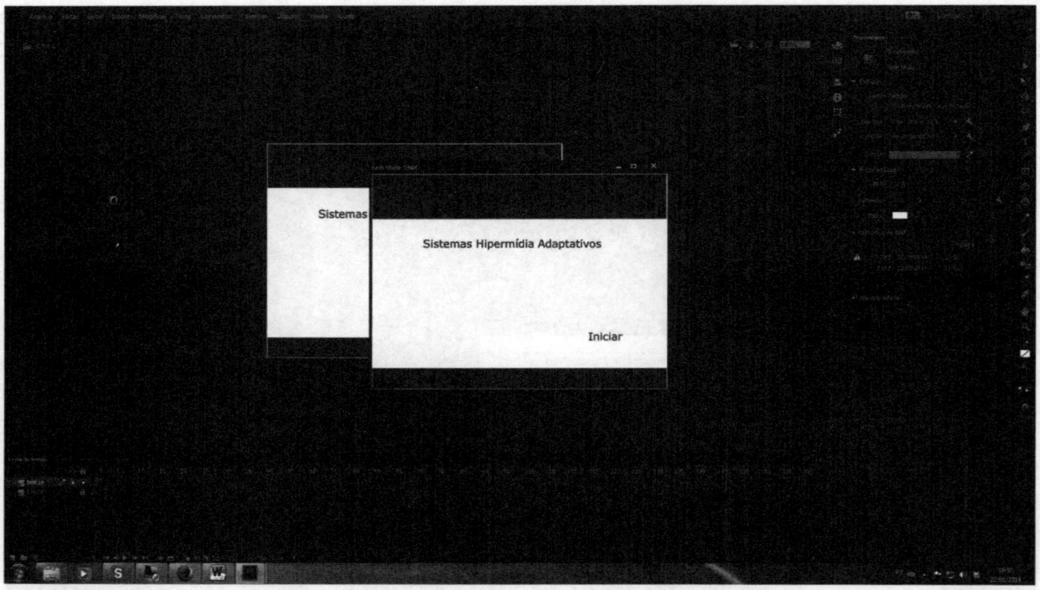

Figura 2.31 - Teste do Objeto de Aprendizagem (Fonte: dos autores)

Com a inserção da ação stop() no primeiro quadro, o filme (ou animação) ficará parado no primeiro quadro. Deve-se selecionar, então, o botão iniciar e inserir um *Snippet* de código (opção *Snippet* de código do menu janela), selecionar a pasta navegação na linha do tempo e a opção clique para ir até o próximo quadro e parar, como mostra a Figura 2.32.

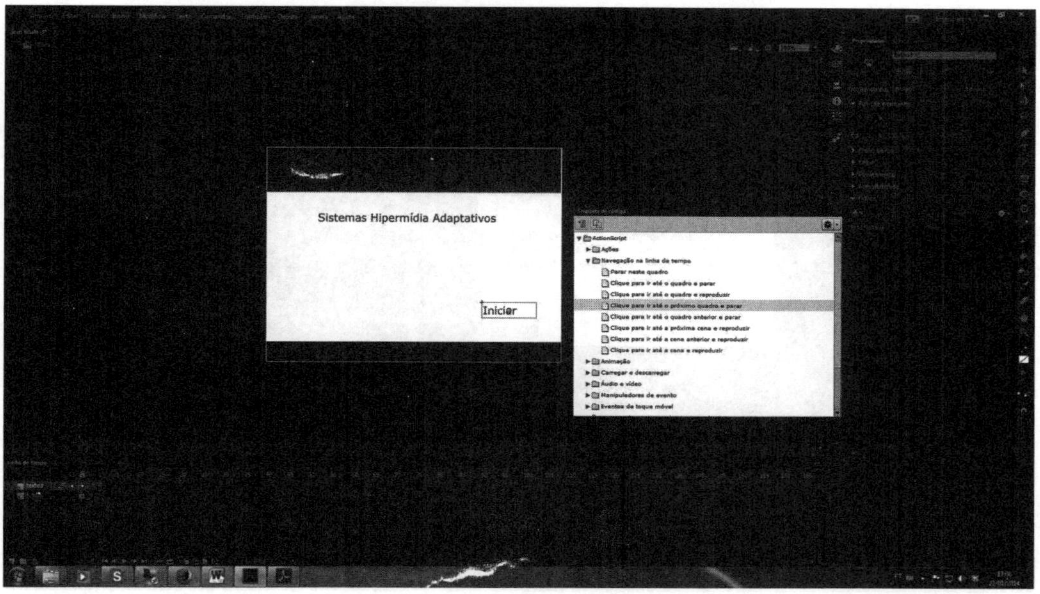

Figura 2.32 - Inserção de uma ação no botão iniciar (Fonte: dos autores)

A Figura 2.33 mostra o código em *ActionScript* da ação inserida. Para inserir uma ação no botão é preciso definir o *nome da ocorrência* nas propriedades do objeto (no lado direito da tela). Se o nome da ocorrência não for definido o *Flash* irá defini-lo no momento da inserção da ação.

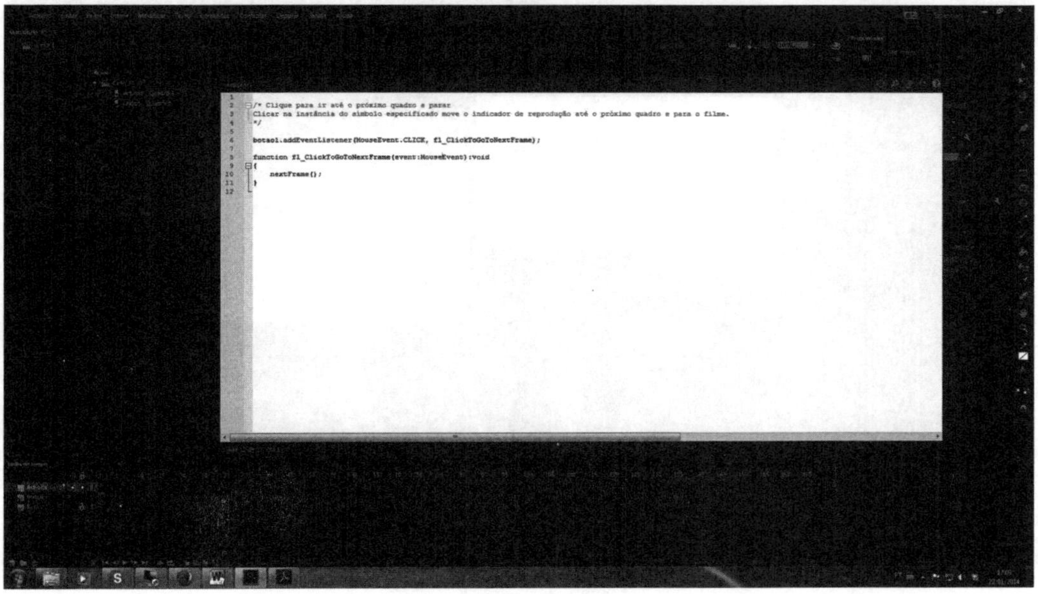

Figura 2.33 - Código *ActionScript* inserido (Fonte: dos autores)

Para permitir a navegação entre os quadros, deve-se inserir uma nova camada, denominada *proximo* e construir nela um botão *próximo*, como mostram as Figuras 2.34 e 2.35. O primeiro e o último quadro desta camada devem ser deixados em branco, para que os botões nela inseridos não apareçam no início e no fim da animação.

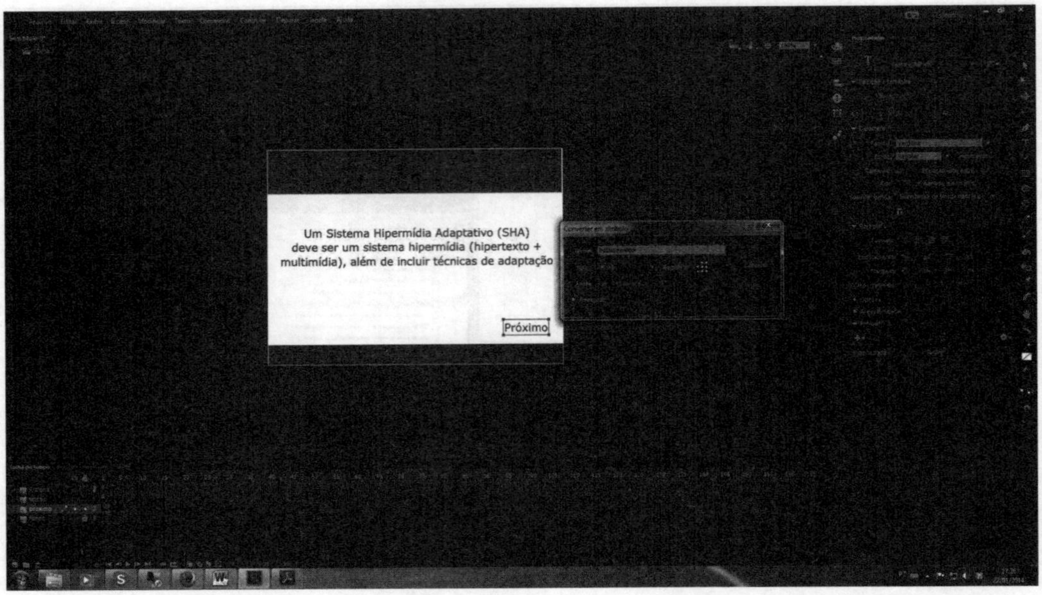

Figura 2.34 - Inserção do botão *proximo* na camada proximo (Fonte: dos autores)

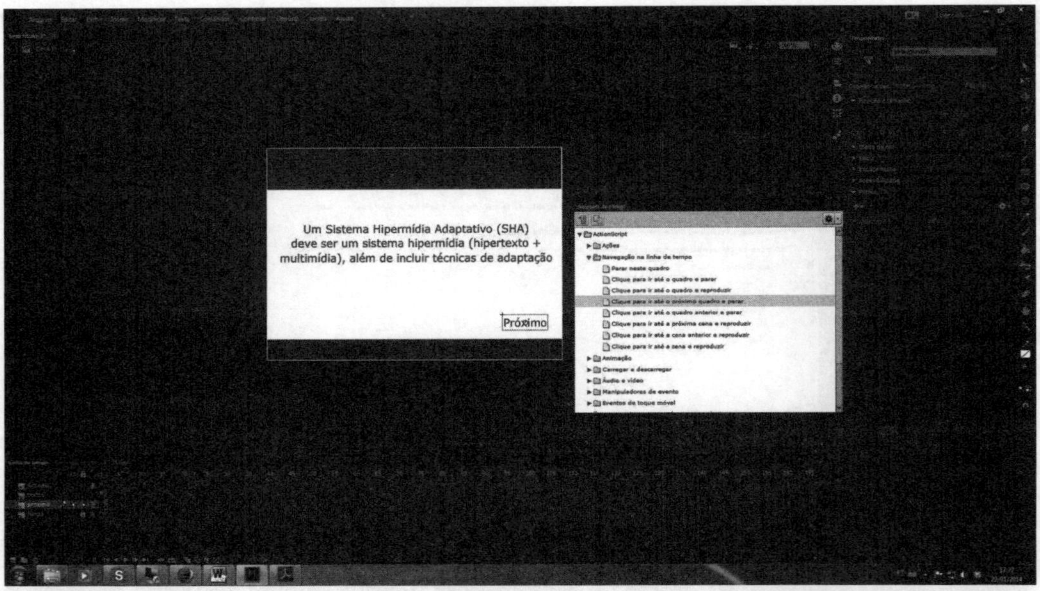

Figura 2.35 - Inserção da ação no botão próximo (Fonte: dos autores)

Cada vez que se inclui um novo quadro com texto no OA, é preciso inserir este quadro na camada *fundo* e, também, na camada *proximo*, para que o *layout* do fundo seja mostrado e, também, o botão *próximo*. A ação do botão *próximo* (*nextFrame*) já foi inserida anteriormente e não precisa ser codificada quadro a quadro.

É válido incluir um botão *anterior* no OA, para flexibilizar a navegação pelo mesmo. Este botão pode ser incluído na mesma camada *proximo* que já foi criada ou em uma nova camada. A ação deste botão é a de *clique para ir até o quadro anterior e parar*, como mostra a Figura 2.36.

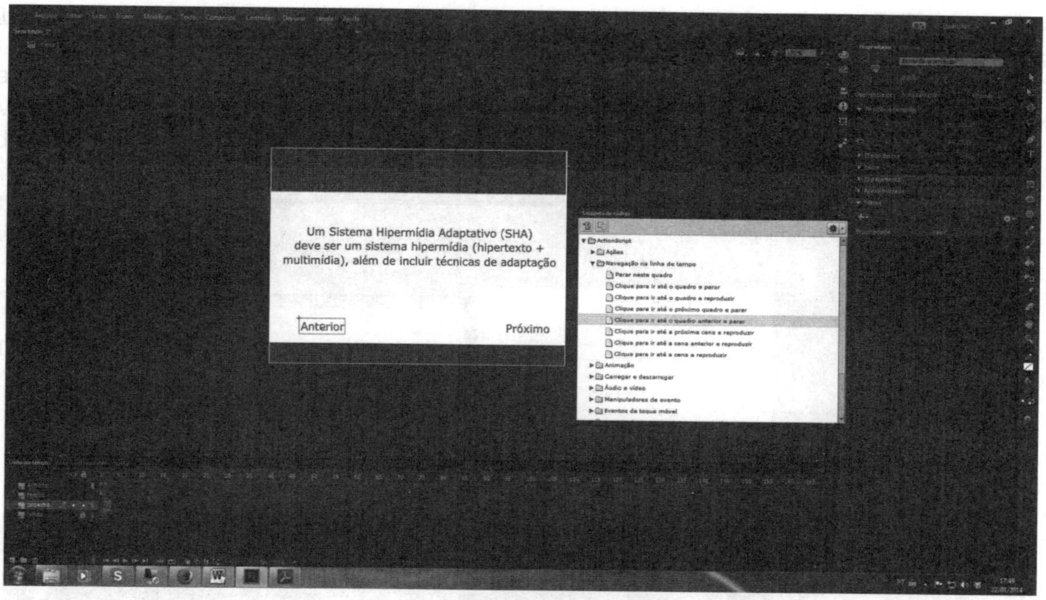

Figura 2.36 - Ação do botão anterior (Fonte: dos autores)

Caso se queira copiar o mesmo estilo do botão *próximo* pode-se utilizar o copiar/colar, mas é preciso criar uma nova instância do objeto. Para isto é preciso selecionar o botão *próximo,* escolher a opção *duplicar símbolo* e definir um novo nome.

No último quadro do OA deve-se inserir um botão *início*, para direcionar o usuário para o primeiro quadro. Então, inserir um novo quadro-chave em branco na camada *texto* e inserir este quadro na camada *fundo*. O quadro da camada *texto* terá duas caixas de texto, como mostra a Figura 2.37. Uma das caixas de texto será transformada em um símbolo do tipo botão, para que se possa adicionar a ação de retornar ao primeiro quadro do OA.

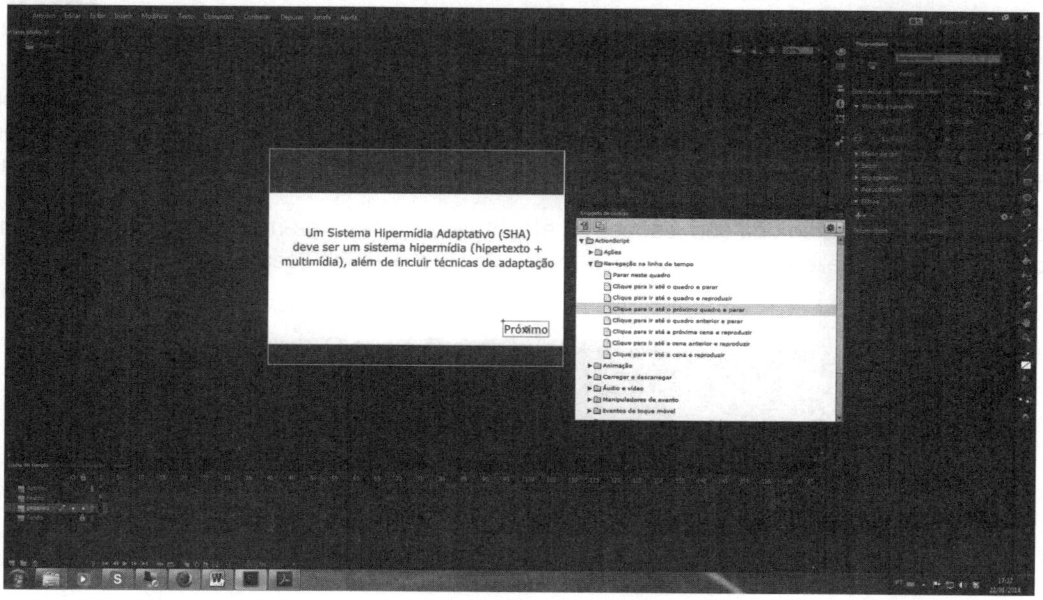

Figura 2.37 - Último quadro do objeto de aprendizagem (Fonte: dos autores)

Deve-se inserir, então, por meio da janela *Snippets de código* a ação *clique para ir até o quadro e parar*, como mostra a Figura 2.38. É preciso estabelecer qual é o número do quadro desejado.

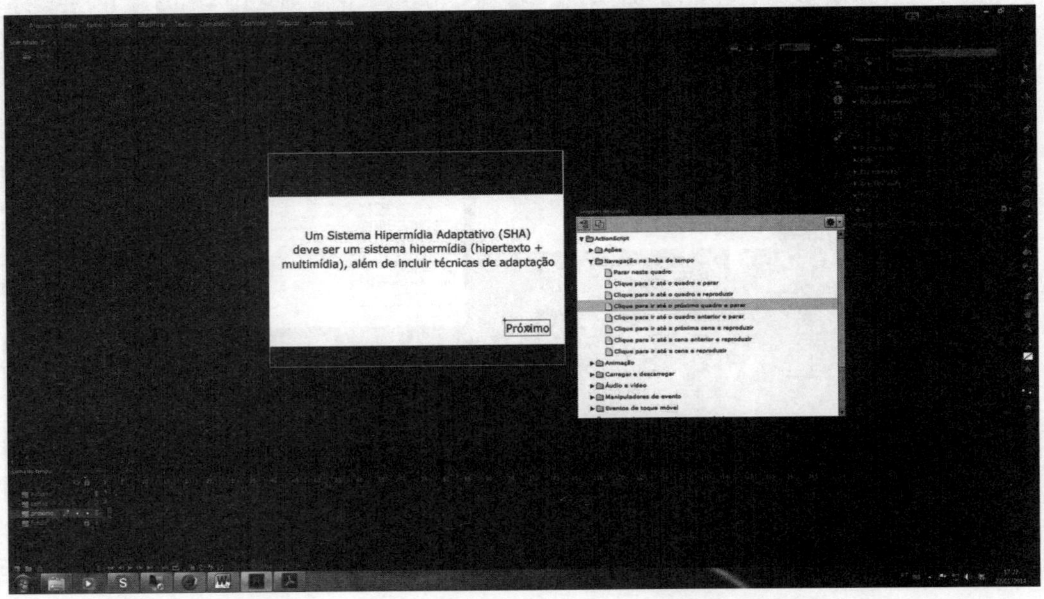

Figura 2.38 - Ação para o botão voltar ao início (Fonte: dos autores)

A Figura 2.39 mostra o código *ActionScript* da ação inserida. Dentro dos parênteses no comando *gotoAndStop()* deve-se substituir o número 5 pelo número 1 (primeiro quadro).

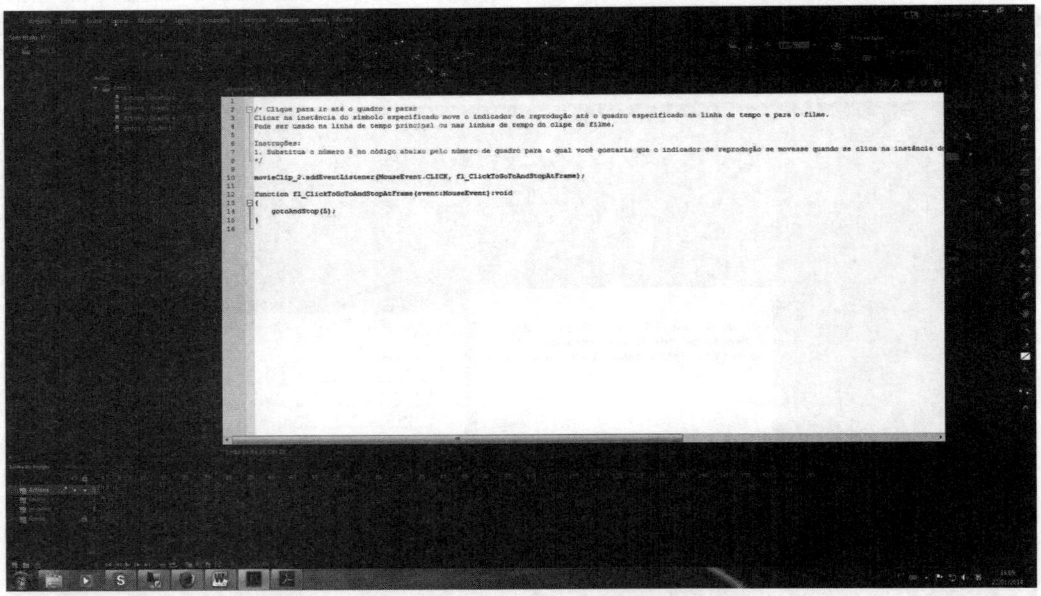

Figura 2.39 - Ação para o botão voltar ao início – *gotoAndStop* (Fonte: dos autores)

Para inserir um exemplo de avaliação no OA será utilizada a opção de uma pergunta com diferentes alternativas para o usuário escolher. É preciso que a pergunta e cada uma das alternativas sejam, inicialmente, campos do tipo texto (Figura 2.40). As alternativas (em azul) foram convertidas em símbolos do tipo botão. Os botões foram nomeados como *alternativa_ocultacao, alternativa_texto_condicional* e *alternativa_classificacao_* *adaptativa.* Estes nomes também foram incluídos nas propriedades, na opção *nome da ocorrência* (canto superior direito da tela). Este quadro deve ser inserido antes do quadro que representa o final do OA, sendo o quadro 4 na linha do tempo.

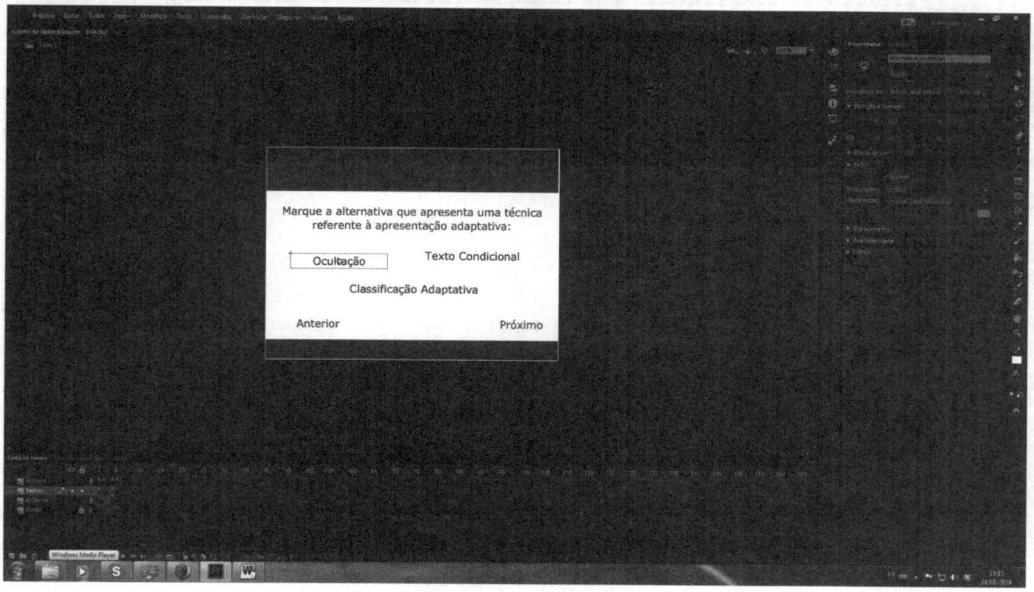

Figura 2.40 - Exemplo de Questão com alternativas (Fonte: dos autores)

Para cada uma das alternativas será preciso definir uma ação, tal como exibir uma mensagem ou *feedback*, indicando se está correta ou incorreta. Como exemplo, deve-se inserir duas caixas de texto no palco, uma com a mensagem "Alternativa Correta!" e outra com a mensagem "Alternativa Incorreta, tente novamente!", como mostra a Figura 2.41. Após inserir as caixas de texto, é preciso convertê-las em símbolos, do tipo botão e nomeá-las, inclusive na propriedade <*nome da ocorrência*> (caixa *properties*) como *alternativa_correta* e *alternativa_incorreta*, respectivamente. Após a conversão em botões, deve-se desmarcar a opção *visível* na caixa de propriedades destes dois botões, para que o *feedback* não seja mostrado ao se acessar a tela da questão no OA.

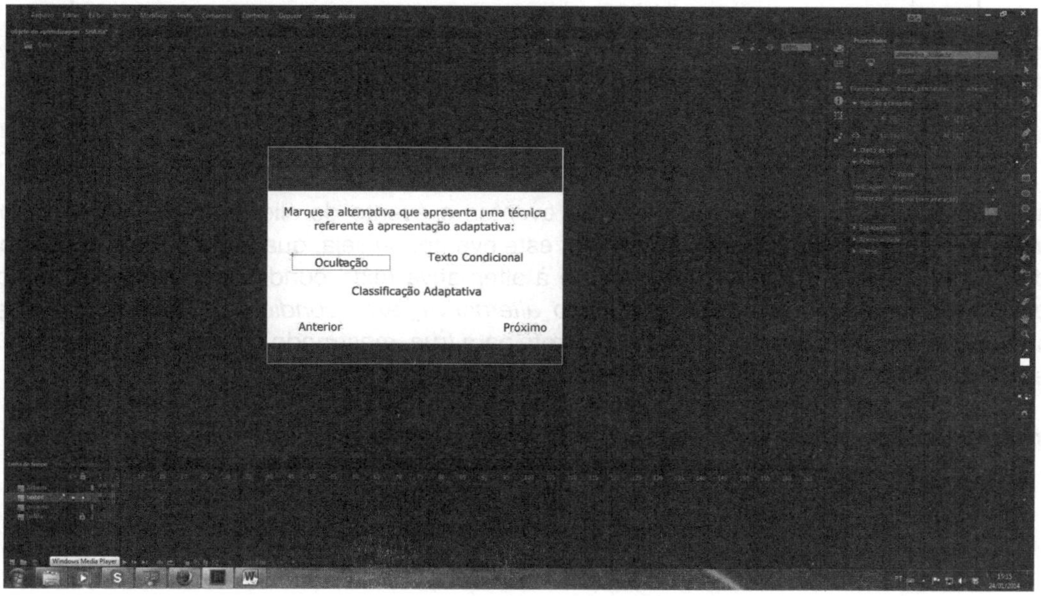

Figura 2.41- Inclusão do *Feedback* (Fonte: dos autores)

É preciso, então, programar as ações que acontecerão quando o usuário clicar nas alternativas. Deve-se incluir o código na janela *ações* do quadro 4 (quadro que contém as alternativas), como mostra a Figura 2.42.

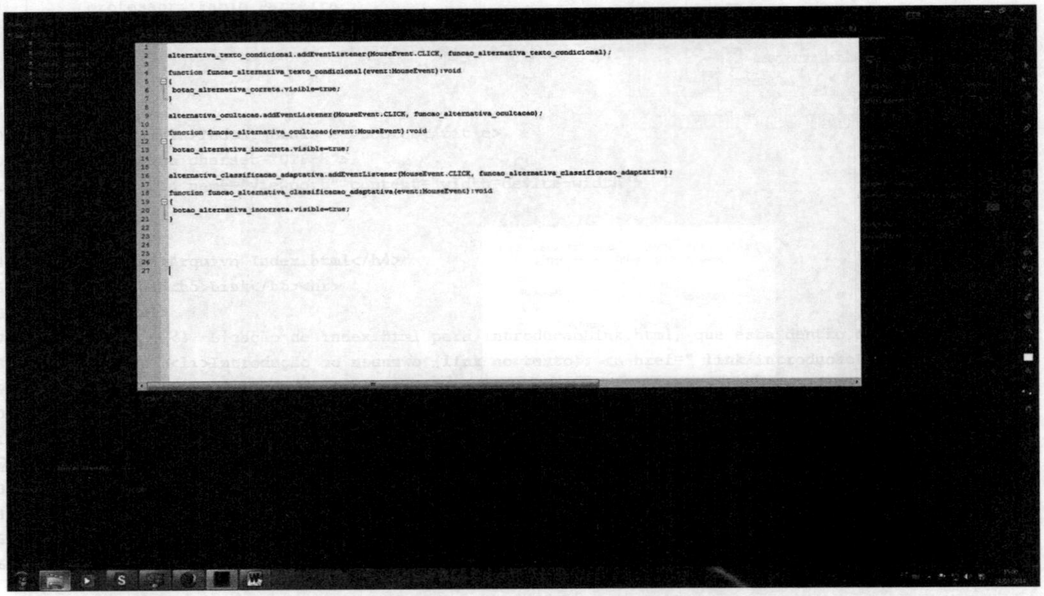

Figura 2.42 - Código das Alternativas (Fonte: dos autores)

O código apresentado na Figura 2.42 captura o clique do *mouse* sobre uma das alternativas e mostra o botão com o *feedback* correspondente. Analisando o trecho de código:

```
alternativa_texto_condicional.addEventListener(MouseEvent.CLICK,
funcao_alternativa_texto_condicional);

function funcao_alternativa_texto_condicional(event:MouseEvent):void

{

    botao_alternativa_correta.visible=true;

}
```

A primeira linha do código adiciona à lista de eventos o evento de clique do *mouse* sobre o botão da alternativa referente ao texto condicional. Ao ocorrer este evento, ou seja, quando o usuário clicar com o botão esquerdo do *mouse* sobre o botão correspondente à alternativa texto condicional, será executado o código *ActionScript* definido na função estabelecida (*funcao_alternativa_texto_condicional*). Esta função apenas altera a propriedade *visible* do botão *botao_alternativa_correta* para *true*, mostrando o *feedback*. O restante do código segue a mesma definição, para as demais alternativas.

A Figura 2.43 mostra o OA em execução, apresentando o *feedback* da alternativa selecionada.

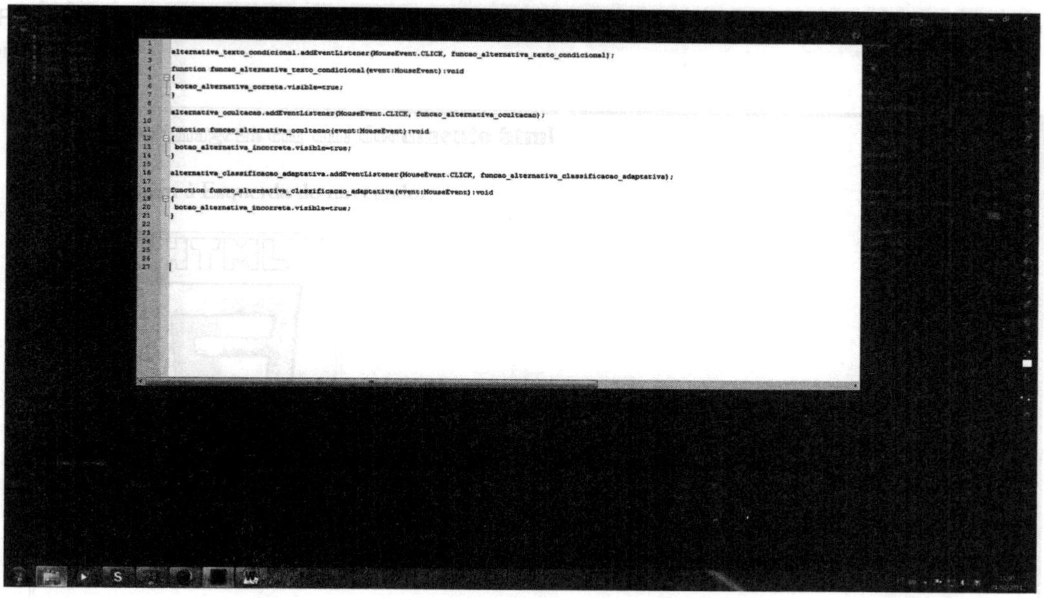

Figura 2.43 - OA em execução (Fonte: dos autores)

Precisa-se, agora, estabelecer uma forma de esconder o *feedback*. Uma das possibilidades é incluir, no código anteriormente criado, uma linha para alterar a propriedade *visible* do botão que deve ser "escondido". Por exemplo, ao clicar na alternativa correta deve ser escondido o botão do *feedback* da alternativa incorreta, tal como:

```
alternativa_texto_condicional.addEventListener(MouseEvent.CLICK,
funcao_alternativa_texto_condicional);

function funcao_alternativa_texto_condicional(event:MouseEvent):void

{

    botao_alternativa_incorreta.visible=false;

    botao_alternativa_correta.visible=true;

}
```

Outra ação que se deve incluir é esconder os dois botões de *feedback* quando o usuário acessar o quadro contendo a questão. O código apresentado na Figura 2.44 deve ser incluído nas ações do quadro 4 (quadro que contém o exemplo da questão que está sendo desenvolvido no OA). Podem-se inserir diferentes ações que devem ser executadas quando o usuário entra no referido quadro.

Figura 2.44 - Ações na entrada do quadro (Fonte: dos autores)

CAPÍTULO 3
Programação com *ActionScript*

Além dos recursos que podem ser inseridos de forma interativa (sem a necessidade de codificação em uma linguagem de programação) no *Flash*, a ferramenta dispõe de uma linguagem proprietária, denominada *ActionScript,* que permite uma maior liberdade, além de recursos, para usuários mais experientes e/ou com noções de programação de computadores.

As ações dos objetos inseridos nos materiais didáticos digitais desenvolvidos em *Flash* podem ser codificadas facilmente por meio de *Snippets de Código* (códigos gerados automaticamente pela ferramenta) ou pela programação propriamente dita, utilizando *ActionScript*.

3.1. Primeiro Exemplo

A utilização de *Snippets de Código*, como se fez no exemplo do OA criado no capítulo anterior, facilita a construção de documentos interativos no *Flash*. Entretanto, nem sempre os *snippets* de código serão suficientes para solucionar os problemas, como é o caso do exemplo em que foi desenvolvido um quadro contendo uma questão e respectivas alternativas de resposta.

Neste contexto, serão desenvolvidos alguns exemplos de código em *ActionScript*. Inicialmente, será desenvolvida uma classe em *ActionScript*, que será empregada, posteriormente, em um documento *Flash.* Deve-se iniciar um novo documento do tipo *Classe do ActionScript 3.0*, como mostra a Figura 3.1. O nome desta classe será *ClasseExemplo*.

O *Adobe Flash* utiliza o paradigma de programação orientada a objetos, que se baseia em classes, atributos e objetos, entre outros conceitos essenciais. Uma classe é a descrição de um molde ou modelo, que especifica as propriedades e o comportamento para um conjunto de objetos similares (BERTAGNOLLI, 2009; BORGES, 2004).

Toda classe (molde) possui um nome e um corpo que define o conjunto de atributos e métodos que suas instâncias (objetos criados a partir deste molde) possuem. Os atributos são os itens (propriedades) que caracterizam um objeto e os métodos são as ações que podem ser realizadas pelo objeto (BERTAGNOLLI, 2009; BORGES, 2004).

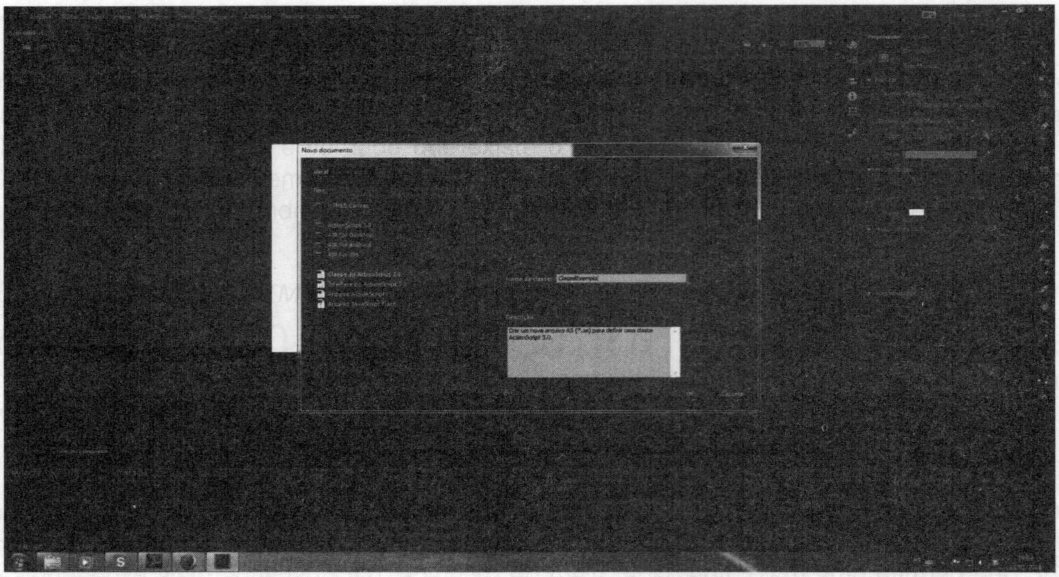

Figura 3.1 - Criação de uma nova classe (Fonte: dos autores)

Deve-se, então, inserir o código *ActionScript* desta classe, como mostra a Figura 3.2.

Figura 3.2 - Código da Classe Exemplo (Fonte: dos autores)

```
package {
    public class ClasseExemplo {
            public function mensagem():String
            {
        var msg:String;
            msg = "Primeiro Exemplo em ActionScript no Flash!";
            return msg;
            }
    }
}
```

O código criado para a *ClasseExemplo* possui um único método público *mensagem* que retorna um texto *"Primeiro Exemplo em ActionScript no Flash!"*. Deve-se salvar esta classe (em um arquivo com a extensão.as) e abrir um novo documento no *Flash* do tipo *ActionScript*. Os arquivos com a classe e com o documento em *Flash* devem estar na mesma pasta.

No palco deste novo documento em *Flash,* deve-se inserir uma caixa de texto, do tipo *texto dinâmico*, com o nome de ocorrência *textoPrincipal*, como mostra a Figura 3.3.

Figura 3.3 - Inserção de Caixa de Texto – *textoPrincipal* (Fonte: dos autores)

Nas ações do quadro 1 será inserido um exemplo utilizando a classe criada anteriormente (*ClasseExemplo)*, como mostra a Figura 3.4. O código *ActionScript* cria um novo objeto instanciado a partir da classe exemplo e mostra o texto definido na classe dentro da caixa de texto *textoPrincipal.* Para inserir o código *ActionScript* é preciso pressionar a tecla F9 para abrir a janela *ações*.

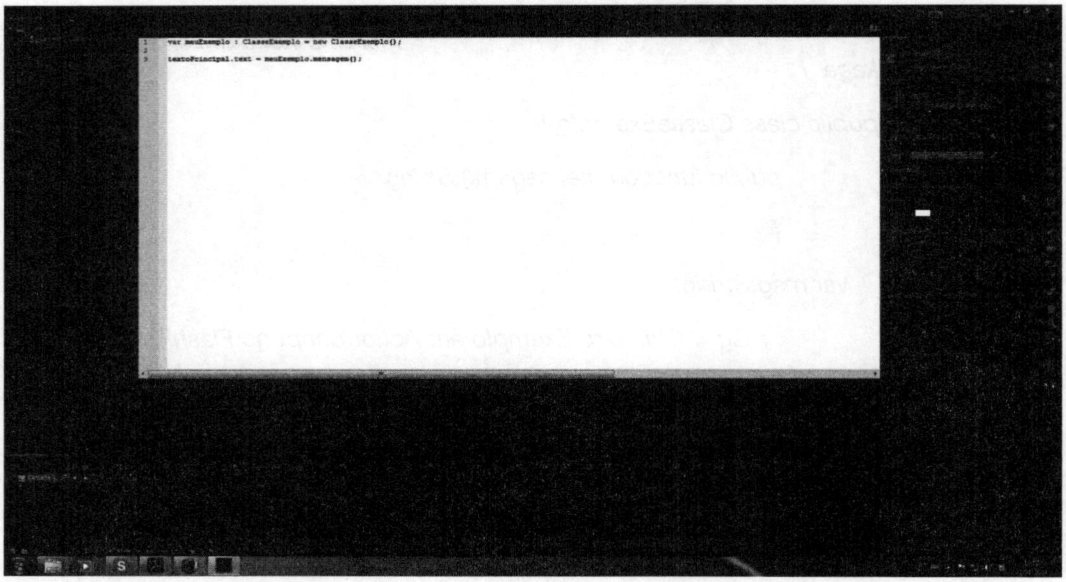

Figura 3.4 – Utilização da *ClasseExemplo* (Fonte: dos autores)

O código abaixo cria um novo objeto (denominado *meuExemplo)* a partir da *ClasseExemplo* e chama o método mensagem (*meuExemplo.mensagem*) para atribuir o texto definido na classe à caixa de texto *textoPrincipal.* A Figura 3.5 mostra o resultado deste exemplo.

```
var meu Exemplo : ClasseExemplo = new ClasseExemplo();

textoPrincipal.text = meuExemplo.mensagem();
```

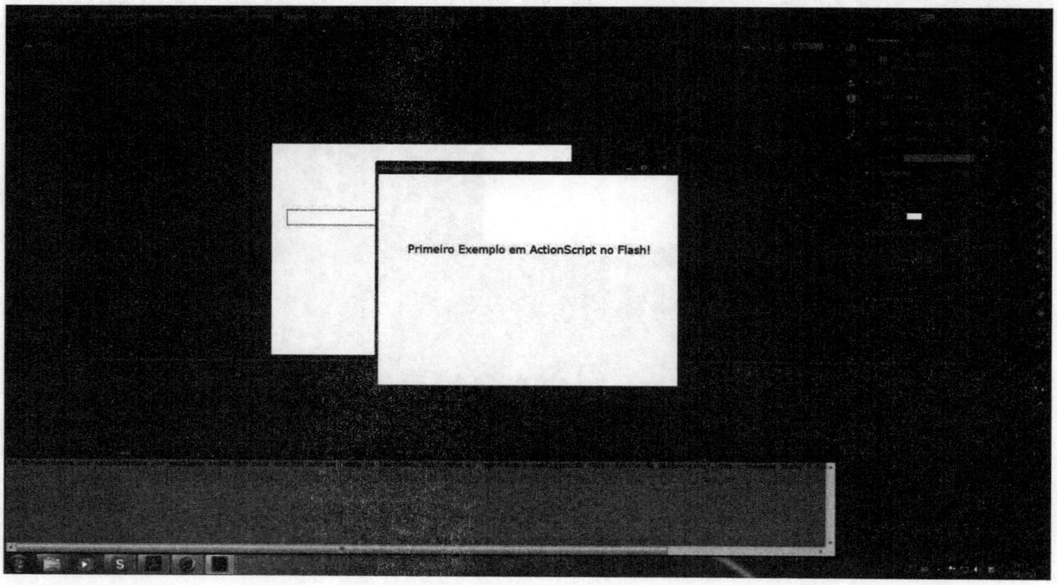

Figura 3.5 - Resultado da Utilização da *ClasseExemplo* (Fonte: dos autores)

3.2. Criação de uma Calculadora

Deve-se criar um novo documento *Flash* para o próximo exemplo: a programação de uma calculadora. Para compor a interface deste exemplo, é preciso trabalhar com componentes (rótulos, botões, caixas de texto, etc.), que serão inseridos por meio da janela *componentes* (CTRL+F7). Deve-se inserir três componentes do tipo *label (rótulos)*, duas caixas para entrada de texto (*TextInput*) e um botão *(button)*, como mostra o exemplo da Figura 3.6.

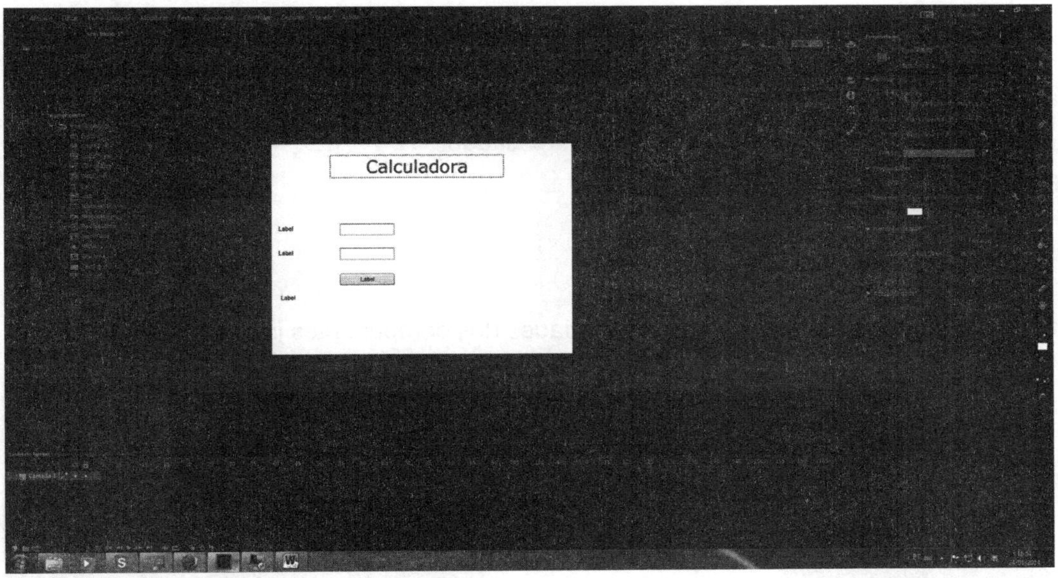

Figura 3.6 - Interface da Calculadora (Fonte: dos autores)

Deve-se compor a interface, alterando as propriedades dos componentes. A Figura 3.7 mostra a alteração da propriedade *text* dos componentes *label* (rótulos). As propriedades são alteradas na caixa de propriedades, no lado direito da tela.

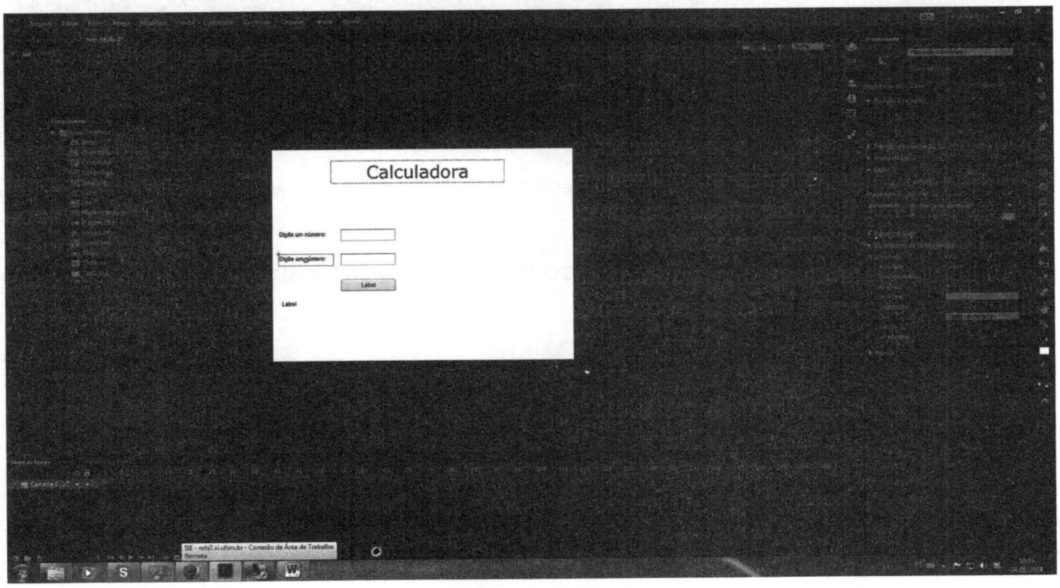

Figura 3.7 - Alteração das propriedades dos componentes (Fonte: dos autores)

Com base no exemplo, deve-se alterar os seguintes valores de propriedades:

- *text* do 1º label: Digite um número
- *text* do 2º label: Digite um número
- nome da ocorrência do 1º *TextInput:* valor1
- nome da ocorrência do 2º *TextInput:* valor2
- nome da ocorrência do botão: botaoCalcular
- nome da ocorrência do *label* do resultado: resultado
- *label* do botão: Calcular
- *text* do 3º label: Resultado

A Figura 3.8 mostra a interface com as propriedades dos componentes já alteradas.

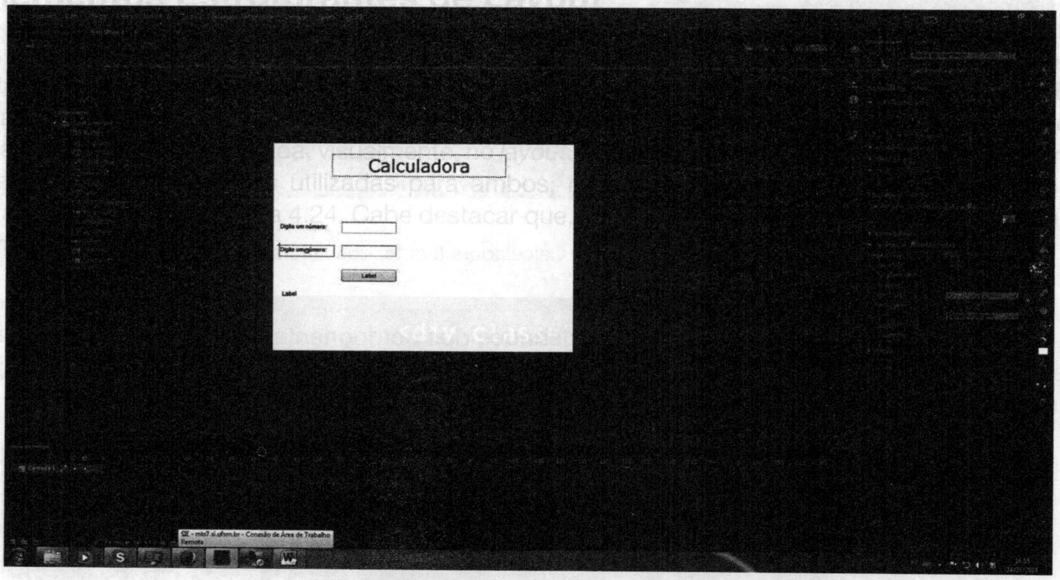

Figura 3.8 - Propriedades alteradas (Fonte: dos autores)

Deve-se definir, então, o código *ActionScript* do botão *calcular*. O exemplo a seguir fará a operação de adição:

```
botaoCalcular.addEventListener(MouseEvent.CLICK, funcao_adicao);

function funcao_adicao(event:MouseEvent):void

{
    var numero1, numero2, soma: int;

    numero1 = int(valor1.text);
    numero2 = int(valor2.text);
    soma = numero1 + numero2;
    resultado.text="Resultado:" + String(soma);
}
```

A partir deste exemplo é possível implementar as demais operações aritméticas básicas (subtração, multiplicação e divisão).

3.3 Verificação do Resultado de Operações Aritméticas

Pode-se fazer um exemplo em que, ao invés de apresentar o resultado, se quer verificar se o usuário acertou o resultado da operação ou pode-se fazer um exemplo gerando dois números aleatórios e perguntar ao usuário qual a resposta correta. A Figura 3.9 apresenta uma proposta de interface para este exemplo.

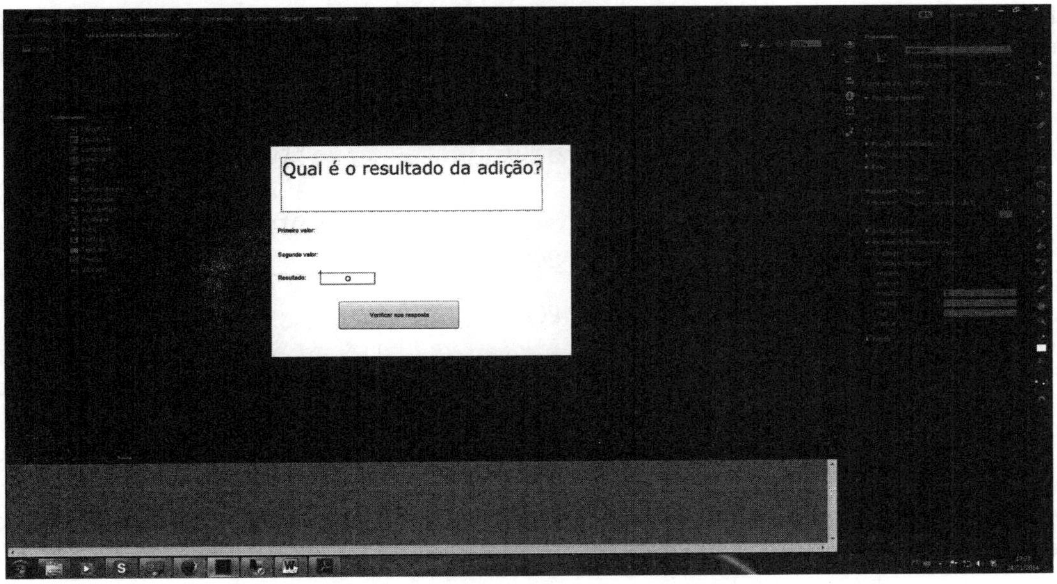

Figura 3.9 - Proposta de Interface (Fonte: dos autores)

No exemplo da Figura 3.9, foram inseridos três componentes do tipo *label* (Primeiro Valor, Segundo Valor e Resultado), um componente do tipo *textInput* para que o usuário digite a resposta e um botão para verificar se a resposta está correta. Ao lado dos *labels* que mostram as mensagens *primeiro valor* e *segundo valor* foram inseridos dois *labels* com a propriedade *text* vazia, cujos nomes de ocorrência são *valor1* e *valor2*, respectivamente. Estes componentes do tipo *label* serão utilizados para armazenar o valor dos números que serão sorteados. Também foi inserido um *label* com o texto vazio, para mostrar o *feedback*. O nome de ocorrência deste *label* é *feedback*.

Deve-se iniciar o código *ActionScript* gerando os dois valores, de forma aleatória, inserindo o código que será executado quando o usuário entrar no quadro, por meio do método *random* da classe *Math*, como mostra a Figura 3.10.

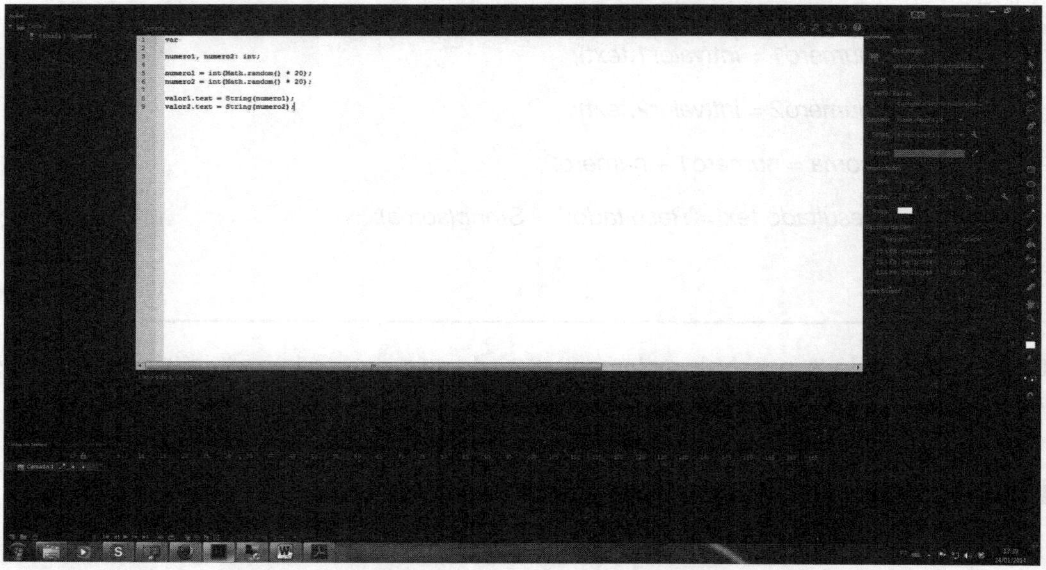

Figura 3.10 - Código para gerar os números aleatórios (Fonte: dos autores)

O código a seguir cria duas variáveis do tipo inteiro (*numero1* e *numero2*), gera um número randômico entre 1 e 20 e mostra estes valores gerados nos componentes *label valor1* e *valor2*, criados anteriormente.

```
var

numero1, numero2: int;

numero1 = int(Math.random() * 20);

numero2 = int(Math.random() * 20);

valor1.text = String(numero1);

valor2.text = String(numero2);
```

Deve-se implementar, então, o código do botão para verificar a resposta (denominado *botaoCalcular*). A seguir apresenta-se o exemplo de código para isto:

```
botaoCalcular.addEventListener(MouseEvent.CLICK, funcao_adicao);
function funcao_adicao(event:MouseEvent):void
{
    var numero1, numero2, soma, soma_usuario: int;
    numero1 = int(valor1.text);
    numero2 = int(valor2.text);
    soma = numero1 + numero2;
    soma_usuario = int(resposta.text);
    if (soma == soma_usuario)
    {
    feedback.text = "Sua resposta da adição dos dois números está
correta!";
    }
    else
    {
            feedback.text = "Sua resposta não está correta! O resultado
correto é:" + String(soma);
    }
}
```

Nesse exemplo está sendo utilizado o comando *if* para verificar se a soma realizada pelo usuário, armazenada na variável *soma_usuario* está de acordo com a soma correta dos números gerados randomicamente (variável *soma*). O operador de igualdade é o ==.

Exercício 1: A partir deste exemplo, insira um botão para reiniciar, gerando novos números randômicos.

Exercício 2: Faça a implementação das operações aritméticas de subtração, multiplicação e divisão.

3.4 Arrastar e Soltar

O recurso de arrastar e soltar (*drag and drop*) pode ser utilizado em muitos jogos educacionais, para que o usuário possa arrastar objetos até o local correto. Será desenvolvido um exemplo com figuras geométricas, para que o usuário arraste uma das figuras até uma área estabelecida no palco do *Flash*. Para tanto é preciso criar um novo arquivo do tipo *Action Script 3.0* e inserir um campo do tipo texto contendo a mensagem: *Arraste o círculo até a área pontilhada*, três figuras geométricas (um quadrado, um pentágono e um círculo), que devem ser convertidas em símbolo e terem seus nomes de ocorrência alterados para *quadrado, pentagono* e *circulo*.

Além destes objetos, é preciso inserir uma área para verificar se o objeto foi "solto" no lugar correto. Para isso, deve-se incluir um retângulo com a linha pontilhada com o nome de ocorrência *areaLargar*. A Figura 3.11 mostra uma proposta para a interface deste exemplo.

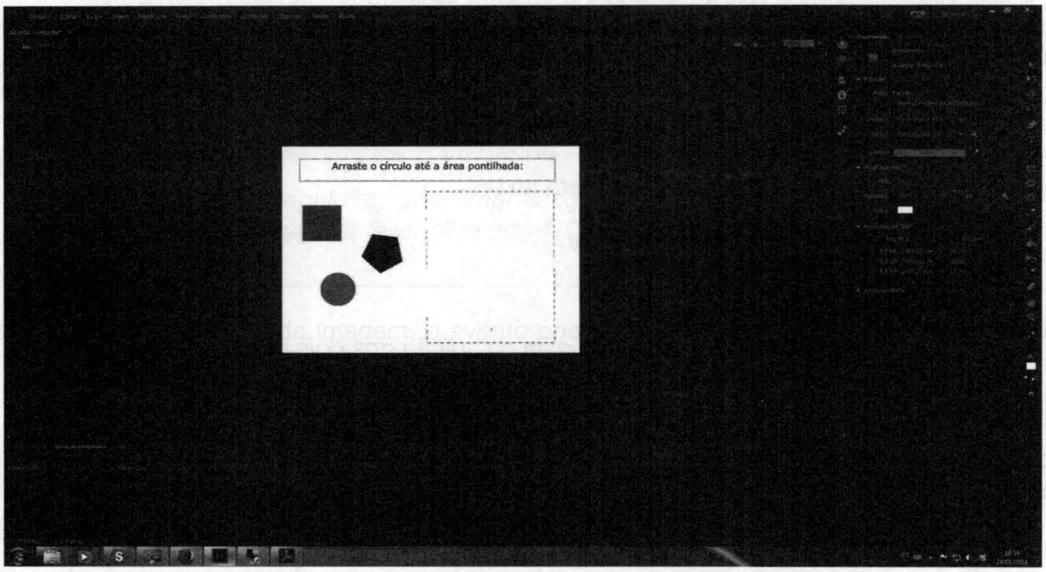

Figura 3.11 - Interface do Exemplo de Arrastar e Soltar (Fonte: dos autores)

Deve-se iniciar a programação em *Action Script* inserindo o código que permitirá que os objetos geométricos (quadrado, pentágono e círculo) possam ser arrastados (*drag*) e soltos (*drop*) no palco. Para tanto, é preciso inserir o código a seguir nas ações do palco:

```
quadrado.addEventListener(MouseEvent.MOUSE_DOWN,funcao_
Dragquadrado);
function funcao_Dragquadrado(event:MouseEvent):void
{
    quadrado.startDrag();
}
stage.addEventListener(MouseEvent.MOUSE_UP,funcao_
Dropquadrado);
function funcao_Dropquadrado(event:MouseEvent):void
{
    quadrado.stopDrag();
}
```

```
quadrado.addEventListener(MouseEvent.MOUSE_DOWN,funcao_
Dragquadrado);

function funcao_Dragquadrado(event:MouseEvent):void

{

    quadrado.startDrag();

}

stage.addEventListener(MouseEvent.MOUSE_UP,funcao_
Dropquadrado);

function funcao_Dropquadrado(event:MouseEvent):void

{

    quadrado.stopDrag();

}

pentagono.stopDrag();

}

circulo.addEventListener(MouseEvent.MOUSE_DOWN,funcao_
Dragcirculo);

function funcao_Dragcirculo(event:MouseEvent):void

{

    circulo.startDrag();

}

stage.addEventListener(MouseEvent.MOUSE_UP,funcao_Dropcirculo);

function funcao_Dropcirculo(event:MouseEvent):void

{

    circulo.stopDrag();

}
```

Para cada um dos objetos geométricos foram programadas as funções *startDrag*, quando o botão esquerdo do *mouse* for pressionado e ficar pressionado sobre o objeto e *stopDrag*, quando o objeto for solto, a partir dos eventos *MOUSE_DOWN* e *MOUSE_UP*, respectivamente. Ao testar este exemplo, nota-se que o objeto arrastado fica atrás dos demais. Para que o objeto que está sendo arrastado fique na frente dos demais, é preciso inserir a linha de código *stage.addChild* no código, como mostra o exemplo a seguir:

```
quadrado.addEventListener(MouseEvent.MOUSE_DOWN, funcao_
Dragquadrado);

function funcao_Dragquadrado(event:MouseEvent):void

{

stage.addChild(quadrado); //para que o objeto sendo arrastado fique na
frente dos demais

    quadrado.startDrag();

}

stage.addEventListener(MouseEvent.MOUSE_UP, funcao_
Dropquadrado);

function funcao_Dropquadrado(event:MouseEvent):void

{

    quadrado.stopDrag();

}

pentagono.addEventListener(MouseEvent.MOUSE_DOWN, funcao_
Dragpentagono);

function funcao_Dragpentagono(event:MouseEvent):void

{

stage.addChild(pentagono); //para que o objeto sendo arrastado
fique na frente dos demais

    pentagono.startDrag();

}

stage.addEventListener(MouseEvent.MOUSE_UP, funcao_
Droppentagono);

function funcao_Droppentagono(event:MouseEvent):void

{

    pentagono.stopDrag();

}

circulo.addEventListener(MouseEvent.MOUSE_DOWN, funcao_
Dragcirculo);
```

```
function funcao_Dragcirculo(event:MouseEvent):void
{
stage.addChild(circulo); //para que o objeto sendo arrastado fique na frente dos demais
    circulo.startDrag();
}
stage.addEventListener(MouseEvent.MOUSE_UP, funcao_Dropcirculo);
function funcao_Dropcirculo(event:MouseEvent):void
{
    circulo.stopDrag();
}
```

O próximo passo é identificar se o objeto arrastado foi solto no lugar correto. No exemplo, o círculo deve ser arrastado para a área pontilhada. Caso não seja arrastado para a área correta, faz-se com que o objeto retorne a sua área anterior, definindo sua posição pelas coordenadas X e Y. Para realizar este exemplo, é preciso incluir o código a seguir na lista de ações do palco:

```
stage.addEventListener(MouseEvent.MOUSE_UP,verifica);
function verifica(event: MouseEvent): void {
    if (circulo.hitTestObject(areaLargar)) {
      circulo.stopDrag();
    }
    else {
            circulo.x=100;
            circulo.y=300;
    }
}
```

O trecho abaixo, codificado anteriormente, deve ser excluído das ações (ou deixado como comentário):

```
    //stage.addEventListener(MouseEvent.MOUSE_UP,funcao_
Dropquadrado);

    //function funcao_Dropquadrado(event:MouseEvent):void

    //{

        //quadrado.stopDrag();

    //}
```

3.5 Questão de Múltipla Escolha

Nesta seção será elaborado um exemplo de OA com questões de múltipla escolha, utilizando o componente *RadioButton*. Além disso, neste exemplo, será criado um recurso para contar o número de erros e acertos do usuário.

Para iniciar, é preciso abrir um novo projeto *ActionScript* no *Flash* e inserir uma nova camada na linha de tempo. A primeira camada terá o nome de *Perguntas* e a segunda camada será chamada de *Fundo*. Na camada *Fundo* inserir um retângulo na cor azul, como mostra a Figura 3.12. Por meio das teclas CTRL+F7 será visualizada a janela *componentes*.

Figura 3.12 - Proposta de Interface para o AO (Fonte: dos autores)

Também será incluída uma camada para colocar um botão de movimentação que permitirá o avanço para a próxima pergunta. Esta camada será chamada de *Navegação.* Na camada *Navegação* deve ser incluído um componente *button* com o *label Próxima* e nome de ocorrência *botaoProxima*, como mostra a Figura 3.13.

Figura 3.13 - Camada *Navegação* com o botão Próxima (Fonte: dos autores)

Para incluir a ação do botão *Próxima*, com objetivo de avançar para a próxima pergunta, pode-se consultar o exemplo construído no capítulo 2. Na medida em que forem sendo incluídos os quadros na camada *Perguntas*, é preciso inseri-los nas camadas *Fundo* e *Navegação*, por meio da linha de tempo (conforme visto no exemplo de construção de um OA no capítulo 2).

Na camada *Perguntas* deve-se inserir, em quadros diferentes, um campo do tipo texto (da caixa de ferramentas) para inserir a pergunta e, para as opções, serão utilizados componentes do tipo *RadioButton*. Para que os campos contendo as perguntas apareçam sobre o fundo é preciso que a camada *Perguntas* esteja acima da camada *Fundo* na linha de tempo (pode-se arrastar as camadas para trocá-las de posição), como mostra a Figura 3.14.

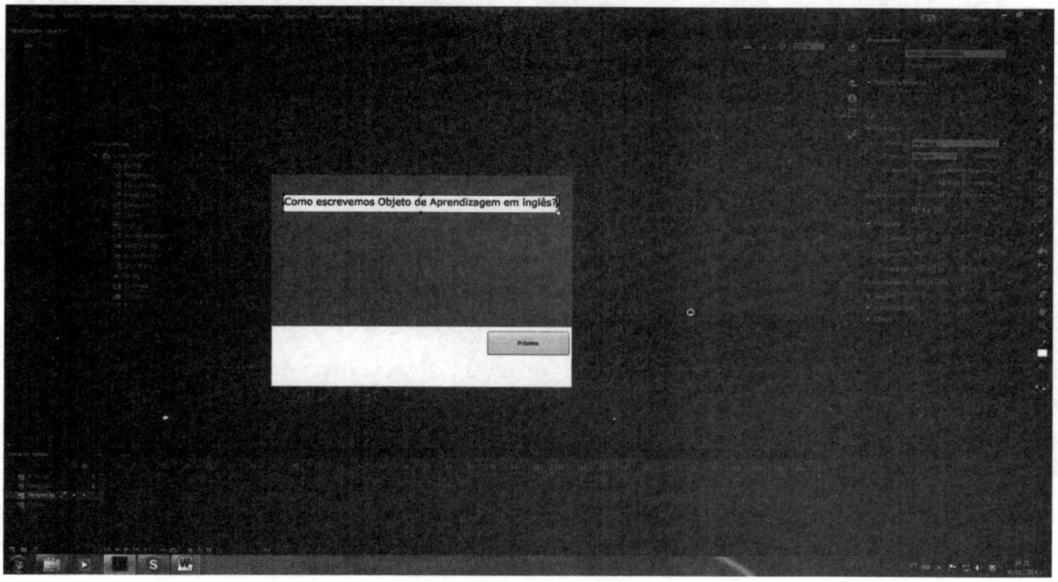

Figura 3.14 - Inserção da pergunta no **OA** (Fonte: dos autores)

Deve-se inserir, então, um componente *RadioButton* para cada uma das alternativas possíveis, como mostra a Figura 3.15 e alterar o *label* de cada um dos *RadioButton* para escrever a resposta da alternativa e seu nome de ocorrência (o primeiro *RadioButton* foi nomeado como *alternativa_1*).

Figura 3.15 - Inserção das Alternativas com *RadioButton* (Fonte: dos autores)

Como os *RadioButton* pertencem ao mesmo grupo (ver a propriedade *groupName*), eles são mutuamente exclusivos, ou seja, só um dos *RadioButton* pode ser selecionado no grupo. A Figura 3.16 mostra a execução do OA (CTRL+ENTER) com os *RadioButton* criados.

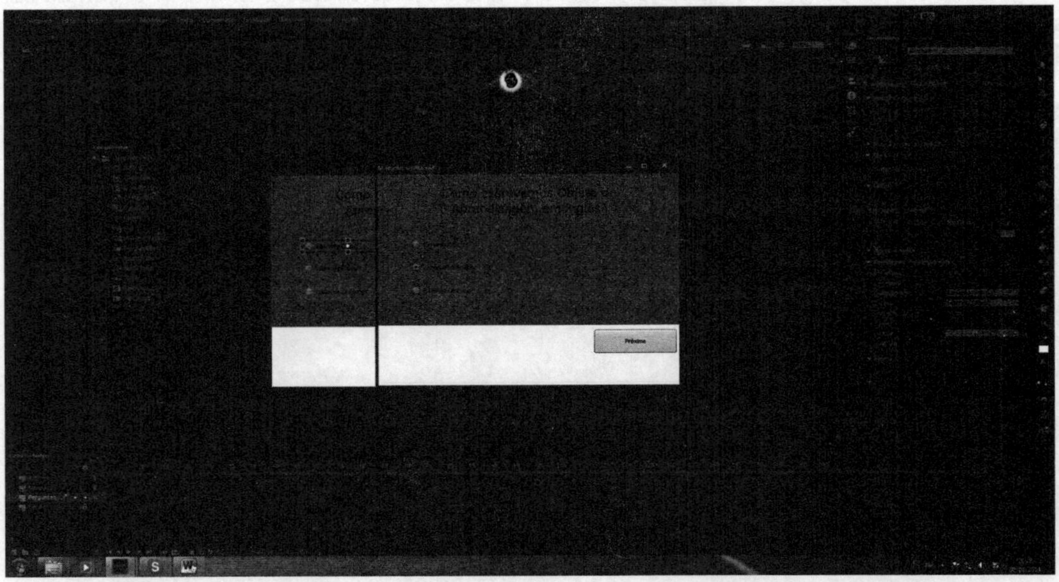

Figura 3.16 - Execução do **OA** (Fonte: dos autores)

Pode-se inserir o *feedback* para cada resposta (certa ou errada), como foi feito no exemplo do OA no Capítulo 2. Neste exemplo, serão contados os erros e acertos, para isso é preciso programar a contagem dos erros e acertos em cada um dos *RadioButton*. No primeiro quadro da camada *Perguntas* se faz necessário criar as variáveis que irão armazenar o número de erros e acertos, bem como incrementar essas variáveis quando o usuário clicar nas alternativas.

```
var acertos, erros: int;
acertos=0;
erros=0;
alternativa_1.addEventListener(MouseEvent.CLICK, funcao_acertos);
alternativa_2.addEventListener(MouseEvent.CLICK, funcao_erros);
alternativa_3.addEventListener(MouseEvent.CLICK, funcao_erros);
function funcao_acertos(event:MouseEvent):void
{
    acertos=acertos+1;
}
function funcao_erros(event:MouseEvent):void
{
    erros=erros+1;
}
```

As variáveis, *acertos* e *erros*, como estão declaradas fora de uma função, possuem escopo global, ou seja, podem ser acessadas em qualquer parte da aplicação que está sendo construída.

Deve-se incluir, neste exemplo de OA, um novo quadro com uma pergunta (lembre-se de adicionar este quadro às camadas *Fundo* e *Navegação*). Como no exemplo anterior, é preciso inserir uma caixa de texto e três componentes *RadioButton*, denominados *alternativa_4, alternativa_5* e *alternativa_6*, respectivamente, como mostra a Figura 3.17.

Figura 3.17 - Segundo quadro com perguntas (Fonte: dos autores)

O código *ActionScript* deste quadro é mostrado abaixo. Este código chama as funções definidas anteriormente. As alternativas 4 e 6 estão erradas, então chama-se a função *funcao_erros* e a alternativa 5 está correta (função *funcao_acertos).*

```
alternativa_4.addEventListener(MouseEvent.CLICK, funcao_erros);
alternativa_5.addEventListener(MouseEvent.CLICK, funcao_acertos);
alternativa_6.addEventListener(MouseEvent.CLICK, funcao_erros);
```

Ao testar o OA criado, lembre-se de incluir o comando *stop();* no primeiro quadro, para que a animação não fique alternando os dois quadros. A partir deste exemplo, podem-se inserir vários quadros com diferentes perguntas. Para concluir o exemplo, deve-se inserir um quadro que mostrará o total de acertos e de erros, como mostra o exemplo da Figura 3.18.

Na camada *Perguntas* deve-se inserir uma caixa de texto estática e dois componentes do tipo *Label* (que apresentarão os resultados), denominados *total_acertos* e *total_erros* respectivamente (deve-se escolher a opção *left* para a propriedade *autosize* dos componentes *Label*).

Figura 3.18 - Tela com os Resultados (Fonte: dos autores)

O código para que sejam apresentados os resultados é mostrado abaixo e deve ser inserido nas ações deste quadro. Observa-se que a camada *Fundo* não foi inserida neste quadro.

Exercício 3: Inclua condições (com o comando *if*) para verificar se o usuário não obteve nenhum acerto ou nenhum erro, modificando as mensagens exibidas.

3.6 Jogo de Memória

Para elaborar o exemplo de um jogo de memória é preciso abrir um novo projeto *ActionScript* no *Flash* e importar as figuras que formarão a "frente" das cartas. É preciso importar, também, figuras que serão o "verso" das cartas. A Figura 3.19 mostra a opção que se deve utilizar: *Menu Arquivo, Importar, Importar para o palco.*

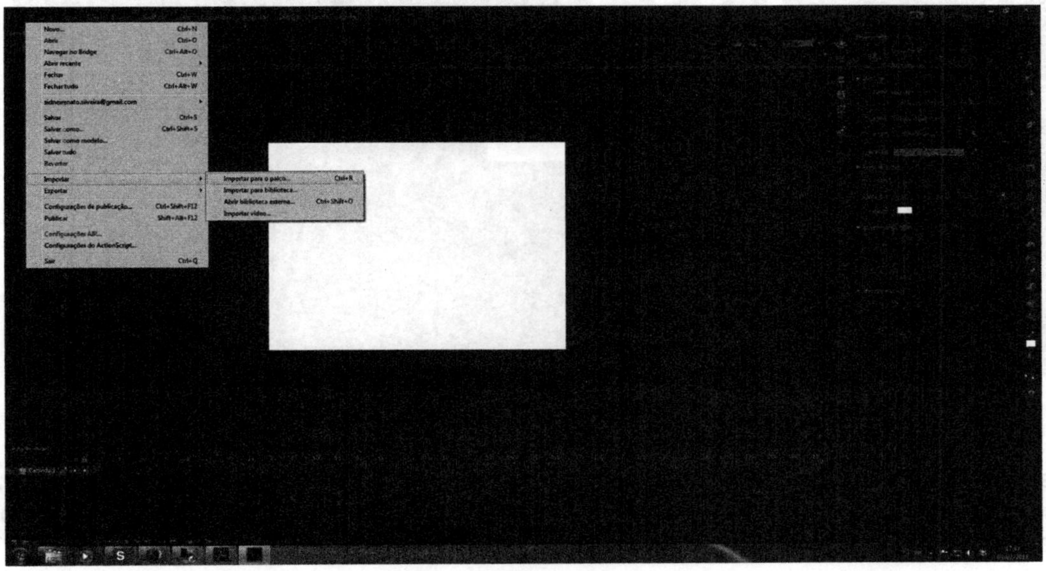

Figura 3.19 - Importação de Imagens para a "Frente" das Cartas (Fonte: dos autores)

A Figura 3.20 mostra as imagens importadas, já formando pares e redimensionadas. Neste exemplo será criado um jogo de memória com seis cartas.

Figura 3.20 - Figuras Importadas (Fonte: dos autores)

Deve ser incluída, também, uma figura que representará o "verso" das cartas. Cada carta deverá ser convertida em símbolo (botão). Sugere-se a utilização de nomes diferentes para cada carta: *carta1, carta2* e assim sucessivamente, como mostra a Figura 3.21.

Figura 3.21 - Conversão das Cartas em Símbolos (Fonte: dos autores)

Deve-se incluir a figura que simbolizará o verso das cartas. Pode-se incluir a figura uma única vez e utilizar o recurso de copiar-colar para adicionar as demais. É preciso converter o verso das cartas em símbolos (botões) com os nomes de *verso1*, *verso2* e assim sucessivamente, como mostra a Figura 3.22.

Figura 3.22 - Versos das Cartas (Fonte: dos autores)

O próximo passo será colocar o verso sobre cada uma das cartas do jogo de memória (Figura 3.23).

Figura 3.23 - Posicionamento dos Versos das Cartas sobre as Figuras
(Fonte: dos autores)

Agora é preciso adicionar as ações para, inicialmente, "virar" as cartas. Cada vez que o usuário clicar no verso de uma carta, é exibida a frente da carta correspondente, por meio do código *ActionScript* mostrado a seguir.

```
import flash.events.Event;

verso1.addEventListener(MouseEvent.CLICK, funcao_mostra_carta1);
verso2.addEventListener(MouseEvent.CLICK, funcao_mostra_carta2);
verso3.addEventListener(MouseEvent.CLICK, funcao_mostra_carta3);
verso4.addEventListener(MouseEvent.CLICK, funcao_mostra_carta4);
verso5.addEventListener(MouseEvent.CLICK, funcao_mostra_carta5);
verso6.addEventListener(MouseEvent.CLICK, funcao_mostra_carta6);

function funcao_mostra_carta1(event: MouseEvent): void
{
    stage.addChild(carta1);
}
function funcao_mostra_carta2(event: MouseEvent): void
{
    stage.addChild(carta2);
}
function funcao_mostra_carta3(event: MouseEvent): void
{
```

```
{
    stage.addChild(carta3);
}
function funcao_mostra_carta4(event: MouseEvent): void
{
    stage.addChild(carta4);
}
function funcao_mostra_carta5(event: MouseEvent): void
{
    stage.addChild(carta5);
}
function funcao_mostra_carta6(event: MouseEvent): void
{
    stage.addChild(carta6);
```

A Figura 3.24 mostra a primeira parte do jogo de memória em execução.

Figura 3.24 - Primeira parte do jogo em execução (Fonte: dos autores)

A próxima parte do código é verificar se, ao abrir duas cartas, as mesmas formam par. Para isso deve-se incluir uma variável para contar o número de cartas abertas e incrementá-la, ao clicar no verso de alguma das cartas. O código inserido está apresentado em **negrito** a seguir:

```
import flash.events.Event;

var cartasabertas: int;

verso1.addEventListener(MouseEvent.CLICK, funcao_mostra_carta1);
verso2.addEventListener(MouseEvent.CLICK, funcao_mostra_carta2);
verso3.addEventListener(MouseEvent.CLICK, funcao_mostra_carta3);
verso4.addEventListener(MouseEvent.CLICK, funcao_mostra_carta4);
verso5.addEventListener(MouseEvent.CLICK, funcao_mostra_carta5);
verso6.addEventListener(MouseEvent.CLICK, funcao_mostra_carta6);

function funcao_mostra_carta1(event: MouseEvent): void
{
    stage.addChild(carta1);
    cartasabertas++;
}
function funcao_mostra_carta2(event: MouseEvent): void
{
    stage.addChild(carta2);
    cartasabertas++;
}
function funcao_mostra_carta3(event: MouseEvent): void
{
    stage.addChild(carta3);
    cartasabertas++;
}
function funcao_mostra_carta4(event: MouseEvent): void
{
    stage.addChild(carta4);
    cartasabertas++;
}
function funcao_mostra_carta5(event: MouseEvent): void
```

```
{
    stage.addChild(carta5);
    cartasabertas++;
}
function funcao_mostra_carta6(event: MouseEvent): void
{
    stage.addChild(carta6);
    cartasabertas++;
}
```

Se o usuário já abriu duas cartas, é preciso verificar, então, se formam um par. Para isto, devem-se armazenar as informações sobre quais cartas foram abertas e verificar se as mesmas formam um par, adicionando ao código anteriormente construído uma nova variável (*cartaaberta*). Se o número de cartas abertas for 1, deve-se armazenar nesta variável o número da carta que foi aberta. Caso contrário (se o usuário já tem duas cartas abertas), deve-se verificar se as mesmas formam par, com a inserção do comando *if* nas funções que mostram as cartas, conforme trecho de código abaixo. Está utilizando-se o recurso *trace* para mostrar uma mensagem na janela de saída por enquanto.

```
var cartaaberta: int;
function funcao_mostra_carta1(event: MouseEvent): void
{
    stage.addChild(carta1);
    cartasabertas++;
    if (cartasabertas==1) { //se abriu apenas uma carta ainda
cartaaberta=1; //guarda o número da carta que foi aberta
    } else {
        //já abriu duas cartas: verificar se formam pares
atual – carta 1   if (cartaaberta1==2) { //a carta 2 faz par com a carta
                trace("Formam par!");
        } else {
                trace("Não formam par!");
            }
    }
}
```

Após verificar se as cartas formam ou não um par, caso as cartas não formem um par deve-se mostrar o verso novamente. Deve-se incluir, no trecho de código em desenvolvimento, uma função que receberá quais cartas foram abertas, para que sejam mostrados os versos correspondentes, como mostra o exemplo de código da função *funcao_mostra_verso* a seguir.

```
function funcao_mostra_verso(carta1, carta2: int): void
{
    switch (carta1) //primeira carta aberta
    {
            case 1:
             stage.addChild(verso1);
                    break;
            case 2:
                    stage.addChild(verso2);
                    break;
            case 3:
                    stage.addChild(verso3);
                    break;
            case 4:
                    stage.addChild(verso4);
                    break;
case 5:
                    stage.addChild(verso5);
                    break;
            case 6:
                    stage.addChild(verso6);
                    break;
    }
    switch (carta2) //segunda carta aberta
{
```

```
            case 1:
                    stage.addChild(verso1);
                    break;
            case 2:
                    stage.addChild(verso2);
                    break;
            case 3:
                    stage.addChild(verso3);
                    break;
            case 4:
                    stage.addChild(verso4);
                    break;
            case 5:
                    stage.addChild(verso5);
                    break;
            case 6:
                    stage.addChild(verso6);
                    break;
      }
}
```

Só será chamada a função *funcao_mostra_verso* se as cartas não tiverem formado um par. Para que o verso não seja mostrado imediatamente, deve-se estipular um tempo para que as cartas fiquem visíveis. Isso é feito por meio do método *setTimeout.* No exemplo de código apresentado a seguir, a função *funcao_mostra_verso* estipula 2 milissegundos (2 segundos) antes de ser executada e passa como parâmetro as cartas que foram abertas (*cartaaberta1* e o número da carta que foi clicada por último). Deve-se tomar o cuidado de zerar as variáveis *cartasabertas* e *cartaaberta1*.

```
function funcao_mostra_carta1(event: MouseEvent): void
{
    stage.addChild(carta1);
    cartasabertas++;
    if (cartasabertas==1) {
            cartaaberta1=1;
    } else {
            //já abriu duas cartas: verificar se formam pares
            if (cartaaberta1==2) {
                    trace("Formam par!");
                    cartasabertas=0;
                    cartaaberta1=0;
            }
            else {
                    trace("Não formam par!");
                    cartasabertas=0;
                    //mostrar o verso
                    setTimeout(funcao_mostra_verso,2000,
cartaaberta1, 1);
                    cartaaberta1=0;
            }
    }
}
```

Exercício 4: Utilizando o conhecimento já construído nos exemplos anteriores, adicione campos de texto para mostrar as mensagens ao usuário (se as cartas formam ou não um par) e para controlar o número de erros/acertos, bem como verificar se todos os pares já foram formados.

PARTE III
Construção de Objetos de Aprendizagem e Jogos Educacionais Digitais com HTML5, CSS e *JavaScript*

CAPÍTULO 4
HTML 5

A HTML 5 (*HyperText Markup Language*) é uma linguagem de marcação, cuja finalidade é estruturar e apresentar o conteúdo em navegadores *web*, tais como *Chrome*, *Firefox*, *Opera* e *Internet Explorer* (NIELS, 2015). O principal avanço propiciado pelo HTML 5 é o suporte a elementos multimídia, tais como sons, imagens e vídeos, apresentando uma manipulação destes elementos de forma simplificada e compatível com diversos dispositivos, tais como *notebooks*, *smartphones* e *tablets*.

Além das funcionalidades citadas, a HTML 5 eliminou a necessidade de *plug-ins* para executar aplicações multimídia em navegadores *web*. Anteriormente, só era possível executar estas aplicações com recursos tais como o *Flash*, da *Adobe*, o *Silverlight*, da *Microsoft* ou o *JavaFX*, da *Oracle*.

Além de todas essas vantagens já mencionadas, talvez a maior dentre elas, é que a HTML5 é uma linguagem *Open-source*, não havendo necessidade de pagamento de taxas, licenças ou *royalties*, gerando assim uma economia enorme para as empresas de desenvolvimento de jogos e aplicativos, entre outras.

Para entender o que é HTML5, primeiro é preciso saber o que é HTML e sua evolução, conforme apresentado a seguir.

4.1 O que é HTML5?

Desde 1990 que a linguagem HTML está presente nas páginas da *web*, tendo larga aceitação dos internautas em todo o mundo. Com certeza, qualquer pessoa que use a Internet para trabalho ou para fins de entretenimento já ouviu falar em *Hyper Text Markup Language* (Linguagem de Marcação de Hipertexto), ou simplesmente HTML. Pode-se definir HTML como a linguagem de marcação utilizada para criar páginas na *web*. Ela foi criada pelo físico britânico Tim Berners-Lee. É importante destacar que, atualmente, os documentos HTML podem ser interpretados pela maioria dos navegadores (*browsers*) da Internet.

Desde a criação da HTML até o seu quinto ano de vida, a linguagem sofreu várias revisões e alterações na sua especificação. Nesse período o CERN (Organização Europeia para a Pesquisa Nu*clear*) controlava estas alterações e a criação de novas versões. Dentre as alterações propostas, as mais importantes foram, segundo (SILVA, 2011; W3C.ORG, 2015):

- ta nunca foi implementada;

- Em 1994 já havia vários navegadores e cada fabricante criava as suas formas de marcação HTML, o que tornou a programação para web um caos. Na tentativa de unificar as várias formas existentes da HTML, *Dan Cannlly* e seus colaboradores, criaram o primeiro sucessor do HTML, chamado HTML 2.0, que foi apresentado na primeira conferência mundial sobre web, a *World Wide Web* Conference, em 1995;

- Em 1995 foi criado o W3C (*World Wide Web Consortium*). Tal entidade é um consórcio internacional formado por empresas, instituições, pesquisadores, desenvolvedores e público em geral, com a finalidade de regular e desenvolver padrões para a web. É importante destacar que, a partir de 1995, o padrão HTML passou a ser regularizado pelo W3C;

- Em março de 1995, *Dave Raggett* propôs o HTML 3.0 baseado em seu mais recente rascunho do HTML+. Todavia, mais uma vez, a versão deste HTML não foi implementada;

- Em 1996, o W3C aprovou o HTML 3.2, que substituiu a versão 3.0. Novamente, a versão 3.2 foi uma ação corretiva das falhas até então apresentadas, além de providenciar total compatibilidade com a versão 2. Nesta versão, HTML 3.2, destaca-se o desenvolvimento de tabelas, applets e texto flutuante ao redor de imagens;

- Em 1997, o W3C aprova a HTML 4 como uma recomendação oficial. Em dezembro de 1999 o HTML 4.01 foi publicado trazendo como principal premissa a compatibilidade com as suas versões anteriores através de 3 implementações: *Strict* (estrita) - implementação na qual fica proibida a utilização de elementos obsoletos da linguagem; *Transitional* (transitória) - implementação na qual os elementos obsoletos são permitidos; *Frameset* - implementação direcionada para sites que usam frames.

- Finalmente em janeiro de 2008, a W3C publicou a especificação do HTML5, como *Working Draft*. Simplificando o conceito de HTML5 pode-se dizer que, HTML5 = HTML + CSS (*Cascade Style Sheets*) + *JavaScript*. Atualmente, a última correção desta versão foi publicada, pela W3C, em 2011.

4.2 Estrutura Básica HTML

Para criar os exemplos propostos neste livro, em HTML5, será utilizada a IDE (*Integrated Development Environment*) *NetBeans*. Para criar um novo projeto deve-se abrir o *NetBeans* e acessar o menu *Arquivos>Novo projeto*. Uma nova tela será apresentada. Nesta tela deve-se clicar em HTML5 e escolher a opção "aplicaçãoHTML5". Logo após, em outra tela, deve-se digitar o nome do projeto e a localização do projeto no computador, conforme apresentado na Figura 4.1.

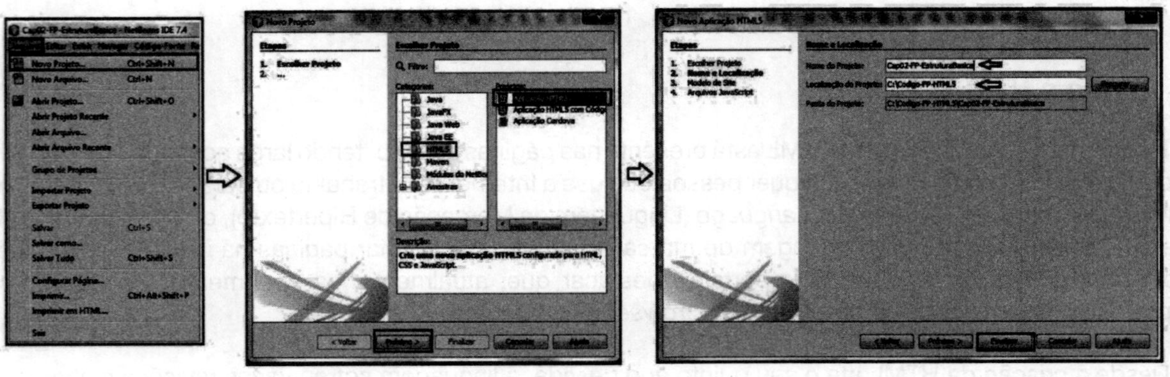

Figura 4.1 – Criação de um novo projeto HTML5 no *NetBeans*
(Fonte: dos autores)

Após execução das ações apresentadas na Figura 4.1, o projeto será criado. Juntamente com ele o *NetBeans* cria um arquivo chamado "index.html" que contém uma sugestão de um código básico. É importante frisar que a estrutura básica do HTML5 continua sendo a mesma das versões anteriores da linguagem, havendo apenas uma diferenciação na escrita, o ***DOCTYPE***, como mostra a Figura 4.2.

```
<!DOCTYPE html>
<!-- exemplo de comentário -->
<!--
Curso: Introdução ao HTML5
professor: Fábio Parreira
e-mail: fabiojparreira.ia@gmail.com
-->
<html>
    <head>
        <title>HTML5: Fábio Parreira</title>
        <meta charset="UTF-8">
        <meta name="viewport" content="width=device-width">
    </head>
    <body>
        <div>TODO write content</div>
    </body>
</html>
```

Figura 4.2 – Código básico criado no *NetBeans* (Fonte: dos autores)

O documento HTML, apresentado na Figura 4.2, é composto por elementos hierarquicamente organizados. Para que seja possível inserir um elemento em um documento HTML, deve-se utilizar corretamente as *tags*, também denominadas de códigos, que indicam a função de cada elemento da página a ser exibido em um navegador. As *tags* são definidas com parênteses angulares (< e >), por exemplo, *<html>, <head>, <body>*.

A função de cada código, nas respectivas linhas, apresentado na Figura 4.2 é a seguinte:

- <!DOCTYPE html>: Embora o *Doctype* não seja uma *tag* do HTML, esta instrução informa ao navegador qual é a versão em que o código de marcação foi escrito; neste caso ela indica a versão mais recente do HTML, que é a versão 5;

- <!-- -->: Os comentários são adicionados dentro das *tags* <!-- -->, eles são ignorados pelos navegadores;

- <html> </html>: A *tag* html deve conter todas as outras *tags*. Obrigatoriamente ela deve conter um elemento <head>..</head>, seguido por <body>..</body>.

- <head> </head>: Nesta *tag* são agrupadas as informações sobre o documento HTML; essas informações são denominadas de *metadados*. É importante ressaltar que o corpo desta *tag*, a *head*, deve conter, pelo menos, o elemento *title;*

- <title> </title>: É responsável pelo título da página; esse título é apresentado no topo do navegador. Essa *tag* deve ser inserida obrigatoriamente dentro da *tag <head>*;

- *<meta charset="UTF-8">* : É uma *metatag* responsável por informar qual é a tabela de caracteres que o documento HTML está utilizando;

- *<meta name="viewport" content="width=device-width">:* É uma *metatag* que configura a área em que o *site* será visualizado. A *viewport* pode ser usada para controlar como o conteúdo HTML irá aparecer nos dispositivos móveis e também serve para controlar o *zoom*. A *viewport* apresentada no código, diz ao navegador para usar como largura do *layout* a largura do *viewport*, desativando a escala inicial;

- <body> </body>: Esta *tag* é responsável por tudo que vai aparecer no corpo do navegador. Sendo assim, todo conteúdo apresentado no navegador é definido dentro do corpo da página, ou seja, entre as *tags <body>* e </body>.

- <div> </div>: A *tag div* serve para alterar o estilo em partes específicas da página e posicionar objetos.

Existem, basicamente, dois tipos de *tags*. Aquelas que exigem o fechamento *<nomeTag> </nomeTag>*, como a *tag <div> </div>*, e as que não exigem fechamento. Somente *<nomeTag>*, por exemplo, a que indica o final de um parágrafo, *<p>*, não necessita de uma correspondente *</p>* para terminar a formatação do bloco de texto. Outro exemplo é a *tag* que indica quebra de linha *
*.

Algumas *tags* possuem atributos, por exemplo, como os apresentados nas linhas 11 e 12 da Figura 4.2, que definem as instruções que elas devem executar. Normalmente, este atributo é definido junto ao nome da *tag*, seguido pelo sinal de = (igual) e por último, seu valor declarado entre aspas. Quando se declara mais de um atributo para uma *tag*, estes deverão estar separados por um espaço em branco.

4.3 Formatação de Textos

As *tags* de formatação de texto apresentadas nesta seção são consideradas básicas, mas elas são responsáveis por 90%, em média, de toda a formatação que se vê na maioria das páginas na *web*. Neste capítulo a formatação será realizada dentro do próprio arquivo HTML. Posteriormente, no capítulo referente à CSS, a formatação será realizada em um arquivo à parte. Vale ressaltar que todas as *tags* descritas a seguir devem ser inseridas dentro do corpo do documento HTML, ou seja, entre as *tags* <body> e </body>. A seguir serão detalhadas as *tags* mais usadas na formatação de texto.

4.3.1 Negrito, itálico e sublinhado

A HTML define muitos elementos para formatar textos, tais como as possibilidades de escrever em negrito, itálico e sublinhado, conforme código apresentado na Figura 4.3.

```
1  <!DOCTYPE html>
2  <!-- exemplo de comentário -->
3  <!--
4  Curso: Introdução ao HTML5
5
6
7  -->
8  <html>
9      <head>
10         <title>HTML5: Fábio Parreira</title>
11         <meta charset="UTF-8">
12         <meta name="viewport" content="width=device-width">
13     </head>
14     <body>
15         <b>Este texto está em negrito</b><br>
16         <i>Este texto está em itálico</i><br>
17         <u>Este texto está sublinhado</u><br>
18
19     </body>
20 </html>
```

Figura 4.3 – Código básico criado no *NetBeans* (Fonte: dos autores)

A *tag*
, inserida no final das linhas 15 a 17 (Figura 4.3), é usada para terminar uma linha sem iniciar um novo parágrafo. Esta *tag*
, ou "*line break*", provoca uma mudança de linha sem acrescentar espaço extra entre as linhas.

4.3.2 Títulos, sobrescrito e subscrito

Assim como em um livro, um texto da página *web* pode conter uma hierarquia de títulos para estabelecer uma divisão do seu conteúdo em títulos e subtítulos. Os títulos, ou cabeçalhos, normalmente são usados para estabelecer tal hierarquia. Para isso a linguagem HTML possui seis níveis de títulos das *tags heading,* numerados em h1, h2, h3, h4, h5 e h6. Quanto menor o nível, maior será o destaque proporcionado no texto.

Pode-se, ainda, definir textos como sendo subscritos ou sobrescritos, em qualquer parte da página *web*, usando os elementos *sub* e *sup* respectivamente. O código exposto na Figura 4.4 apresenta o código referente à formatação de títulos, sobrescrito e subscrito.

```
<!DOCTYPE html>
<!--
    Curso: Introdução ao HTML5
    professor: Fábio Parreira
    e-mail: fabiojparreira.ia@gmail.com
-->
<html>
    <head>
        <title>HTML5: Fábio Parreira</title>
        <meta charset="UTF-8">
        <meta name="viewport" content="width=device-width">
    </head>
    <body>
        <h1>Este é um título H1</h1>
        <h2>Este é um título H2</h2>
        <h3>Este é um título H3</h3>
        <h4>Este é um título H4</h4>
        <h5>Este é um título H5</h5>
        <h6>Este é um título H6</h6>

        Este texto contém<sub>subscrito</sub><br>
        Este texto contém<sup>sobrescrito</sup>
    </body>
</html>
```

Figura 4.4 – Código básico criado no *NetBeans* (Fonte: dos autores)

4.3.3 Parágrafos e separador

Os parágrafos de uma página *web* são definidos por meio da *tag* *<p>*. Esta *tag* cria um espaço a mais entre duas linhas de texto, diferentemente do <br> que, em uma linha de texto, apenas quebra a linha, ou seja, a *tag* <p> quebra a linha e cria um espaço extra. Sempre que se quiser que um trecho do texto seja visto como parágrafo, deve-se colocar tal texto entre as *tags <p> e </p>*. A *tag <p>* também é responsável pelo alinhamento dos parágrafos, a partir dos seguintes atributos:

- *left*: Parágrafo alinhado à esquerda;
- *center*: Parágrafo centralizado;
- *right*: Parágrado alinhado à direita;
- *justify*: Parágrafo justificado.

O separador, ou linha horizontal, é criado no texto usando a *tag <hr>*. Essas linhas de separação são apenas de efeito visual e podem ser usadas para dividir seções de conteúdos. Basicamente a *tag* possui os seguintes parâmetros: *<hr size=espessura width=comprimento align=alinhamento NOSHDE>*, em que:

- *Size*: tamanho da espessura da linha em *pixels;*

- *Width*: largura da linha em porcentagem (50% metade da tela, 100% tela inteira) da área ocupada ou em *pixels;*
- *Align*: posição da linha de separação no texto (*left* - esquerda, *right* - direita e *center* - centro);
- *NoShade*: a linha não deve ter sombra e ser sólida.

Para usar os atributos de parágrafo *<p>* e do separador é aconselhável que se faça uso das técnicas de CSS, pois a formatação no documento HTML tornou-se obsoleta. Entretanto, enquanto não se iniciar o capítulo sobre CSS a formatação será realizada no próprio código escrito em HTML. A Figura 4.5 apresenta o código referente a parágrafos e separadores.

```
<!DOCTYPE html>
<!--
    Curso: Introdução ao HTML5
    professor: Fábio Parreira
    e-mail: fabiojparreira.ia@gmail.com
-->
<html>
    <head>
        <title>HTML5: Fábio Parreira</title>
        <meta charset="UTF-8">
        <meta name="viewport" content="width=device-width">
    </head>
    <body>
        <hr size="15" NoShade>
        <p>Este texto é um paragráfro</p>
        <hr>
        <p align="center">Parágrafo alinhado ao centro</p>
         <hr size="5" NoShade>
    </body>
</html>
```

Figura 4.5 – Código para formatar texto: parágrafos e separadores (Fonte: dos autores)

4.3.4. Alterando a cor, o tipo e o tamanho da fonte

O *World Wide Web Consortium* (W3C) removeu a *tag* <font> de suas recomendações. Nas versões mais recentes da HTML, como no HTML5, as folhas de estilo (CSS) devem ser usadas para definir o *layout* e exibir as propriedades dos elementos HTML. Embora o W3C não aprove a formatação da cor, tipo e tamanho das fontes em documentos HTML, ainda é possível fazer essas formatações, conforme exemplo apresentado na Figura 4.6, no documento HTML.

```
<!DOCTYPE html>
<!--
    Curso: Introdução ao HTML5
    professor: Fábio Parreira
    e-mail: fabiojparreira.ia@gmail.com
-->
<html>
    <head>
        <title>TODO supply a title</title>
        <meta charset="UTF-8">
        <meta name="viewport" content="width=device-width">
    </head>
    <body>
        <p>
            <font size="2" face="Verdana">
                Este é um paragrafo com fonte=Verdona, tamanho=2
            </font>
        </p>
        <p>
            <font size="3" face="Times">
                Este é um paragrafo com fonte=Times, tamanho=3
            </font>
        </p>
        <font size="5" face="Arial" color="blue">
                Este é um paragrafo com font=Times, tamanho=3
        </font>
    </body>
</html>
```

Figura 4.6 – Código para formatar a fonte de um texto (Fonte: dos autores)

4.3.5 Outras *tags* usadas na formatação de textos

O Quadro 4.1 apresenta outras *tags* que são frequentemente usadas na formatação de textos.

Quadro 4.1 – *Tags* mais usadas na formatação de textos

Tag	Descrição
<abbr>	Define uma abreviatura
<acronym>	Define um acrônimo
<address>	Define um elemento de endereço
<bdo>	Define a direção do texto
<blockquote>	Define uma citação longa
<q>	Define uma citação curta

<cite>	Define uma citação
<dfn>	Define um termo de definição
<code>	Define texto de código de computador
<kbd>	Define texto de teclado
<samp>	Define amostra de código de computador
<tt>	Define texto de teletipo
<var>	Define uma variável
<pre>	Define texto pré-formatado
<big>	Define texto grande
<em>	Define texto enfatizado
<small>	Define texto pequeno
<strong>	Define texto forte
<ins>	Define texto inserido
<del>	Define texto cancelado

Fonte: (MDN, 2015a)

4.3.6 Listas

As listas são utilizadas para organizar os conteúdos das páginas, servindo como resumos ou índices dos *sites*. Além disso, as listas podem conter *links* para outras páginas, para arquivos ou outros *sites*. A HTML suporta basicamente as listas ordenadas, não ordenadas e de definições.

Uma lista **ordenada** é, também, uma lista de itens. As listas de itens são marcadas com números. Para criar uma lista com ordem, deve-se utilizar a *tag* *<ol>*, abreviação de *ordered list*. Cada item da lista é definido com a *tag* *<li>*, abreviação de *List Item*, ou item da lista. A Figura 4.7 apresenta o código referente à criação de uma lista ordenada.

```
<!DOCTYPE html>
<!--
    Curso: Introdução ao HTML5
    professor: Fábio Parreira
    e-mail: fabiojparreira.ia@gmail.com
-->
<html>
    <head>
        <title>HTML</title>
        <meta charset="UTF-8">
        <meta name="viewport" content="width=device-width">
    </head>
    <body>
        <!-- titulo -->
        <h4>Desenvolvimento de Jogos Educacionas com HTML5 ,
            CSS e JavaScript</h4>
        <!-- lista ordenada -->
        <ol>
            <li>HTML5
            <li>CSS
            <li>JAVA Script
        </ol>
    </body>
</html>
```

Figura 4.7 – Código referente à lista ordenada (Fonte: dos autores)

Uma lista **não ordenada** é uma lista de itens. As listas de itens são marcadas com *bullets*, tipicamente círculos pretos pequenos. Para criar uma lista não ordenada, deve-se iniciar a mesma com a *tag* *<ul>*, que é a abreviação de *unordered list*. Já os itens da lista, assim como na lista ordenada, são definidos com a *tag* *<li>*. A Figura 4.8 apresenta o código referente à criação de uma lista não ordenada.

```
<!DOCTYPE html>
<!--
    Curso: Introdução ao HTML5
    professor: Fábio Parreira
    e-mail: fabiojparreira.ia@gmail.com
-->
<html>
    <head>
        <title>HTML</title>
        <meta charset="UTF-8">
        <meta name="viewport" content="width=device-width">
    </head>
    <body>
        <!-- titulo -->
        <h4>Desenvolvimento de Jogos Educacionas com HTML5 , CSS e
            JavaScript</h4>
        <!-- lista nao ordenada -->
        <ul>
            <li>HTML5
            <li>CSS
            <li>JAVA Script
        </ul>
    </body>
</html>
```

Figura 4.8 – Código referente à lista não ordenada (Fonte: dos autores)

Uma lista de **definições** é uma lista de termos e explicações dos termos. Para criar uma lista de definições, deve-se iniciar com a *tag* *<dl>*, abreviação de *descriptive list*. Cada termo, ou nome, da lista de definições inicia com a *tag* *<dt>*, abreviação de *definition term*. As explicações de cada termo da lista de definições devem iniciar com a *tag* *<dd>*, abreviação de *definition description*. A Figura 4.9 apresenta o código referente à criação da lista de definições.

```
<!DOCTYPE html>
<!--
    Curso: Introdução ao HTML5
    professor: Fábio Parreira
    e-mail: fabiojparreira.ia@gmail.com
-->
<html>
    <head>
        <title>HTML</title>
        <meta charset="UTF-8">
        <meta name="viewport" content="width=device-width">
    </head>
    <body>
        <!-- titulo -->
        <h4>Desenvolvimento de Jogos Educacionas com HTML5 , CSS e JavaScript</h4>
        <dl> <!-- lista de definições -->
            <dt>HTML</dt>
                <dd>É uma linguagem para publicação de conteúdo (texto, imagem,
                    vídeo, áudio e etc) na Web.</dd>
            <dt>CSS</dt>
                <dd>É uma linguagem de estilo utilizada para definir a apresentação
                    de documentos escritos em uma linguagem de marcação, como HTML
                    ou XML.</dd>
             <dt>JavaScript</dt>
                <dd>É uma linguagem criada para atender, principalmente, as
                    necessidades de validação de formulários no lado cliente
                    (programa navegador) e a interação com a página Web.</dd>
        </dl>
    </body>
</html>
```

Figura 4.9 – Código referente à lista de definições (Fonte: dos autores)

4.4 *Iframe*

Atualmente é possível interligar páginas *web* e diferentes serviços, com o objetivo de criar novos resultados a partir de páginas já existentes, por exemplo, os mapas do *Google Maps*, vídeos do *YouTube* e qualquer outra página que se queira incorporar ao código HTML. Para isso pode-se utilizar o recurso *iframe*, pois ele cria uma janela onde pode ser inserida qualquer página HTML. Basicamente um *iframe* possui os seguintes atributos:

- *Name*: é o nome da janela. Caso seja necessário criar *links* que abram dentro do *iframe*, os mesmos são o valor do *Target;*
- SRC: é a página que será aberta dentro do *iframe*;
- *Frameborder*: borda do *frame*;
- *Width* e *Height*: largura e altura do *iframe*, respectivamente;
- *Scrolling*: barra de rolagem.

A Figura 4.10 apresenta o código referente à criação de três componentes do tipo *iframe*.

```
<!DOCTYPE html>
<!--
    Curso: Introdução ao HTML5
    professor: Fábio Parreira
    e-mail: fabiojparreira.ia@gmail.com
-->
<html>
    <head>
        <title>HTML</title>
        <meta charset="UTF-8">
        <meta name="viewport" content="width=device-width">
    </head>
    <body>
        <h4>HTML5 - iframe</h4>
        <!-- videos youtube-->
        <iframe width="420" height="315" src="//www.youtube.com/embed/GqG0LGN84SA"
                frameborder="0" allowfullscreen>
            Esse navegador não suporta o elemento <i>iframe</i>.
        </iframe>
        <!-- google maps-->
        <iframe src="https://www.google.com/maps/embed?pb=!1m16!1m12!1m3!1d905583.5244625091!
            2d-53.372274000000026!3d-27.548987152016995!2m3!1f0!2f0!3f0!3m2!1i1024!2i768!
            4f13.1!2m1!1sUFSM+Frederico+Westphalen+Linha+7+de+Setembro%2C+BR+386+-+Km+40%
            2C+Frederico+Westphalen+-+RS%2C+98400-000!5e0!3m2!1spt-BR!2sbr!4v1401079387327"
            width="600" height="450" frameborder="0" style="border:0"></iframe>
        <iframe width="300" height="400" src = "listaDefinicoes.html">
            Esse navegador não suporta o elemento <i>iframe</i>.
        </iframe>
    </body>
</html>
```

Figura 4.10 – Código referente ao *iframe* (Fonte: dos autores)

O código apresentado na Figura 4.10 insere três páginas diferentes. A primeira é um vídeo do *YouTube*. Para inserir vídeos, o primeiro passo é acessar o endereço http://www.youtube.com/ e escolher o vídeo de sua preferência. Depois é preciso localizar o código para embutir o vídeo na página HTML (deve-se localizar a opção Compartilhar - *Share*), acessar a aba incorporar (ou *Embed*) e será apresentado o código HTML do *iframe*, conforme mostra a Figura 4.11.

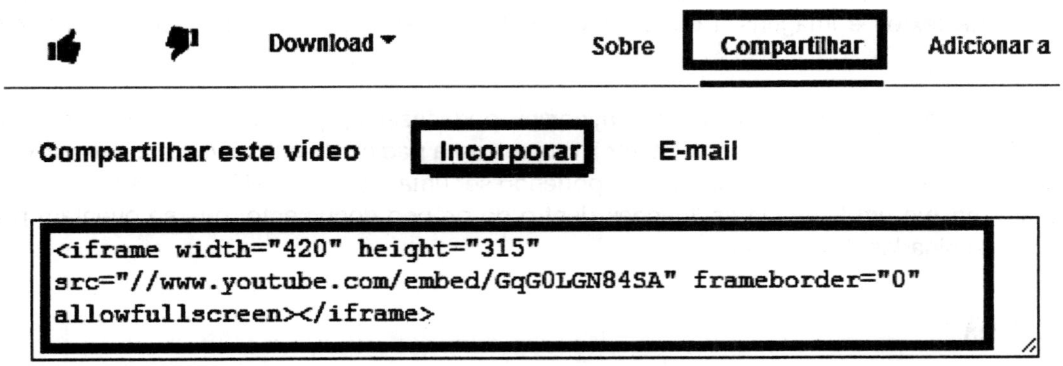

Figura 4.11 – Código HTML do *iframe* para embutir vídeos do *YouTube* (Fonte: dos autores)

Outro ponto a ser ressaltado é a inserção de mapas do *Google Maps*. Para isso, deve-se acessar o endereço maps.google.com.br. Como exemplo, pode-se digitar “ufsm cesnors” e, a seguir, clicar em configurações, compartilhar e incorporar mapa. Deve-se localizar a aba incorporar mapa para visualizar o código HTML do *iframe*, conforme mostra a Figura 4.12.

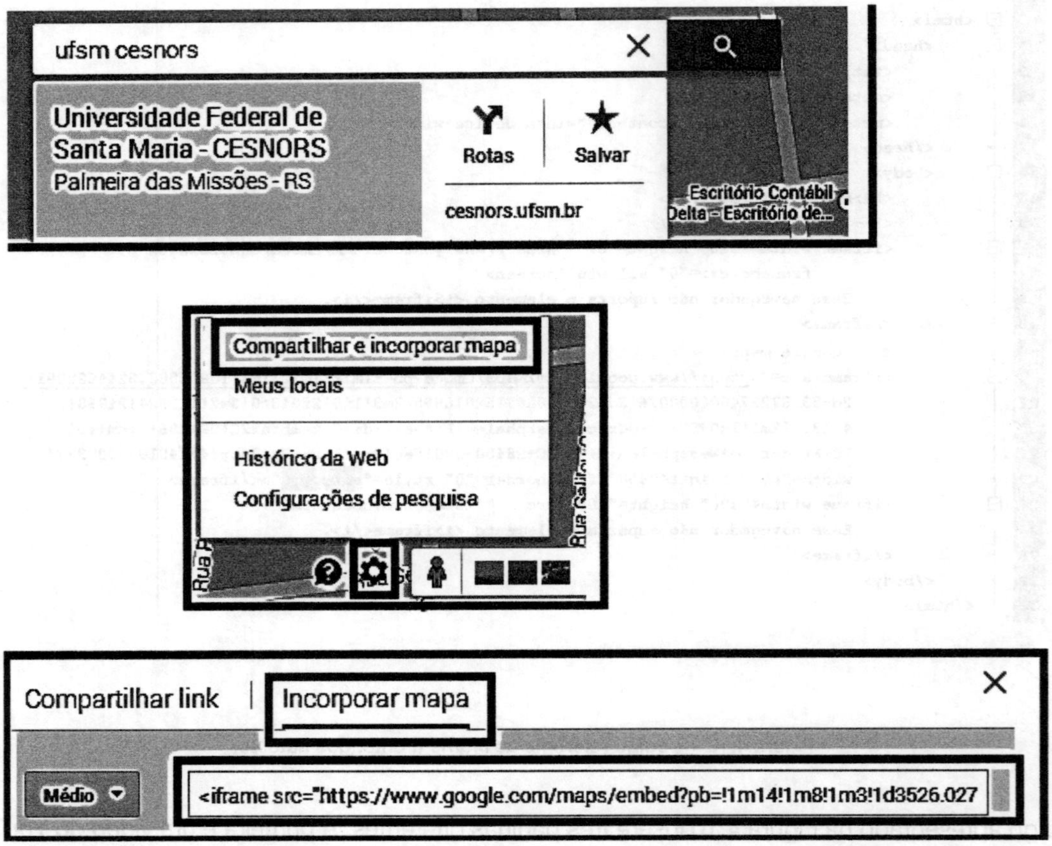

Figura 4.12 – Código HTML do *iframe* para embutir mapas do *Google Maps*
(Fonte: dos autores)

4.5 Links e Âncoras

Até o momento, estudaram-se documentos simples. Para sofisticar os documentos de hipertexto pode-se agregar o conceito de *links*, que são uma das principais características da linguagem HTML, ou seja, a capacidade de ligar partes de textos e imagens a outros documentos. A *tag* <a> </a> é a responsável por fazer essa interligação.

Basicamente um *link*, chamado também de *hyperlink*, pode fazer ligações de uma página a outra do mesmo *site* (quando isso ocorre denomina-se *link* interno), ou para uma página de outro *site*, que é um *link* externo. Os *links* podem apontar para qualquer recurso *web*, podendo ser uma página em HTML, uma imagem, um arquivo de som ou até mesmo um filme. Já as ligações dentro do próprio documento, que se orientam por meio de seções, são denominadas de âncoras.

4.5.1 *Link*

Geralmente, um *site* é formado por um conjunto de páginas que estão interligadas de alguma forma. Para permitir que um usuário navegue de uma página a outra, deve-se inserir no código HTML os *links*. Para criar um *link* utiliza-se a *tag* *<a> </a>*, que possui um atributo denominado *href*, cujo valor indica o caminho absoluto ou relativo da página a ser ligada.

O caminho absoluto é a informação para a localização do recurso (que pode ser, por exemplo, uma página *web*, uma foto, um filme ou até mesmo um arquivo de som) de forma independente da página atual. Sendo assim, neste endereçamento devem constar o protocolo, o domínio e o caminho. Já o caminho relativo é composto da informação para a localização do recurso a partir da página atual. Sendo assim, não há necessidade de inserir o protocolo e o domínio. Por exemplo, utilizando-se o endereço da página HTML: http://w3.ufsm.br/cesnors/images/PERFIL.sistemas.pdf, pode-se realizar uma ligação para o documento "PERFIL.sistemas.pdf ", que pode ser construída de duas formas:

- Com endereço relativo:

<a href="/cesnors/images/PERFIL.sistemas.pdf" target="_blank">Perfil do formando</a>

- Com endereço absoluto:

<a href=" http://w3.ufsm.br/cesnors/images/PERFIL.sistemas.pdf" target="_blank">Perfil do formando</a>

Neste contexto, aconselha-se o uso de endereços absolutos apenas nas ligações que serão realizadas em páginas fora do servidor, ou seja, páginas de terceiros. Já os relativos são geralmente utilizados para as páginas dentro do próprio *site*.

Vale ressaltar que, além do atributo *href*, está sendo utilizado, também, o atributo *target*. Este atributo pode receber os seguintes valores:

- *_blank*: abre o destino do *link* em uma nova janela ou aba;
- *_self*: abre o destino do *link* na mesma janela ou no mesmo *frame* que exibe o documento que contém o *link*;
- *_parent*: abre o destino do *link* na janela ou no *frame* em que está contido o *frame* que exibe o documento que contém o *link*;
- *_top*: abre o destino do *link* na janela que é "ancestral" do *frame* que exibe o documento que contém o *link*.

Quando, por algum motivo, o atributo *target* não é inserido, a linguagem HTML atribui por padrão *target* = "*_self*", desta forma, o documento, ao qual o *link* está direcionado, será aberto no mesmo *frame* ou página onde ele está contido.

A Figura 4.13 apresenta o código HTML referente aos exemplos de *links*, usando o atributo *target*. Inicialmente é abordada a estrutura do projeto, tem-se o arquivo *index.html*, que está na raiz, o arquivo *introducaoLink.html* que está dentro da pasta *link* e a imagem *link.jpg* dentro da pasta *imagens*.

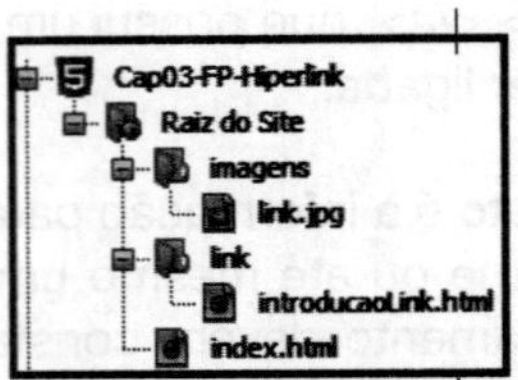

(Estrutura do projeto)

```
1  <!DOCTYPE html>
2  <!--
3      Curso: Introdução ao HTML5
4      professor: Fábio Parreira
5      e-mail: fabiojparreira.ia@gmail.com
6  -->
7  <html>
8      <head>
9          <title>Index: Links e Âncoras</title>
10         <meta charset="UTF-8">
11         <meta name="viewport" content="width=device-width">
12     </head>
13     <body>
14         <h4>Arquivo Index.html</h4>
15         <hr><h5>Link</h5><hr>
16         <ul>
17             <!--Ligação de index.html para introducaoLink.html, que esta dentro da pasta link -->
18             <li>Introdução ao assunto (link no texto): <a href=" link/introducaoLink.html"
19                                                   target="_blank"> link</a></li>
20             <li>Introdução ao assunto (link na imagem): <a href=" link/introducaoLink.html"
21                                                    target="_blank">
22                                                  <img src="imagens/link.jpg"></a></li>
23         </ul>
24         <hr>
25     </body>
26 </html>
```

Figura 4.13 – Código HTML sobre *Links* - Arquivo index.html (Fonte: dos autores)

Nas linhas 18 e 20 da Figura 4.13, inseridos em uma lista não ordenada, estão os *links* para o arquivo *introducaoLink.html*. Na linha 18, a palavra *link* irá receber o caminho para fazer o direcionamento; já na linha 20, a imagem *link.jpg* irá receber o caminho. O resultado da execução é apresentado na Figura 4.15. O arquivo que se deseja acessar, *introducaoLink.html* (Figura 4.14), está em outra pasta, portanto é preciso inserir o caminho *link/nomeDoArquivo* ou *imagens/nomeDoArquivo*.

```
<!DOCTYPE html>
<!--
    Curso: Introdução ao HTML5
    professor: Fábio Parreira
    e-mail: fabiojparreira.ia@gmail.com
-->
<html>
    <head>
        <title>Introducao: Link</title>
        <meta charset="UTF-8">
        <meta name="viewport" content="width=device-width">
    </head>
    <body>
        <h4>Arquivo IntroduçãoLink.html</h4>
        <!--Ligação de introducaoLink.html para index.html, que esta dentro
        da pasta Raiz do site -->
        Vamos retornar a página<a href="../index.html"> index</a>
    </body>
</html>
```

Figura 4.14 – Código HTML sobre *Links* - Arquivo *introducaoLink*.html
(Fonte: dos autores)

O código apresentado na Figura 4.14 faz o *link* para o arquivo *index.html*, na linha 17. Deve-se observar que neste *link* já é preciso inserir *"../"*, pois o arquivo que se deseja acessar não está dentro da mesma pasta do arquivo atual, o *introducaoLink.html*. Portanto, é preciso retroceder um nível, usando a indicação *"../ "*. Em códigos HTML podem-se retroceder quantos níveis forem necessários. Por exemplo, caso seja preciso retroceder três níveis, deve-se escrever *"../../../nomeDoArquivo"*.

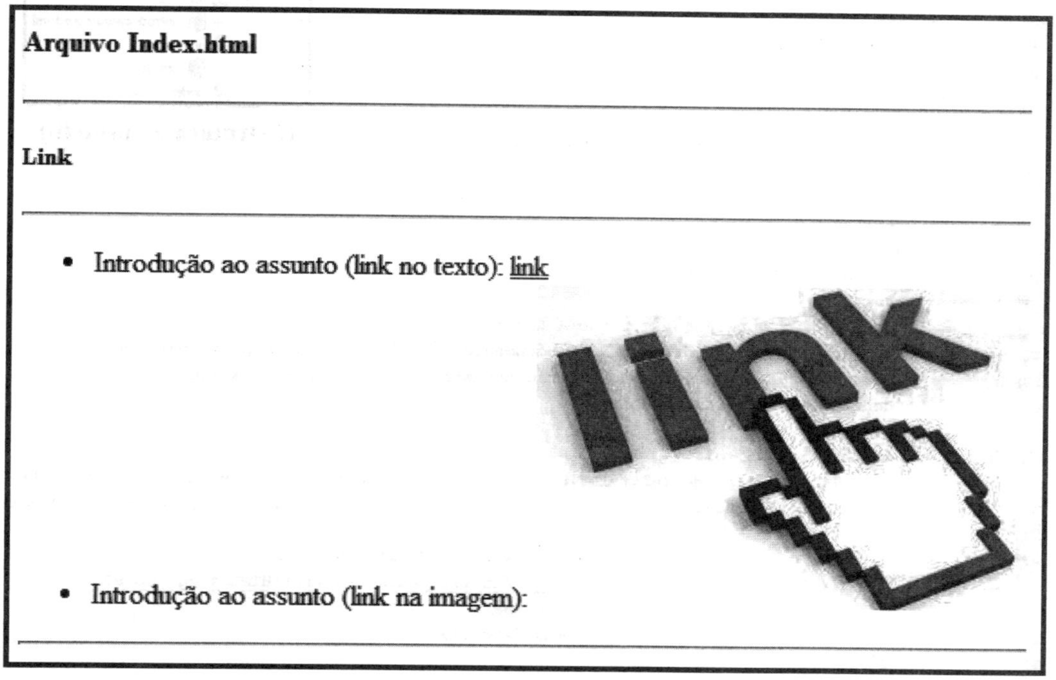

Figura 4.15 – Código HTML sobre *Links* - Arquivo *introducaoLink.html*
(Fonte: dos autores)

4.5.2 Âncora

Uma âncora é a ligação de um ponto para uma determinada seção dentro do próprio documento HTML ou, para uma seção dentro de outro documento. É aconselhável fazer uso das âncoras quando se tem uma página *web* cujo conteúdo é muito extenso, pois facilita a navegação do usuário.

Para construir tal ligação, devem-se definir corretamente as seções, que são os pontos de acesso para onde o usuário será direcionado. Para isso, deve-se adicionar um *id* em cada um dos subtítulos, identificando-os, conforme exemplo:

- <h4 id="definicaoAncora">O que é âncora?</h4>

A Figura 4.16, na linha 16, mostra como criar uma **identificação** para a âncora, com *id="definicaoAncora"*, dentro da própria página.

```
1  <!DOCTYPE html>
2  <!--
3      Curso: Introdução ao HTML5
4      professor: Fábio Parreira
5      e-mail: fabiojparreira.ia@gmail.com
6  -->
7  <html>
8      <head>
9          <title>Index: Links e Âncoras</title>
10         <meta charset="UTF-8">
11         <meta name="viewport" content="width=device-width">
12     </head>
13     <body>
14         <h4>Arquivo Index.html</h4>
15         <hr>
16         <h4 id="definicaoAncora">O que é âncora?</h4>
17         <p>Definição de Âncora no MESMO documento: É a ligação de um ponto para uma
18         determinada seção dentro do próprio documento HTML ou, para uma seção
19         dentro de outro documento.</p>
20         <hr>
21         <h5>Âncora</h5><ol>
22             <li>Definição de <a href="#definicaoAncora"> âncora</a> no mesmo documento.</li>
23             <li>Definição de <a href="ancora/introducaoAncora.html#definicaoAncoraOutroDocume
24                                 target="_blank">
25                                 âncora</a> em outro documento.</li>
26             <li>Definição de <a href="http://pt.wikipedia.org/wiki/HTML5#Logo do HTML5"
27                                 target="_blank">
28                                 Logo HTML5</a></li>
29         </ol>
30         <hr>
31     </body>
32 </html>
```

(Estrutura do projeto)

Figura 4.16 – Código HTML sobre Âncora - Arquivo *index.html*
(Fonte: dos autores)

Continuando, na Figura 4.16, nas linhas 22, 23 e 26 foram criadas as âncoras, dentro de uma lista numerada. A primeira âncora faz referência a uma seção dentro do próprio documento, por isso, utiliza-se, somente:

- href="#definicaoAncora"

A segunda âncora faz referência a uma seção dentro de outro documento que se encontra na pasta **ancora;** sendo assim a referência é:

- href="ancora/introducaoAncora.html#definicaoAncoraOutroDocumento"

A terceira faz referência a uma seção em outro servidor, que no exemplo é uma página da *Wikipedia*, dentro da seção Logo_do_HTML5. Desta forma a referência foi codificada como:

- href="http://pt.wikipedia.org/wiki/HTML5#Logo_do_HTML5"

A Figura 4.17 apresenta como fica o resultado da execução destes arquivos no navegador.

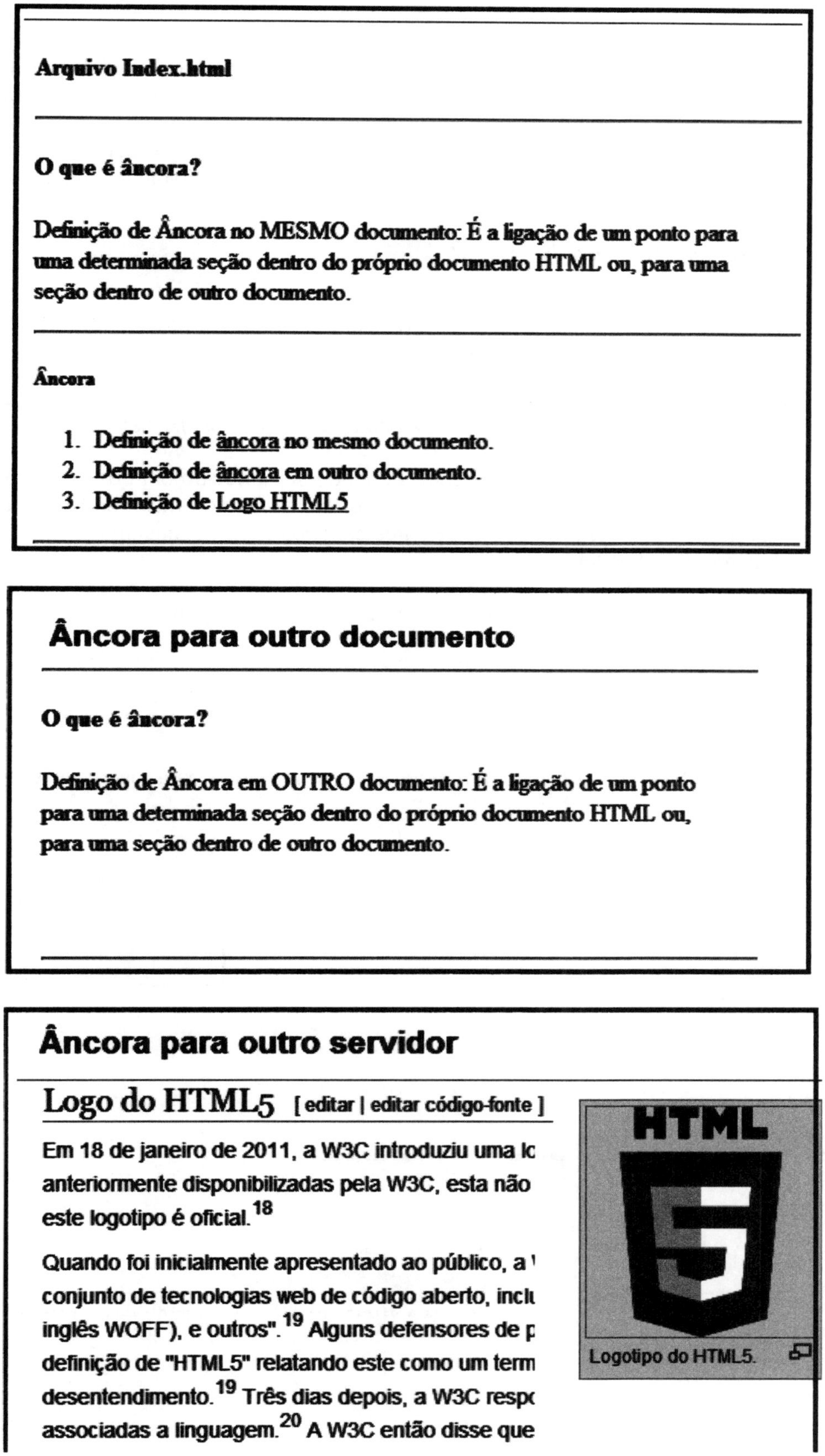
Arquivo Index.html

O que é âncora?

Definição de Âncora no MESMO documento: É a ligação de um ponto para uma determinada seção dentro do próprio documento HTML ou, para uma seção dentro de outro documento.

Âncora

1. **Definição de âncora no mesmo documento.**
2. **Definição de âncora em outro documento.**
3. **Definição de Logo HTML5**

Âncora para outro documento

O que é âncora?

Definição de Âncora em OUTRO documento: É a ligação de um ponto para uma determinada seção dentro do próprio documento HTML ou, para uma seção dentro de outro documento.

Âncora para outro servidor

Logo do HTML5 [editar | editar código-fonte]

Em 18 de janeiro de 2011, a W3C introduziu uma lc anteriormente disponibilizadas pela W3C, esta não este logotipo é oficial.[18]

Quando foi inicialmente apresentado ao público, a conjunto de tecnologias web de código aberto, inclu inglês WOFF), e outros".[19] Alguns defensores de p definição de "HTML5" relatando este como um term desentendimento.[19] Três dias depois, a W3C respo associadas a linguagem.[20] A W3C então disse que

Figura 4.17 – Código HTML sobre Âncora - Arquivo *index.html* (Fonte: dos autores)

4.6 Imagens

As imagens são muito importantes para ilustrar o conteúdo a respeito de determinado assunto, sem elas com certeza os *sites* seriam muito entediantes. Além da estética, a imagem contribui ainda para o aspecto funcional do documento, tanto é verdade que existe o ditado popular "uma imagem vale mais do que mil palavras". Para inserir imagens em uma página HTML, deve-se utilizar *a tag <img>*, dentro das delimitações do *<body>*, seguido do caminho onde se localiza a imagem, de acordo com o seguinte exemplo:

<img src="imagens/logoHTML5.jpg"/>

O atributo src (*src ="pasta/nomeArquivo")*, indica o caminho ou nome da pasta, e o nome da imagem que deverá ser exibida. A seguir têm-se outros atributos da *tag <img>*:

- *width*="n" *height*="n": o tamanho das imagens exibidas no navegador pode ser redimensionado, sendo que *width* indica a largura e *height* a altura da imagem em *pixels*;
- *align*: posiciona as imagens no navegador, podendo ser atribuído um dos seguintes parâmetros: *top*, *middle*, *bottom*, *left* e *right* (respectivamente, parte superior, meio, parte inferior, esquerda e direita). Além destes podem-se utilizar atributos para posicionar a imagem em relação ao texto, tais como *top*, *middle* e *bottom*;
- *border*: especifica a espessura da borda que irá envolver a imagem;
- *alt*: é um atributo obrigatório para a *tag* <img>. Este atributo define um texto alternativo que pode ser utilizado pelo navegador quando houver problemas no carregamento da imagem ou por *softwares* específicos quando o usuário fica com o *mouse* parado sobre a imagem.

A Figura 4.18, nas linhas 17 e 22, mostram algumas possibilidades para inserir uma imagem em um documento HTML.

```
1  <!DOCTYPE html>
2  <!--
3       Curso: Introdução ao HTML5
4       professor: Fábio Parreira
5       e-mail: fabiojparreira.ia@gmail.com
6  -->
7  <html>
8       <head>
9           <title>TODO supply a title</title>
10          <meta charset="UTF-8">
11          <meta name="viewport" content="width=device-width">
12      </head>
13      <body>
14          <h3> Inserindo imagens em um documento html</h3>
15          <ol>
16              <li>
17                  <p align="left">Imagem a Esquerda do navegador.</p>
18                  <img  src="imagens/logoHTML5.jpg" align="letf">
19              </li>
20              <li>
21                  <p align="right">Imagem a direita do navegador, com dimensão reduzida.<
22                  <IMG src="imagens/logoHTML5.jpg" align="right"  width=100 height=150>
23              </li>
24          </ol>
25      </body>
26  </html>
```

```
Cap03-FP-Imagem
  Raiz do Site
    imagens
      logoHTML5.jpg
    index.html
```

Figura 4.18 – Código HTML sobre Imagem - Arquivo *index.html*
(Fonte: dos autores)

A Figura 4.19 mostra como fica o resultado da execução do arquivo *index.html*, para inserção de imagens, no navegador *web*.

Figura 4.19 – Resultado da execução do código da Figura 4.18
(Fonte: dos autores)

4.7 Formulários

Os Formulários, em HTML, são usados para solicitar diferentes tipos de informações, como entradas, aos usuários. Por meio dessas informações é possível realizar cadastros, pesquisas e até mesmo o envio de comentários, o que possibilita um aumento no poder de interação entre os usuários e os *sites*.

Os formulários são considerados uma área, dentro de uma página *web*, delimitada pelas *tags* <**form**>...</**form**>. Estas *tags* contêm elementos que permitem ao usuário entrar com informações, por exemplo, os campos de texto, os campos de área de texto, os menus *drop-down*, os botões radiais e as caixas de seleção. Os possíveis elementos de um formulário estão apresentados no Quadro 4.2.

Quadro 4.2 – Principais elementos de um formulário

<input>	*Especifica um campo de entrada, podendo ser do tipo button, checkbox, email, password, radio, search e text, entre outros.*
<textarea>	Define *um* controle de entrada de texto multilinhas
<button>	Define um botão clicável

<label>	Define um rótulo para um elemento *<input>*
<fieldset>	Agrupa os elementos relacionados em um formulário
<select>	Cria uma lista selecionável (ou caixa *drop-down*)
<optgroup>	Define um grupo de opção, para agrupar as possíveis escolhas, relacionadas a uma lista *drop-down*
<option>	Insere uma opção de escolha, na caixa *drop-down*

Fonte: dos autores

Os tipos de entradas (*input*) mais comuns nos formulários *web* são os campos de texto (*text*), os botões radiais (*radio buttons*) e as listas selecionáveis (*drop-down list*). A Figura 4.20 mostra, graficamente, a implementação do código, em HTML, para as entradas do tipo *text* e *radio buttons*.

```
1  <!DOCTYPE html>
2  <html>
3      <head>
4          <title>TODO supply a title</title>
5          <meta charset="UTF-8">
6          <meta name="viewport" content="width=device-width, initial-scale=1.0">
7      </head>
8      <body>
9          <form>
10             <fieldset id="entradaTexto">
11                 <label for="nomeId">Nome label</label>
12                 <input id="nomeId" type="text" name= "nome" placeholder = "Digite o seu nome aq
13             </fieldset>
14             <br>
15             <fieldset id="rabioButton">
16                 <legend>Botões radiais</legend>
17                 <input type="radio" name="grupo1" value="masculino"> Masculino
18                 <br>
19                 <input type="radio" name="grupo1" value="femenino"> Feminino
20                 <br>
21             </fieldset>
22         </form>
23     </body>
24 </html>
```

Figura 4.20 - Entradas do tipo *text* e *radio buttons* (Fonte: dos autores)

Os elementos *text* e *radio button* foram inseridos no formulário, que, por vez, é delimitado pelas *tags* <form>, na linha 9, e *</form>*, na linha 22. A *tag <fieldset>* é responsável por construir uma borda em torno do “label” e da *<input>* do tipo “*text*” (campo de texto).

Na linha 15 foi inserido outro *<fieldset>*, desta vez, foi inserida também uma legenda para a nova borda, por meio da *tag <legend>*, na linha 16. Os *radio button* foram inseridos nas linhas 17 e 19. É importante observar que eles possuem o mesmo nome, sendo assim, toda vez que usuário clicar em um dos botões ele torna-se selecionado, e os demais botões do tipo *radio,* cujos nomes são iguais, tornam-se desmarcados, desta forma, somente uma opção é marcada por vez.

O resultado da execução do código, da Figura 4.20, é apresentado na Figura 4.21.

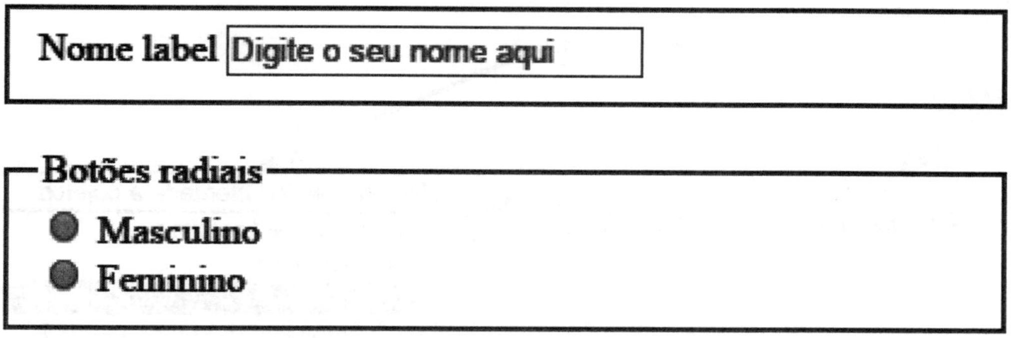

Figura 4.21 – Execução do código das entradas do tipo *text* e *radio buttons*
(Fonte: dos autores)

A Figura 4.22 mostra, graficamente, a implementação do código, em HTML, para as listas selecionáveis (*drop-down list*) e o botão (*button*).

```
1  <!DOCTYPE html>
2  <html>
3      <head>
4          <title>TODO supply a title</title>
5          <meta charset="UTF-8">
6          <meta name="viewport" content="width=device-width, initial-scale=1.0">
7      </head>
8      <body>
9          <form id="idForm">
10             <label>Disciplinas</label><br>
11             <select>
12                 <option>Escolha uma disciplina...</option>
13                 <optgroup label="Programação">
14                     <option value="POO">Programação Orientada a objetos</option>
15                     <option value="DesenvolvimentoWeb">Desenvolvimento para internet</opti
16                 </optgroup>
17                 <optgroup label="Matemática">
18                     <option value="Cálculo I">Cálculo I</option>
19                     <option value="Trigonometria">Trigonometria</option>
20                 </optgroup>
21             </select>
22             <br>
23             <button type="button" id="idBotao" onclick="alert('oi!!');" >Botão</button>
24         </form>
25     </body>
26 </html>
```

Figura 4.22 - Entradas do tipo *drop-down list* (Fonte: dos autores)

A *drop-down list* é criada e delimitada por meio do elemento *<select>*, nas linhas 11 e 21. O atributo *<optgroup>*, nas linhas 13 e 17, é usado para criar grupos de opções, geralmente em listas cujo tamanho seja grande, com objetivo de facilitar a navegabilidade e a organização. Os elementos *<option>*, inseridos nas linhas 14, 15, 18 e 19, definem os campos no interior do elemento *<select>*, que serão apresentados na lista como possíveis opções de escolha. Na linha 23 inseriu-se um *button,* habilitando-se para este o evento *onclick*, cujo objetivo é o de apresentar uma janela de alerta com a informação "oi!!". O resultado da execução do código, da Figura 4.22, é apresentado na Figura 4.23.

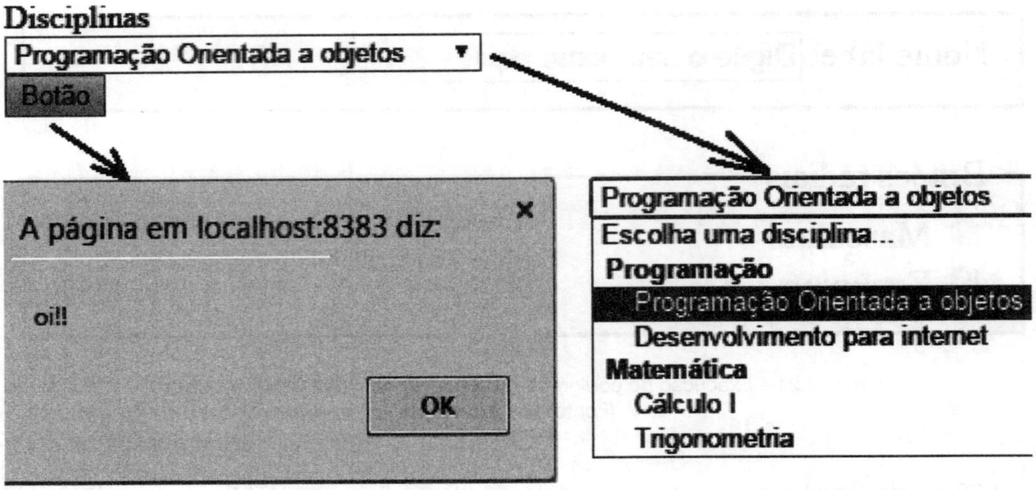

Figura 4.23 – Execução do código drop-down list (Fonte: dos autores)

4.8 Elementos Estruturantes de *Layout*

Nas versões anteriores ao HTML5, por exemplo, HTML4, era possível marcar diversos elementos do *layout*, possibilitando estruturar a página de forma que as informações ficassem em suas áreas específicas. Era possível diferenciar um parágrafo de um título, mas não era possível diferenciar um rodapé de um cabeçalho. Essa diferenciação era apenas percebida, visualmente, no *layout*. Logo, não havia maneira de detectar automaticamente estes elementos já que as *tags* utilizadas para ambos, rodapé ou cabeçalho, poderiam ser iguais conforme apresenta, graficamente, a Figura 4.24. Cabe destacar que, no HTML4, os desenvolvedores utilizavam a *tag* <*div*> para estruturar todo o *layout*.

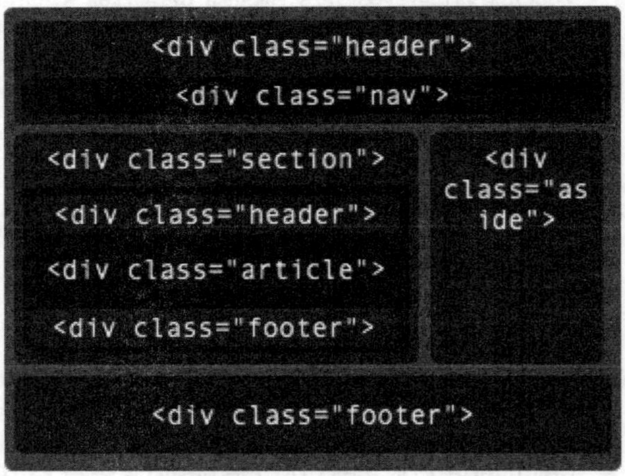

Figura 4.24 – Estrutura em HTML4 (Fonte: ARAMBURU, 2012)

O HTML5 foi desenvolvido como uma atualização da linguagem HTML. Dentre os novos elementos criados, estão os que definem os setores principais do *layout* do *site*. Utilizando estes novos elementos, é possível diferenciar, diretamente pelo código HTML5, as áreas importantes como rodapé e cabeçalho. Essas mudanças visam simplificar o trabalho das máquinas de busca. No HTML5 os buscadores podem varrer os *sites* de maneira mais eficiente, de forma a procurar informações com maior grau de certeza, e ainda concluir o armazenamento destas em menor tempo.

Os novos elementos referentes à estrutura da página em HTML5 são: *section*, *article*, *aside, nav*, *header* e *footer*. A Figura 4.25 representa graficamente, a utilização destes elementos em uma página *Web*.

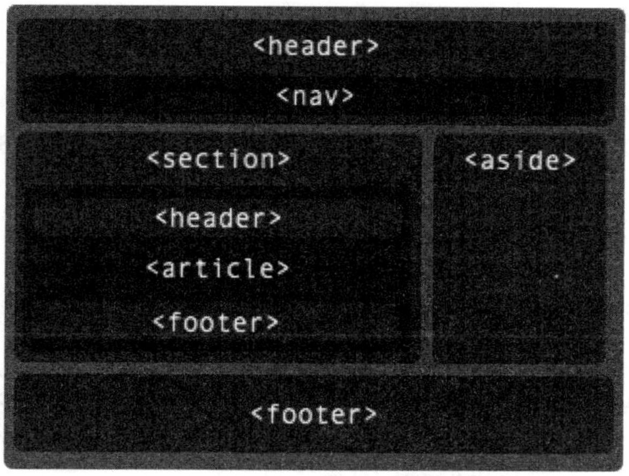

Figura 4.25 – Estrutura em HTML5 (Fonte: ARAMBURU, 2012)

No Quadro 4.3 são apresentadas as definições dos novos elementos do *layout* incluídos no HTML5(W3C. ORG, 2015).

Quadro 4.3 – Definição dos elementos estruturantes do *layout* no HTML5

section	A *tag section* define uma nova seção genérica no documento. Por exemplo, a *home* de um *website* pode ser dividida em diversas seções: introdução, destaque, novidades, informação de contato e chamadas para conteúdo interno.
nav	O elemento *nav* representa uma seção da página que contém *links* para outro *website* ou para outras áreas do mesmo *website*, logo, ele representa uma seção com *links* de navegação.
article	O elemento *article* representa uma parte da página que poderá ser distribuída e reutilizada em *FEEDs*. Pode ser um *post*, um artigo, um bloco de comentários de usuários ou apenas um bloco de texto comum. os *feeds* – ou alimentadores – permitem buscar, de forma automática, notícias de outros *sites*
aside	O elemento *aside* representa um bloco de conteúdo, na seção de uma página, que está relacionado ao conteúdo do seu entorno. Essas seções são, muitas vezes, inseridas como barras laterais. Elas podem conter, por exemplo, explicações laterais, como a definição de um glossário; conteúdo vagamente relacionado, como avisos; a biografia do autor; ou, em aplicações *web*, informações de perfil ou *links* de *blogs* relacionados.
header	O elemento *header* representa um grupo de suporte introdutório ou navegacional. Ele pode conter alguns elementos de cabeçalho, mas também outros elementos como um logo; seções de cabeçalho; campos de busca; e outros.
footer	O elemento *footer* representa o rodapé da página ou do conteúdo da seção. Normalmente um rodapé contém informações sobre o autor da seção de dados, direitos autorais ou *links* para documentos relacionados.

Fonte: (W3C.ORG, 2015)

4.8.1 Criação do *layout* padrão para jogos

Utilizando as *tags* do HTML5 anteriormente apresentadas, criou-se o *layout* padrão que será utilizado nos exemplos futuros neste livro. O código, em HTML5, é apresentado na Figura 4.26.

```
1  <!DOCTYPE html>
2  <html>
3      <head>
4          <title>Fogos- Form Padrão</title>
5          <meta charset="UTF-8">
6          <meta name="viewport" content="width=device-width, initial-scale=1.
7           <link rel="stylesheet" href="css/estiloJogo.css">
8      </head>
9      <body>
10         <div class="tabuleiro">
11             <header>
12                 <h1>Formulário padrão do livro</h1>
13                    <p>Este formulário será utlizado para todos os jogos!!</
14             </header>
15
16             <section>
17                 <h4> Insira o seu código aqui...<br> section......... </h4>
18             </section>
19
20             <footer>
21                     <h4> Introdução aos Jogos Educacionais </h4>
22             </footer>
```

Figura 4.26 – Código, em HTML5, para criação do *layout* padrão
(Fonte: dos autores)

O código do *layout* é dividido em *head* e *body*. Dentro do *head*, na linha 7, foi inserido o elemento *<link>*, que especifica as relações entre o documento atual e um recurso externo, neste caso, um arquivo CSS, que será explicado no capítulo 5. Basicamente, o *layout* é composto por um *header*, na linha 11, um *section*, na linha 16, e um *footer*, na linha 20. O resultado da execução do código, da Figura 4.26, é apresentado na Figura 4.27.

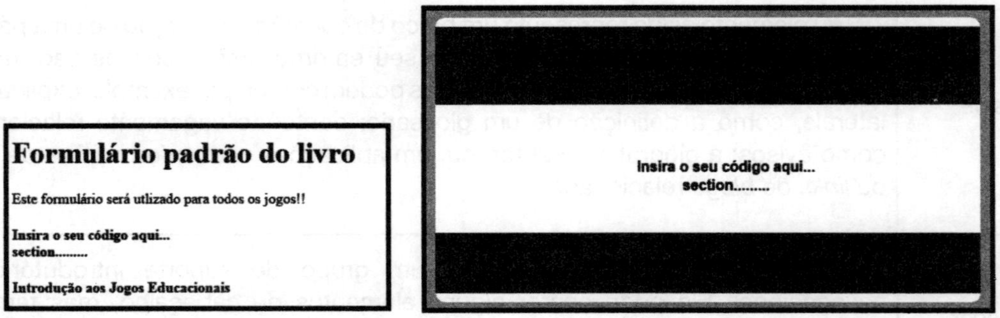

(a) (b)

Figura 4.27 – Execução do código para criação do formulário padrão
(Fonte: dos autores)

Na Figura 4.27(a) é apresentada a execução do código sem formatação. Já na Figura 4.27(b) o HTML foi formatado utilizando o arquivo CSS. O código para formatação será detalhado no próximo capítulo.

4.9 *Drag and Drop* - DnD (arrastar e soltar)

Uma das atividades bastante comuns em jogos educacionais digitais é a que envolve o arrastar e soltar objetos em locais previamente definidos. Esta ação pode ser utilizada, por exemplo, em jogos de quebra-cabeça (para encaixar as peças no local correto) ou em jogos em que o usuário precisa classificar/ordenar objetos, entre outros exemplos. A ação de arrastar e soltar é denominada de DnD *(Drag and Drop)*.

O DnD é uma API (*Application Program Interface*) nativa do HTML5. A especificação deste recurso consiste na definição de APIs do HTML5, funções do *JavaScript* e CSS para marcação. Ao realizar essas especificações é possível declarar que qualquer tipo de elemento pode ser definido como arrastável em uma página. O conceito de elemento arrastável permite que o usuário clique e mantenha o botão do *mouse* pressionado sobre um elemento, arraste-o para outro local, e solte o botão do *mouse* para soltar o elemento em uma área desejada.

Para especificar o recurso DnD, independente do navegador, devem ser aplicados alguns passos: configurações do elemento arrastável, configurações do arraste e configurações da área para soltar. Esses passos serão detalhados a seguir.

4.9.1 Eventos DnD

Geralmente, os eventos são usados para identificar e responder às ações dos usuários em uma interface gráfica, como por exemplo, cliques em botões ou seleções de *menus*. Os eventos relacionados a páginas *web* são basicamente um conjunto de ações que são realizadas, pelo usuário, em um determinado elemento da página, seja ele um texto, uma imagem ou uma *div*. Para que a página *web* responda aos eventos que ocorrem nos elementos da mesma, deve-se escrever o código que deve ser executado quando o referido evento ocorrer, utilizando-se trechos de código, denominados de métodos ou funções (FLANAGAN, 2004; SILVEIRA, 2006). Existe uma grande variedade de eventos definidos para serem usados em *JavaScript*. Nesta seção são abordados apenas os eventos relacionados ao arraste de objetos:

- *dragstart*: o objeto começou a ser arrastado;
- *drag*: o objeto está sendo arrastado;
- *dragend*: a ação de arrastar terminou;
- *dragenter*: o objeto que está sendo arrastado entrou no objeto destino;
- *dragleave*: o objeto que está sendo arrastado deixou o objeto destino;
- *dragover*: o objeto que está sendo arrastado se move sobre o objeto destino;
- *drop*: o objeto que está sendo arrastado foi solto sobre o objeto destino.

Dentre os eventos citados, serão utilizados o *dragstart*, *dragover* e o *drop* no exemplo DnD a seguir.

4.9.2 Configurações do elemento arrastável

As configurações de um elemento arrastável se resumem em: definição do atributo *draggable*; adição do evento ouvinte *ondragstart* e a definição do elemento de arrasto.

Para definir qualquer elemento em uma página *web* como sendo arrastável basta especificar o atributo *draggable="true"* para o elemento. Por exemplo, para tornar uma imagem arrastável basta inserir o código em HTML a seguir:

```
<img id="triangulo" src="img/triangulo.jpg" draggable="true">
```

Lembre-se, caso este atributo seja omitido ou definido como falso, o elemento não será arrastado e, sim selecionado durante a operação DnD.

Após definir o elemento arrastável, por meio do atributo *draggable="true"*, é preciso especificar o que deve acontecer quando o elemento é arrastado. Para isso, é preciso adicionar um evento "ouvinte" *ondragstart*. Este evento é acionado quando o usuário inicia o arrastar do objeto selecionado. A inserção do código deste evento na imagem é apresentada como:

```
<img id="triangulo" src="img/triangulo.jpg" draggable="true"
ondragstart="dragStart(event)" width="100" height="100">
```

Toda vez que inicia o arrastar da imagem, o evento *ondragstart* dispara a função *dragStart(event)* que é definida em *JavaScript.* Também foram definidas a largura (*width="100"*) e a altura(*height="100"*) em que a imagem é apresentada no navegador.

Em seguida, é preciso definir o identificador do objeto arrastado e o posicionamento do cursor durante o arraste. Como exemplo definiu-se a identificação do tipo de imagem (que é *id="triangulo"*). Portanto, será uma informação do tipo texto, logo a função *dragStart(event)* é definida como:

```
function dragStart(ev) {
  ev.dataTransfer.setData("text", ev.target.id);
  ev.dataTransfer.setDragImage(ev.target, 50, 50);
}
```

A função *dragStart(ev),* definida acima, é muito importante para o DnD, pois ela é responsável por informar o objeto, bem como o tipo deste, a ser transportado para a ação *drop* (soltar). Na primeira linha são definidos os dados da operação. Neste caso o tipo definido foi *"text"*, e o valor é o ID (*identifier* – identificador) do elemento que está sendo arrastado (*ev.target.id*) . Após isso, foi definido também o método *setDragImage,* que é opcional, para definir o posicionamento do cursor, na imagem, durante a operação de arraste. Uma vez que a imagem possui 100x100 *pixels* o cursor foi posicionado no centro, ou seja, 50x50 *pixels*.

4.9.3 Configurações do arrastar

As configurações do arrastar, em HTML, são implementadas por meio de manipuladores (*handlers*) associados a eventos, do tipo ouvintes, em *JavaScript*. No exemplo utilizou-se o evento *onDragOver* (MDM, 2015). O disparo deste evento acontece quando um item arrastado estiver passando sobre a área destino, onde deverá ser solto. Inicialmente é preciso criar uma área para receber o elemento arrastado, e adicionar ao ouvinte o evento *ondragover*, conforme apresentado a seguir:

```
<div id="div1" ondragover="dragOver(event)" style= "width:10
0px;height:100px;border:1px solid;"></div>
```

A área em que o usuário poderá soltar o objeto arrastado foi denominada como *id="div1"* e o ouvinte do evento *ondragover* aciona a função *dragOver(event)*, definida como:

```
function dragOver(ev){

  ev.preventDefault();

}
```

Um ouvinte para um evento *ondragover* é usado para indicar as áreas válidas para soltar os objetos, ou seja, lugares nos quais os objetos arrastáveis podem ser soltos (inseridos). A maioria das áreas de uma página *web*, ou aplicação, não são lugares válidos para largar objetos arrastáveis. Assim, a manipulação para esse evento padrão é não permitir que um objeto seja largado em determinada área.

Para permitir a inserção de um objeto em determinada área, deve-se evitar a manipulação padrão, que é cancelar o evento de soltar (*drop*). Para impedir a manipulação padrão, deve-se chamar o método *event.preventDefault(),* conforme apresentado na função *dragOver(ev),* tornando a área apta para receber os objetos arrastáveis.

4.9.4 Configurações da área para soltar o objeto

Para finalizar o exemplo, a configuração da área para soltar o objeto arrastado se restringe ao evento *ondrop.* O disparo deste evento acontece quando o objeto arrastado é solto na área de destino.

Anteriormente configurou-se a área que irá receber o objeto e o evento *ondragover*, agora é preciso configurar para esta mesma área o evento *ondrop*, conforme apresentado no código a seguir:

```
<div id="div1" ondrop="drop(ev)" ondragover="dragOver(event)"

style= "width:100px;height:100px;border:1px solid;"></div>
```

Conforme definido anteriormente, a área que o usuário poderá soltar o objeto arrastado foi denominada como *id="div1"* e ela já possui o evento *ondragover,* ambos definidos anteriormente. Agora se adicionou um novo evento denominado de *ondrop*, que aciona a função *drop(ev)*, definida como:

```
function drop(ev) {
  var idData = ev.dataTransfer.getData("text");
  ev.target.appendChild(document.getElementById(idData));
}
```

Logo, de acordo com a função *drop*, quando o item está sendo solto na área configurada, o primeiro passo é obter o *id* do item arrastado, conforme apresentado na linha 1. Em seguida, é anexado o item arrastado (*document.getElementById(idData)*) na área de destino (*ev.target.appendChild*).

4.9.5 Exemplo completo: Como arrastar um triângulo

O código completo para o exemplo de arrastar e soltar, que deve estar disposto em um arquivo HTML, é apresentado na Figura 4.28.

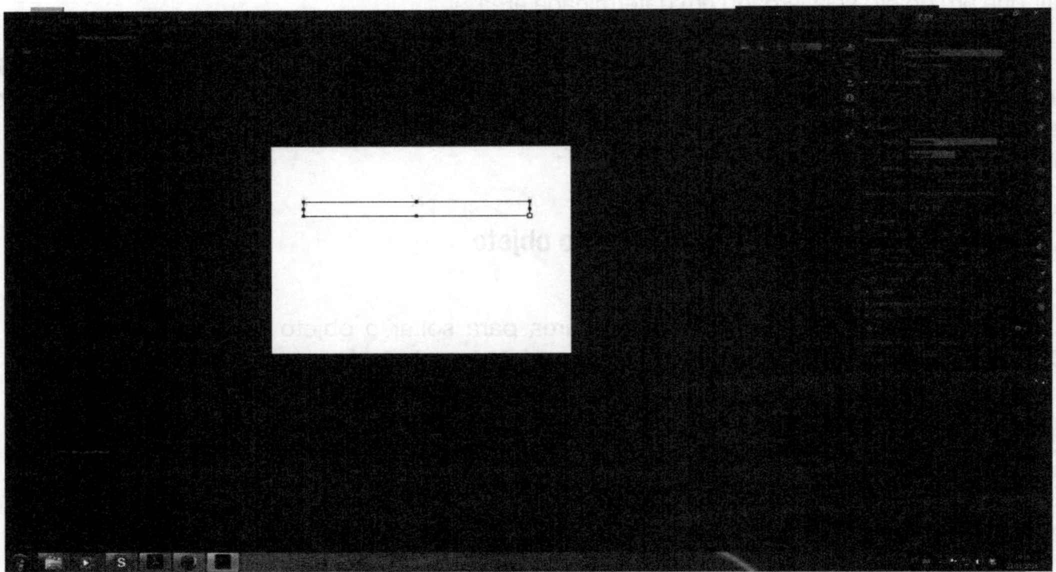

```
            //obtem o ID do objeto que está sendo arrastado
            var idData = ev.dataTransfer.getData("text");
            //insere o item arrastado (document.getElementById(idData)) ,
            //na area de destino (ev.target.appendChild)
            ev.target.appendChild(document.getElementById(idData));
        }

    </script>
</head>
<body>
    <p>Arraste o triângulo<br>para a área abaixo:</p>
    <div id="div1" ondrop="drop(event)" ondragover="dragOver(event)"
        style= "width:100px;height:100px;border:1px solid;"></div>
    <br>
    <img id="triangulo" src="img/triangulo.jpg" draggable="true"
        ondragstart="dragStart(event)" width="100" height="100">
</body>
</html>
```

Figura 4.28 – Código em HTML e *JavaScript* do DnD (Fonte: dos autores)

O resultado da execução deste código é apresentado figura 4.29.

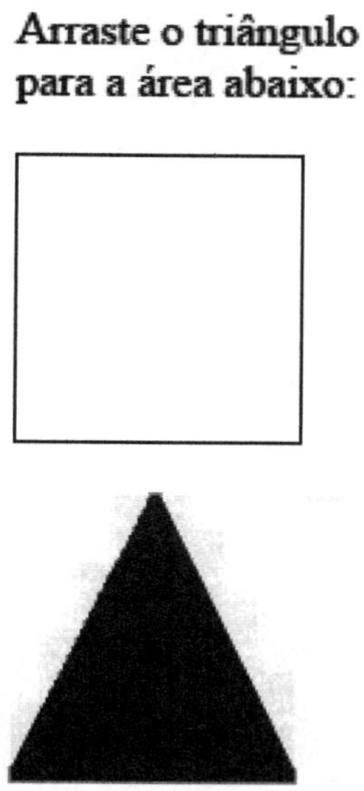

Figura 4.29 – Exemplo DnD (Fonte: dos autores)

O quadrado apresentado na Figura 4.29 representa a área configurada para soltar o triângulo. Já o triângulo foi configurado como sendo o elemento arrastável.

CAPÍTULO 5
CSS (CASCADING STYLE SHEETS)

No capítulo anterior apresentaram-se algumas funcionalidades do HTML que podem ser utilizadas na construção de jogos educacionais digitais. Relembrando, inicialmente a linguagem HTML era usada para estruturar conteúdos, ou seja, marcar os textos, definindo, por exemplo, "um cabeçalho" ou "um parágrafo" por meio da aplicação das *tags* *<h1>* e *<p>*.

À medida que a *web* foi sendo padronizada, os desenvolvedores começaram a sentir necessidade de encontrar meios de construir *layout* para as páginas *web*. Diante destas necessidades, os fabricantes dos navegadores (a *Netscape* e a *Microsoft*, naquele momento) criaram novas *tags* HTML, como a *tag* *<font>* que se diferenciava das *tags* originais do HTML pelo fato de destinar-se a *layout* e não à estrutura.

Algumas das *tags* inicialmente projetadas para estruturar os documentos, como a *tag* *<table>*, passaram a ser utilizadas para formatar *layouts*, desvirtuando sua finalidade inicial. Outro problema que surgiu foi a incompatibilidade entre os navegadores. Pode-se citar a *tag* *<blink>* que era suportada somente por um determinado tipo de navegador. Logo a frase "Você precisa do navegador X para visualizar esta página" tornou-se comum nos *websites* (MAZZA, 2015; NED, 2015).

Visando solucionar esses problemas, a linguagem CSS (*Cascading Style Sheets* - Folha de Estilos em Cascata) foi criada e disponibilizada com a promessa de fornecer meios sofisticados para definir a apresentação (ou aparência/*layout*) de documentos que adotam linguagem de marcação (por exemplo, HTML) em seu desenvolvimento e, ainda, oferecer suporte em todos os navegadores. Além disso, o CSS facilita a manutenção dos *sites*, pois efetua a separação entre os estilos de apresentação (o formato) e o conteúdo (linguagem de marcação - HTML) de um documento.

5.1 O que é CSS?

A linguagem CSS é considerada uma revolução no mundo da *Web*. Os benefícios concretos do seu uso incluem: o controle do *layout* de vários documentos a partir de um único arquivo de folha de estilos; maior precisão no controle do *layout*; aplicação de diferentes *layouts* para funcionar em diferentes dispositivos (*desktop*, dispositivos móveis, tela ou impressora); emprego de várias técnicas sofisticadas de desenvolvimento.

5.1.1 Sintaxe básica

Algumas das propriedades usadas na CSS se assemelham àquelas utilizadas no capítulo sobre HTML. Como o objetivo é separar o código de estilo de apresentação (CSS) do código de marcação (HTML), será apresentado o básico sobre o modelo CSS e como se deve usá-lo em um documento HTML.

A princípio, conforme apresentado na Figura 5.1, a formatação do estilo foi inserida no documento HTML. A exemplo, pode-se citar o código na linha 13, dentro da *tag* *<body bgcolor="gainsboro">*, em que se definiu a cor de fundo (*bgcolor*) cinza.

```
1  <!DOCTYPE html>
2  <!--
3      Curso: Introdução ao CSS
4      professor: Fábio Parreira
5      e-mail: fabiojparreira.ia@gmail.com
6  -->
7  <html>
8      <head>
9          <title>TODO supply a title</title>
10         <meta charset="UTF-8">
11         <meta name="viewport" content="width=device-width, initial-scale=1.0">
12     </head>
13     <body bgcolor="gainsboro">
14         <h1>Formulário padrão do livro</h1>
15         <p>Este formulário será utlizado para todos os jogos!!</p>
16     </body>
17 </html>
```

Figura 5.1 – Estilização no documento HTML (Fonte: dos autores)

Para definir uma área, separadamente, dentro do próprio HTML, ou em um arquivo à parte, destinada ao código CSS, faz-se necessário utilizar a sintaxe própria das folhas de estilo. A sintaxe CSS é definida por meio de uma regra de declaração própria, que define a forma com que o estilo será aplicado aos elementos HTML. A Figura 5.2 apresenta, de forma genérica, uma regra.

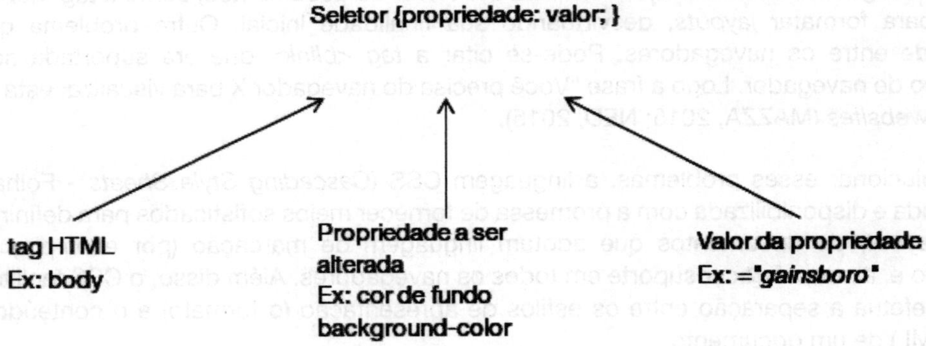

Fonte: autor

Figura 5.2 – Definição da sintaxe das regras no CSS (Fonte: dos autores)

A regra, conforme observado na Figura 5.2, é composta incialmente do seletor, seguida da propriedade e por fim o valor a ser atribuído:

- seletor: representa uma estrutura que permite selecionar qualquer elemento na página para ser formatado (por exemplo, *body*);
- chaves ("{" e "}"): as chaves contêm as declarações CSS, e cada declaração aplica um estilo específico para o elemento selecionado. Uma declaração é composta de propriedade e valor;
- propriedade: é o atributo que se deseja modificar no elemento; a propriedade é sempre seguida de dois pontos ":" e é terminada com ponto-e-vírgula ";" (por exemplo, *color*);
- valor: é a característica a ser atribuída ao elemento (por exemplo, *gainsboro*, *red,* etc.).

5.1.2 Como aplicar o CSS em um documento HTML?

Existem três maneiras diferentes para aplicar a CSS a um documento HTML: *in-line,* interno e externo. A seguir será detalhada cada uma delas.

a) In-line

O método *in-line* faz uso do atributo *style,* do próprio HTML, de forma que a estilização fica junto com a marcação. Tomando como base o exemplo mostrado anteriormente, que padroniza a cor de fundo da página, a Figura 5.3 mostra, graficamente, a aplicação deste método, na linha 13.

```
1  <!DOCTYPE html>
2  <!--
3      Curso: Introdução ao CSS
4      professor: Fábio Parreira
5      e-mail: fabiojparreira.ia@gmail.com
6  -->
7  <html>
8      <head>
9          <title>TODO supply a title</title>
10         <meta charset="UTF-8">
11         <meta name="viewport" content="width=device-width, initial-scale=1.0">
12     </head>
13     <body style="background-color: gainsboro;">
14         <h1>Formulário padrão do livro</h1>
15         <p>Este formulário será utlizado para todos os jogos!!</p>
16     </body>
17 </html>
```

Figura 5.3 – Método *in-line* (Fonte: dos autores)

b) Interno

O método interno é outra maneira de aplicar a CSS. Neste método utiliza-se a *tag* *<style>* do HTML, conforme mostra a Figura 5.4.

```
<!DOCTYPE html>
<!--
    Curso: Introdução ao CSS
    professor: Fábio Parreira
    e-mail: fabiojparreira.ia@gmail.com
-->
<html>
    <head>
        <title>TODO supply a title</title>
        <meta charset="UTF-8">
        <meta name="viewport" content="width=device-width, initial-scale=1.0">
        <style type="text/css">
            body {background-color: gainsboro;}
        </style>
    </head>
    <body>
        <h1>Formulário padrão do livro</h1>
        <p>Este formulário será utlizado para todos os jogos!!</p>
    </body>
</html>
```

Figura 5.4 – Método interno (Fonte: dos autores)

c) Externo

O método de folha de estilos externa diferencia-se dos demais devido ao fato dos estilos CSS serem inseridos em um arquivo externo do tipo texto, com a extensão *.CSS*. A Figura 5.5 apresenta, graficamente, o projeto com estilização externa. O arquivo com a função de estilizar está armazenado na pasta CSS, com o nome *estilos.CSS*.

Figura 5.5 – Projeto para estilização externa (Fonte: dos autores)

Para informar ao navegador qual arquivo CSS que ele deve utilizar na renderização e apresentação do *layout* do documento HTML, faz-se necessário inserir um *link* referente ao arquivo em questão, conforme apresentado na linha 12, da Figura 5.6.

```
1  <!DOCTYPE html>
2  <!--
3      Curso: Introdução ao CSS
4      professor: Fábio Parreira
5      e-mail: fabiojparreira.ia@gmail.com
6  -->
7  <html>
8      <head>
9          <title>TODO supply a title</title>
10         <meta charset="UTF-8">
11         <meta name="viewport" content="width=device-width, initial-scale=1.0">
12         <link rel="stylesheet" type="text/css" href="css/estilos.css" />
13     </head>
14     <body>
15         <h1>Formulário padrão do livro</h1>
16         <p>Este formulário será utlizado para todos os jogos!!</p>
17     </body>
18 </html>
```

Figura 5.6 – Arquivo index.html para estilização externa (Fonte: dos autores)

O arquivo *estilos.css* é apresentado na Figura 5.7. Deve-se observar que ele possui o código bem semelhante ao método interno.

```
body {
    background-color: gainsboro;
}
```

Figura 5.7 – Arquivo *estilos.css* para estilização externa (Fonte: dos autores)

Embora semelhantes na codificação, o método externo apresenta uma enorme vantagem sobre o método interno, pois ele pode ser utilizado para estilizar vários documentos HTML, bastando inserir o *link* com o nome da folha de estilos no documento a ser estilizado, ou seja, um único arquivo é capaz de controlar a estilização em muitos documentos HTML, conforme apresenta, graficamente, a Figura 5.8.

Figura 5.8 – Reutilização do arquivo *estilos.css* em vários documentos HTML
(Fonte: dos autores)

É importante ressaltar que qualquer alteração no arquivo CSS, da Figura 5.8, irá refletir automaticamente em todos os arquivos HTML que possuem o *link* para o referido arquivo CSS alterado. Esta técnica é bastante útil, pois economiza uma enorme quantidade de (re)trabalho. Por exemplo, tem-se um site com 40 páginas, e é preciso alterar a cor de fundo de cada um deles. Pois bem, a folha de estilos minimiza o trabalho, evitando a edição manual das páginas dos documentos HTML. Usando CSS a mudança se fará em poucos segundos, trocando-se apenas a cor na folha de estilos central.

5.2 Diferença entre Classe e *Ids*

Para facilitar a organização e formatação de estilos, em um documento HTML, utiliza-se a definição de "*class*" e "*id*". A seguir será evidenciada a diferença entre estes elementos, bem como suas definições.

5.2.1 Classe

Uma classe representa uma maneira de identificar um grupo de elementos. Além disso, ela é reutilizável, sendo assim, pode ser repetida em uma mesma página *web* e também ser combinada com outras classes, o que proporciona a existência de uma ou mais classes por elemento (ou *tag*). A Figura 5.9 mostra, graficamente, a utilização do elemento *class* no código HTML, nas linhas 10 a 12.

```
1  <!DOCTYPE html>
2  <html>
3      <head>
4          <title>TODO supply a title</title>
5          <meta charset="UTF-8">
6          <meta name="viewport" content="width=device-width, initial-scale=1.0">
7          <link rel="stylesheet" type="text/css" href="css/estilos.css" />
8      </head>
9      <body>
10         <h1 class="classeH classeH1" >Exemplo de class:h1</h1>
11         <h4 class="classeH ">Exemplo de class:h4</h4>
12         <h6 class="classeH">Exemplo de class:h6</h6>
13     </body>
14 </html>
```

Figura 5.9 - Código HTML referente ao elemento *class* (Fonte: dos autores)

Por meio da definição do elemento *class*, pode-se atribuir formatação a vários elementos de uma vez, conforme é apresentado na Figura 5.10. A Figura 5.11 apresenta o resultado da execução (visualização do arquivo apresentado na Figura 5.9).

```
11 body {
12     background-color: gainsboro;
13 }
14
15 .classeH{
16     text-align: center;
17     color: blue;
18 }
19
20 .classeH1{
21     color: red;
22 }
```

Figura 5.10 - Código CSS referente ao elemento *class* (Fonte: dos autores)

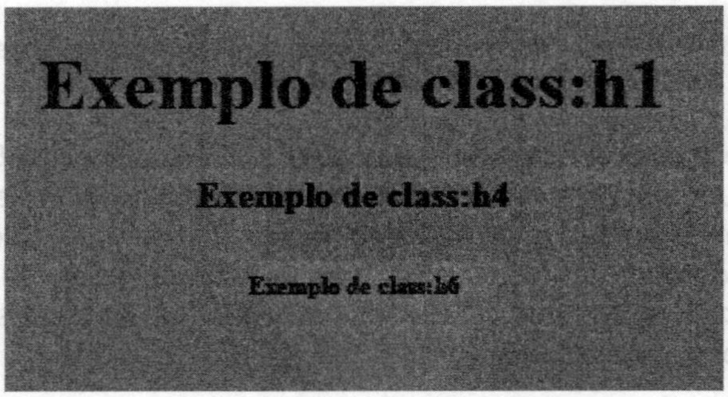

Figura 5.11 – Resultado da execução (Fonte: dos autores)

Conforme apresentado na Figura 5.10, na linha 11, a primeira regra é responsável por modificar a cor de fundo da janela. Nesta regra foi utilizado como referência de localização no HTML, o próprio elemento (ou *tag*).

Nas linhas 15 e 20 foram utilizadas as definições de *class.* Desta forma, deve-se utilizar o nome da *class*, fornecido no HTML, precedido do ponto " . ". Observando-se a Figura 5.9, verifica-se que todos os elementos definidos como títulos (h1, h4 e h6) pertencem à classe "*classeH*", logo a regra da linha 15 irá formatar todos eles simultaneamente. Outro ponto importante é que a regra da linha 20 formata somente o título h1, pois a classe "*classeH1*" foi atribuída somente a ele, conforme Figura 5.9, linha 10. Por isso o h1 é o único título formatado na cor vermelho.

5.2.2 Id

Assim como as classes, os *ids (identifiers* ou identificadores) são uma das formas de identificar um elemento (ou *tag*). A diferença entre o *Id* e a *class* é que um *Id* tem que ser único para cada elemento. É como se fosse o número de CPF. Por meio deles, pode-se atribuir formatação a um determinado elemento, conforme mostra a Figura 5.12.

```
1  <!DOCTYPE html>
2  <html>
3      <head>
4          <title>TODO supply a title</title>
5          <meta charset="UTF-8">
6          <meta name="viewport" content="width=device-width, initial-scale=1.0">
7          <link rel="stylesheet" type="text/css" href="css/estilos.css" />
8      </head>
9      <body>
10         <h1 class="classeH" id="idH1" >Exemplo de class:h1</h1>
11         <h4 class="classeH" id="idH4">Exemplo de class:h4</h4>
12         <h6 class="classeH" id="idH6">Exemplo de class:h6</h6>
13     </body>
14 </html>
```

Figura 5.12 - Código HTML referente ao *id* (Fonte: dos autores)

Por meio dos *Ids* pode-se atribuir formatação a apenas um elemento por vez, conforme apresentado nas Figuras 5.13 e 5.14.

```
11 body {
12     background-color: gainsboro;
13 }
14
15 .classeH{
16     text-align: center;
17     color: blue;
18 }
19
20 #idH1{
21     color: red;
22 }
```

Figura 5.13 - Código CSS referente ao *id*
Fonte: dos autores

Figura 5.14 – Resultado da execução
Fonte: dos autores

A regra responsável por estilizar o *id*, na Figura 5.12 (linha 10) foi inserida na Figura 5.13 (linha 20). Deve-se observar que ela utiliza o nome do *id*, fornecido no HTML, precedido do caracter "#".

5.3 Seletores

É incontestável o poder da linguagem CSS na formatação de estilos em um documento HTML. Muitos desses poderes são atribuídos aos seletores CSS, pois eles possibilitam formatar de maneira abrangente e modular um documento HTML.

Basicamente, os seletores CSS mais utilizados são: seletor universal, seletor por elemento, seletor *class* e seletor *id,* detalhados nas próximas seções.

5.3.1 *Seletor universal*

O seletor universal, em CSS, é representado pelo caractere " * ", ele é utilizado, por exemplo, para restabelecer as *margens* e *paddings* de todos os elementos da página. Esta reconfiguração faz-se necessária uma vez que não existe uma padronização da estilização das regras CSS mínimas. Em cada navegador, ou seja, ao renderizar os conteúdos, cada navegador aplica, as suas regras CSS mínimas (cor, tipo de fonte, *margens*, *paddings*). Desta forma, os navegadores implementam individualmente as suas próprias folha de estilos, o que ocasiona inconsistências na renderização entre navegadores.

É importante ressaltar que uma regra CSS mínima tem baixa prioridade. Sendo assim, qualquer regra de declaração de estilo pode sobrescrever a folha de estilos nativa dos navegadores. Um exemplo da utilização deste seletor é apresentado na Figura 5.15.

```
*{
    margin: 0px;
    padding: 0px;
}
```

Figura 5.15 – Seletor universal (Fonte: dos autores)

5.3.2 Seletor por elemento

O seletor por elemento é um dos tipos de seletores mais utilizados. O mesmo serve para determinar um comportamento genérico para cada elemento (ou *tag*) HTML de uma página *web*. Este tipo de seletor é útil para estilos gerais, mas para maior especificidade utilizam-se outros seletores.

Para tornar as definições de estilo mais legíveis, é aconselhável descrever cada propriedade em uma linha, conforme mostra, graficamente, um exemplo de seletor de elemento nas Figuras 5.16 e 5.17.

```
<html>
    <head>
        <title>TODO supply a title</title>
        <meta charset="UTF-8">
        <meta name="viewport" content="width=device-width, initial-scale=1.0">
        <link rel="stylesheet" type="text/css" href="css/estilos.css" />
    </head>
    <body>
        <h1>CSS</h1>
        <p>CSS é o acrônimo de Cascading Style Sheets</p>
        <p>em português seria algo como <i>folhas de estilo em cascata</i></p>
        <h4>fim</h4>
    </body>
</html>
```

Figura 5.16 – Código HTML - seletor de elemento
(Fonte: dos autores)

```
11 *{
12     margin: 0px;
13     padding: 0px;
14 }
15 body {
16     background-color: gainsboro;
17 }
18 p,h1,h4{
19     text-align: center;
20     color: blue;
21 }
22 i{
23     color: red;
24 }
```

Figura 5.17 – a) Regras CSS - seletor de elemento;
(Fonte: dos autores)

Figura 5.17 – b) Resultado da renderização no navegador
(Fonte: dos autores)

Conforme apresentado na Figura 5.17 (a), linha 18, houve a necessidade de agrupar seletores (*p, h1* e *h4*). No agrupamento cada seletor é separado com uma vírgula. Esta técnica é muito útil para diminuir a repetição de regras no arquivo CSS. No exemplo, todos os elementos *p, h1* e *h4* serão azuis.

Embora o elemento *<i>* tenha sido dentro do parágrafo *<p>*, conforme representado na Figura 5.16, linha 17, ele irá ficar na cor *red* (vermelho), pois foi inserida na Figura 5.17(a) uma regra específica para o *<i>* na linha 22.

5.3.3 Seletor class

Com o seletor *class* pode-se definir mais de um estilo para o mesmo tipo de elemento HTML, por exemplo, dois tipos de parágrafos no documento: parágrafo na cor azul e o outro na cor verde. As Figuras 5.18 e 5.19 apresentam este exemplo codificado em HTML.

```
<html>
    <head>
        <title>TODO supply a title</title>
        <meta charset="UTF-8">
        <meta name="viewport" content="width=device-width, initial-scale=1.0">
        <link rel="stylesheet" href="css/estilos.css" type="text/css"/>
    </head>
    <body>
        <h1>CSS</h1>
        <p class="corAzul">CSS é o acrônimo de Cascading Style Sheets</p>
        <p class="corVerde">em português seria algo como <i>folhas de estilo em cascata</i></p>
        <h4>fim</h4>
    </body>
</html>
```

Figura 5.18 – Código HTML - seletor *class*
(Fonte: dos autores)

```
11 *{
12     margin: 0px;
13     padding: 0px;
14 }
15
16 .corAzul{
17     color:blue
18 }
19 .corVerde{
20     color:green
21 }
```

Figura 5.19 – a) Código HTML - seletor *class* (Fonte: dos autores)

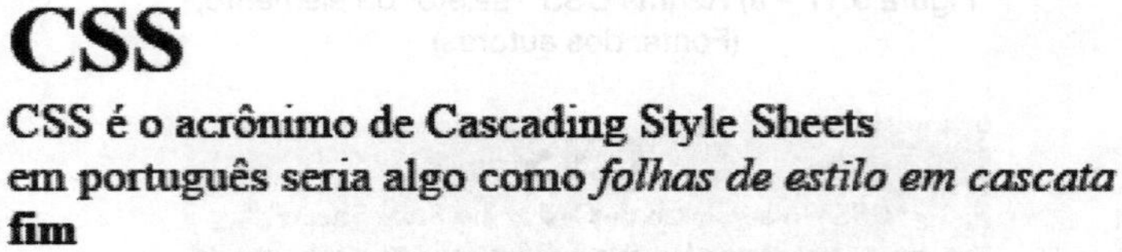

Figura 5.19 – b) Código HTML - seletor *class* (Fonte: dos autores)

Conforme citado anteriormente, para modificar o estilo de uma classe no CSS, utiliza-se o nome da *class*, inserido no documento HTML, precedido do ponto " . ", apresentado na Figura 5.19, linhas 16 e 19.

5.3.4 Seletor *id*

Por meio do *id* atribuído à *tag* HTML, o seletor *id* seleciona um elemento específico para modificar o estilo. Vale ressaltar que cada *id* é único e não pode ser repetido no mesmo documento. Um exemplo de codificação, em HTML, é apresentado nas Figuras 5.20 e 5.21.

```
<html>
    <head>
        <title>TODO supply a title</title>
        <meta charset="UTF-8">
        <meta name="viewport" content="width=device-width, initial-scale=1.0">
        <link rel="stylesheet" href="css/estilos.css" type="text/css"/>
    </head>
    <body>
        <h1>CSS</h1>
        <p class="centro" id="idAzul">CSS é o acrônimo de Cascading Style Sheets</p>
        <p class="centro" id="idVerde">em português seria algo como <i>folhas de estilo em cascata</i></p>
        <h4>fim</h4>
    </body>
</html>
```

Figura 5.20 – Código HTML - seletor *id*
(Fonte: dos autores)

```
<html>
    <head>
        <title>TODO supply a title</title>
        <meta charset="UTF-8">
        <meta name="viewport" content="width=device-width, initial-scale=1.0">
        <link rel="stylesheet" href="css/estilos.css" type="text/css"/>
    </head>
    <body>
        <h1>CSS</h1>
        <p class="centro" id="idAzul">CSS é o acrônimo de Cascading Style Sheets</p>
        <p class="centro" id="idVerde">em português seria algo como <i>folhas de estilo em cascata</i></p>
        <h4>fim</h4>
    </body>
</html>
```

Figura 5.21 – b) Resultado da renderização no navegador
(Fonte: dos autores)

5.3.5 *Combinando seletores*

De acordo com a necessidade é possível combinar os seletores descritos nas seções anteriores, para conseguir estilizar diferentes elementos e partes bem específicas de uma página *web*. Destacam-se alguns exemplos:

- *p.nomeClass*: seleciona apenas os parágrafos que possuem a classe "nomeClass";
- *div#idNome h1*: seleciona a *tag* h1 que estiver dentro da *div* com id "idNome".

5.4 Fontes

As propriedades de fonte, em CSS, permitem mudar a família da fonte, a espessura, o tamanho e o estilo de um texto. Se um navegador não suporta a fonte que foi especificada, ele irá usar uma fonte padrão (*default*). A seguir são apresentadas as propriedades CSS para estilos de fonte mais comuns: *font-family, font-style, font-variant, font-weight, font-size* e *font:*

- *font-family*: utilizada para definir uma lista de fontes, geralmente três tipos distintos de fontes. Caso a primeira fonte da lista não esteja instalada na máquina do usuário, será usada a segunda e assim por diante até ser encontrada uma fonte instalada. Por exemplo, se for definida a lista de fontes para *font-family*: *Arial*, *Helvetica*, *Sans-serif*; primeiramente o navegador vai procurar pela fonte *Arial*, se não encontrar, irá procurar por *Helvetica*, caso não encontre de novo ele usará procurar pela *Sans-serif*;
- *font-style:* define a escolha do estilo da fonte em *normal*, *italic* ou *oblique*. Na maioria das vezes essa propriedade é utilizada para estilizar texto em itálico;
- *font-variant:* utilizada para escolher as variantes *normal* ou *small-caps*. A fonte *small-caps* usa letras maiúsculas de tamanhos reduzidos, já a normal usa uma fonte com o tamanho normal ao dela;
- *font-weight:* define a espessura dos caracteres, variando de grossa a fina, para que o texto seja exibido. Uma fonte pode ser *normal* ou *bold*. Alguns navegadores suportam números entre 100 e 900;
- *font-size*: define o tamanho da fonte, usando diversas formas, como por exemplo, valores em *pixels* ou porcentagens.
- *font:* define todas as propriedades de fonte em uma única declaração. As propriedades definidas seguem a ordem: "*font-style, font-variant, font-weight, font-size* e/ou *line-height font-family*". Vale ressaltar que os valores de *font-size* e *font-family* são obrigatórios.

As Figuras 5.22 a 5.24 apresentam, graficamente, a codificação referente às fontes.

```
<html>
    <head>
        <title>TODO supply a title</title>
        <meta charset="UTF-8">
        <meta name="viewport" content="width=device-width, initial-scale=1.0">
        <link rel="stylesheet" href="css/estilos.css" type="text/css"/>
    </head>
    <body>
        <h1> Fontes</h1>
        <p id="idFamily">Font-family: É usada para definir uma lista de fontes</p>
        <p id="idStyle">Font-style: Define a fonte, nesse paragrado, em italico </p>
        <p id="idVariant">Font-variant: Usada para definr a variante small-caps</p>
        <p id="idWeight">Font-weight: Define a espessura dos caracteres como bold</p>
        <p id="idSize">Font-size: Define o tamanho da fonte</p>
        <p id="ifFont">Font:Define todas as propriedades de fonte</p>
    </body>
</html>
```

Figura 5.22 – Código HTML - Diversas propriedades de Fontes
(Fonte: dos autores)

```
#idFamily{
    font-family: "Times New Roman", Times, serif;
}
#idStyle{
    font-style: italic;
}

#idVariant{
    font-variant:small-caps;
}

#idWeight{
   font-weight:bold;
}

#idSize{
   font-size:20px;
}

#ifFont{
    font: italic bold 30px arial, sans-serif;
}
```

Figura 5.23 – Regras CSS – Diversas propriedades de Fontes
(Fonte: dos autores)

Fontes

Font-family: **É usada para definir uma lista de fontes**

Font-style: Define a fonte, nesse paragrado, em italico

FONT-VARIANT: USADA PARA DEFINR A VARIANTE SMALL-CAPS

Font-weight: Define a espessura dos caracteres como bold

Font-size: Define o tamanho da fonte

Font:Define todas as propriedades de fonte

Figura 5.24 – Resultado da renderização no navegador
(Fonte: dos autores)

5.5 Texto

Fazendo uso das propriedades de texto é possível formatar e estilizar um texto. Com estas propriedades é possível mudar a cor, aumentar ou diminuir o espaço entre os caracteres, alinhar, decorar, recuar a primeira linha, entre outras opções. Neste livro serão apresentadas as propriedades mais utilizadas, que estão descritas abaixo:

- *text-indent*: aplica um recuo na primeira linha em um bloco de texto;
- *text-align:* define o alinhamento horizontal de um texto. Os textos podem ser alinhados à esquerda (*left*), à direita (*right*), centralizados (*centered*) ou justificados (*justify*). Quando o alinhamento do texto é justificado, ele faz com que o texto se estenda até as margens esquerda e direita;
- *text-decoration*: define ou remove as decorações (ou efeitos) em textos. Entende-se por decoração, por exemplo, sublinhar textos, cortar o texto com uma linha ou colocar uma linha sobre o texto;
- *letter-spacing*: aumentar ou diminuir o espaçamento entre os caracteres de um texto;
- *text-transform:* faz a transformação das letras para maiúsculas (*uppercase*) ou minúsculas (*lowercase*), ou ainda capitalizar a primeira letra de cada palavra.

As Figuras de 5.25 a 5.27 apresentam, graficamente, a codificação referente aos textos.

```
<html>
    <head>
        <title>TODO supply a title</title>
        <meta charset="UTF-8">
        <meta name="viewport" content="width=device-width, initial-scale=1.0">
        <link rel="stylesheet" href="css/estilos.css" type="text/css"/>
    </head>
    <body>
        <h1> Fontes</h1>
        <p id="idFamily">Font-family: É usada para definir uma lista de fontes</p>
        <p id="idStyle">Font-style: Define a fonte, nesse paragrado, em italico </p>
        <p id="idVariant">Font-variant: Usada para definr a variante small-caps</p>
        <p id="idWeight">Font-weight: Define a espessura dos caracteres como bold</p>
        <p id="idSize">Font-size: Define o tamanho da fonte</p>
        <p id="ifFont">Font:Define todas as propriedades de fonte</p>
    </body>
</html>
```

Figura 5.25 – Código HTML – Texto
(Fonte: dos autores)

```
#idFamily{
    font-family: "Times New Roman", Times, serif;
}
#idStyle{
    font-style: italic;
}

#idVariant{
    font-variant:small-caps;
}

#idWeight{
   font-weight:bold;
}

#idSize{
   font-size:20px;
}

#ifFont{
    font: italic bold 30px arial, sans-serif;
}
```

Figura 5.26 – Regras CSS – Texto
(Fonte: dos autores)

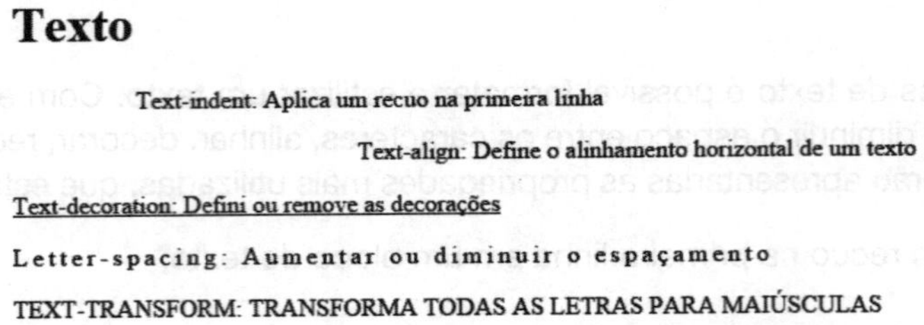

Figura 5.27 – Resultado da renderização no navegador
(Fonte: dos autores)

5.6 *Box Model*

Independentemente de quais elementos compõem a página *web*, eles sempre serão tratados como uma caixa (*box*). Sempre que for necessário alterar ou inserir estilos em um elemento, faz-se necessário entender que tais alterações podem acarretar mudanças em outras partes da página *web*. Isso fica fácil de compreender quando se entende o conceito *de box model*. O *box model* é composto, basicamente por quatro partes: conteúdo, espaçamento, bordas e margens (FLANAGAN, 2004). A Figura 5.28 representa, graficamente, o diagrama da estrutura de construção de um *box model*.

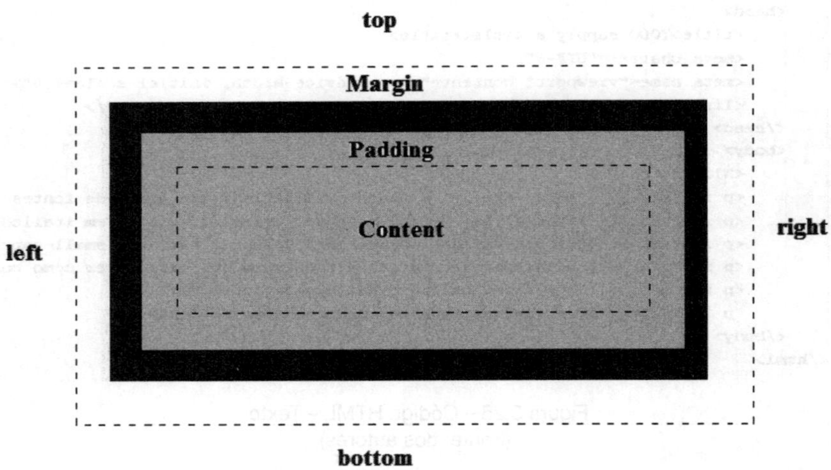

Figura 5.28 – *Box Model*
(Fonte: dos autores)

Abaixo, detalha-se cada uma das partes:

- *Content:* é o conteúdo da caixa, espaço em que os textos e as imagens aparecem;
- *Padding*: define uma área em torno do conteúdo, ela pode assumir a cor de fundo (*background*) previamente definida, caso não haja esta definição ela terá um preenchimento transparente;
- *Border*: é a fronteira, com cor previamente definida, que é inserida entre o *padding* e a *margin*;
- *Margin*: define uma área, de cor transparente, após a *border*.

O *Box Model* é responsável por calcular o tamanho final das caixas utilizando as propriedades *width* (largura), *height* (altura), *border* (borda), *padding* (enchimento) e *margin* (margem), como mostra o exemplo apresentado nas Figuras 5.29 e 5.30.

```html
<html>
    <head>
        <title>TODO supply a title</title>
        <meta charset="UTF-8">
        <meta name="viewport" content="width=device-width, initial-scale=1.0">
         <link rel="stylesheet" href="css/estilos.css" type="text/css"/>
    </head>
    <body>
        <p class="boxModelP">
            Conteúdo estilizado com:  padding, border e margin.
        </p>
    </body>
</html>
```

Figura 5.29 – Código HTML – *Box Model*
Fonte: dos autores)

```css
body{
    border: 2px solid black;
}

.boxModelP{
    width: 340px;
    height:20px;
    background: azure;
    color: black;
    padding: 20px;
    border: 20px solid blueviolet;
    margin: 15px;
}
```

Figura 5.30 - Regras CSS – Box *Model*
(Fonte: dos autores)

De acordo com as codificações apresentadas, nas Figuras 5.29 e 5.30, qual é a altura e largura de *<p>*? Seriam os valores apresentados na Figura 5.30, em que *height* = 20 e *width* = 340? Entretanto, não é tão simples assim. Para que se entenda melhor devem-se verificar as margens e bordas, após a renderização, no navegador, conforme apresenta a Figura 5.31.

Figura 5.31 - Visualização do *Box Model*
(Fonte: dos autores)

Para calcular a altura e a largura tem-se que levar em consideração as definições de *margin*, *border* e *padding* do elemento. Logo, conforme mostra a Figura 5.31, a altura é igual a 15+20+20+20+20+20+15 = 130px e a largura é igual a 15+20+20+340+20+20+15 = 450px (px = *pixels*).

5.7 Propriedades *Float* e *clear*

Para construir *layouts* adequados em páginas *web* é fundamental o entendimento das propriedades *float* e *clear*. A utilização adequada destas propriedades, por meio de regras CSS, permite compor *layouts* sem a utilização de tabelas (*tableless*), o que proporciona uma diminuição do tempo de carregamento, consequentemente um aumento no desempenho, além de adequar a codificação da página *web* às normas *W3C* (W3C.ORG, 2015).

5.7.1 *Float*

A propriedade *float* tem a finalidade posicionar (ou flutuar) um elemento à direita ou à esquerda, retirando-o do fluxo normal. Esta propriedade pode ser ajustada para qualquer elemento, desde que os mesmos não estejam posicionados de forma absoluta. O posicionamento absoluto é definido pelo valor *absolute* da propriedade *position*, por exemplo, *elemento { position:absolute }*. Os valores desta propriedade podem ser *float: left | right | none | inherit*. A seguir são detalhados cada um dos valores apresentados:

- *left*: o elemento flutua pelo lado esquerdo de um bloco;
- *right*: o elemento flutua pelo lado direito de um bloco;
- *none*: o elemento não flutua (default);
- *inherit*: o elemento herda o valor de *float* do elemento pai.

5.7.2 *Clear*

A propriedade *clear* é usada para controlar o comportamento de elementos que aparecem no fluxo do documento, após determinado elemento que possui a propriedade *float*. Esta propriedade especifica se um elemento deve ser posicionado ao lado de elementos com *float* ou se deve ser colocado abaixo deles. Basicamente, a sintaxe é definida como: *clear: left | right | both | none*. A seguir detalha-se cada um dos valores da sintaxe:

- *left*: impede que um elemento flutue à esquerda;
- *right*: impede que um elemento flutue à direita;
- *both*: impede que um elemento flutue tanto à direita quanto à esquerda;
- *none:* não há restrições sobre a posição em que o elemento flutue.

Além da construção de *layouts,* outra aplicação muito comum das propriedades *float* e *clear* é formatação de elementos, do tipo figura, nos textos.

5.8 Formulário Padrão para Construção de Jogos e Objetos de Aprendizagem

A seguir, será detalhado o uso das propriedades *float* e *clear* para compor um *layout* ***tableless***. A Figura 5.32 apresenta o projeto deste *layout,* basicamente, ele é subdividido em quatro partes: cabeçalho, conteúdo à esquerda, conteúdo à direita e rodapé.

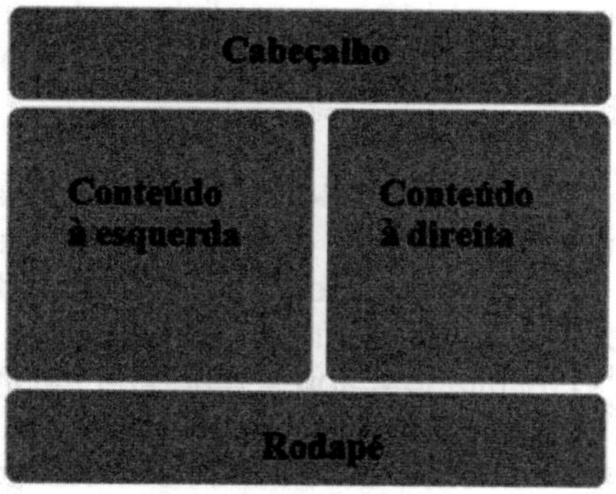

Figura 5.32 - Projeto do *layout tableless*
(Fonte: dos autores)

A proposta de *layout*, apresentada na Figura 5.32, está estruturada em elementos do HTML5, sendo eles: *header* (cabeçalho), *section* (conteúdo à esquerda), *aside* (conteúdo à direita) e *footer* (rodapé). A codificação, em HTML5, está representada graficamente, na Figura 5.33, nas linhas entre 10 e 13.

```html
<!DOCTYPE html>
<html>
    <head>
        <title>Fogos- Form Padrão</title>
        <meta charset="UTF-8">
        <meta name="viewport" content="width=device-width, initial-scale=1.0">
         <link rel="stylesheet" href="css/estiloJogo.css">
    </head>
    <body>
        <header>Cabeçalho</header>
        <section>Conteúdo à esquerda da tela</section>
        <aside>Conteúdo à direita da tela</aside>
        <footer>Rodapé</footer>
    </body>
</html>
```

Figura 5.33 - Código HTML do *layout tableless* (Fonte: dos autores)

O arquivo CSS utilizado para formatar o código HTML da Figura 5.33 é apresentado na Figura 5.34.

```css
header{
    background-color: green;
}

section{
    float: left;
    background-color:  yellow;
}

aside{
    float:right;
    background-color: blue;
}

footer{
    background-color: orange;
}
```

Figura 5.34 - Código CSS para formatar o do *layout tableless*
(Fonte: dos autores)

Após a criação do arquivo CSS, é necessário inserir um *link*, no documento HTML, conforme mostra a linha 7 da Figura 5.33. A inserção desse *link* informa ao HTML o nome e o local do arquivo que irá formatar o documento.

Inicialmente, conforme apresentado na Figura 5.34, o *header* (cabeçalho) é formatado com a cor de fundo verde, na linha 14. O elemento *section* (conteúdo à esquerda) é formatado com a cor de fundo amarela e posicionado à esquerda. O elemento *Aside* é formatado com a cor de fundo azul e posicionado à direita. Por sua vez, o elemento *Footer* é formatado com a cor de fundo alaranjada e não há nenhuma definição quanto à formatação de elementos flutuantes. O resultado é apresentado na Figura 5.35. Destaca-se que o rodapé não está posicionado de acordo com a Figura 5.34, isso ocorreu por falta de controle no comportamento dos elementos que aparecem no fluxo do documento. Esse controle é realizado por meio da propriedade *clear*.

Figura 5.35 - Renderização da primeira formatação do CSS
(Fonte: dos autores)

A inserção da propriedade *clear* no arquivo CSS é apresentada na Figura 5.36 e a renderização final do *layout tableless* é apresentada na Figura 5.37.

```
header{
    background-color: green;
}

section{
    float: left;
    background-color: yellow;
}

aside{
    float:right;
    background-color: blue;
}

footer{
    clear: both;
    background-color: orange;
```

Figura 5.36 - Arquivo CSS incluindo a propriedade *clear*
(Fonte: dos autores)

Figura 5.37 - Renderização final do *layout*
(Fonte: dos autores)

CAPÍTULO 6
JAVASCRIPT (JS)

Conforme apresentado anteriormente, o foco da linguagem HTML é a apresentação do conteúdo, enquanto que o foco de CSS é a formatação desse conteúdo. Vale ressaltar que tanto o HTML, quanto o CSS não são linguagens de programação e, para construir páginas *web* dinâmicas e interativas faz-se necessário o uso da linguagem de programação *JavaScript*. Portanto, o foco da linguagem *JavaScript* é o de implementar o comportamento ou a inteligência das páginas *web*.

JavaScript é uma linguagem de *scripts* que é incorporada aos documentos HTML. Esses scripts, por sua vez, serão gerados e executados pelo próprio *browser* sem utilizar os recursos do servidor. Estas instruções serão executadas diretamente e, sobretudo, sem atrasos. A linguagem *JavaScript* foi criada por *Brendan Eich*, desenvolvedor da *Netscape*, e surgiu em 1995 como linguagem de *script client-side* de páginas *web*. É uma linguagem dinâmica, multiparadigma (destacam-se a programação estruturada e orientada a objeto) e foi criada com uma sintaxe bastante similar à linguagem de programação C (FLANAGAN, 2004).

Em 1996 a *Netscape* submeteu a linguagem *JavaScript* ao *ECMA International* (associação especializada na padronização de sistemas de informação) como candidata à padrão industrial e o trabalho subsequente resultou na versão padronizada chamada *ECMAScript*. Portanto, *ECMAScript* é a linguagem de *script* que constitui a base do *JavaScript,* que é padronizada pela associação nas especificações *ECMA-262*(ECMA, 2015a) e *ECMA-402* (ECMA, 2015b).

Embora a linguagem *JavaScript* contenha *Java* no nome, ela é distinta da linguagem de programação Java e apresenta recursos não disponibilizados em Java ou C++. Basicamente as principais caraterísticas de *JavaScript* e *Java* são (FLANAGAN, 2004):

JavaScript:

- Código integrado na página HTML;
- Código interpretado pelo *browser* no momento da execução;
- Código de programação simples, para aplicações limitadas;
- Permite acessar os objetos do *browser;*
- Confidencialidade do código é nula (código é visível).

Java:

- Módulo (*applet*) distinto da página HTML;
- O código é compilado antes da sua execução;

- Linguagem de programação muito mais complexa e mais poderosa;
- Não tem acesso aos objetos do *browser*;
- Segurança (Código compilado).

Os *scripts* desenvolvidos em *JavaScript* são muito populares e amplamente integrados em páginas *web* devido à facilidade de interação com o *Document Object Model (DOM)* da página, fatos estes que tornam o *JavaScript* a linguagem de programação mais popular do mundo, quando se trata da *web* (FLANAGAN, 2004).

6.1 Aplicando *JavaScript* em documento HTML

Para incluir o código *JavaScript* (JS) em um documento HTML, por meio da utilização da *tag <script>*, basicamente há duas maneiras: o código pode ser inserido internamente ou externamente ao arquivo HTML.

A Figura 6.1 apresenta, graficamente, a inserção do código JS diretamente no documento HTML. Neste caso o JS foi inserido na *tag <head></head>*, que é executado primeiro, e também na *tag <body></body>*, executado logo após, conforme a ordem de execução do código HTML, que é de cima para baixo e da esquerda para a direita.

```
<!DOCTYPE html>
<html>
    <head>
        <title>TODO supply a title</title>
        <meta charset="UTF-8">
        <meta name="viewport" content="width=device-width, initial-scale=1.0">

        <script>
            alert ("Inserção JS na tag <head> ");
        </script>

    </head>
    <body>
        <div>TODO write content</div>

        <script>
            alert ("Inserção JS na tag <body> ");
        </script>

    </body>
</html>
```

Figura 6.1 – Código JS interno ao documento HTML
(Fonte: dos autores)

Nos documentos HTML não há restrições referentes à posição ou à quantidade de *tags <script>* que podem ser inseridas, desta forma, é o programador que define o local e a quantidade de códigos JS que deve existir no documento HTML. No entanto, não é recomendável que se utilize várias *tags <script>* em locais diferentes, pois, dependendo do tamanho do projeto, pode se tornar bastante difícil fazer a manutenção em todos esses códigos.

A inserção do código JS diretamente no arquivo HTML impede que o código JS seja utilizado em outros arquivos HTML. Logo, se for necessária a reutilização do código o programador deve recriá-lo, impedindo, desta forma, o reaproveitamento de código.

A outra abordagem, que é a inserção externa do código em um arquivo JS, está apresentada na Figura 6.2. Nesta metodologia o código JS é definido em arquivos separados e depois associado ao documento HTML através da *tag* *<script>* por meio do atributo chamado de *src* (*source*). Este atributo indica que, em vez de ler o que está dentro da *tag*, o navegador deve buscar seus códigos JS em um arquivo indicado nesse atributo.

```
<!DOCTYPE html>
<html>
    <head>
        <title>TODO supply a title</title>
        <meta charset="UTF-8">
        <meta name="viewport" content="width=device-width, initial-scale=1.0">
        <script src="js/ArquivoExterno1.js"></script>
    </head>
    <body>
        <div>Jogos educacionais</div>
        <script src="js/ArquivoExterno2.js"></script>
    </body>
</html>
```

Figura 6.2 – Código JS externo ao documento HTML
(Fonte: dos autores)

A Figura 6.3 apresenta os três passos para criar um arquivo um arquivo JS: 1- solicita-se a criação de um novo arquivo, clicando em Arquivo>Novo arquivo; 2- deve-se selecionar o tipo de arquivo a ser criado (marcar "Arquivo *JavaScript*"); 3- deve-se digitar o nome do arquivo, por exemplo "ArquivoExterno2" e clicar em finalizar.

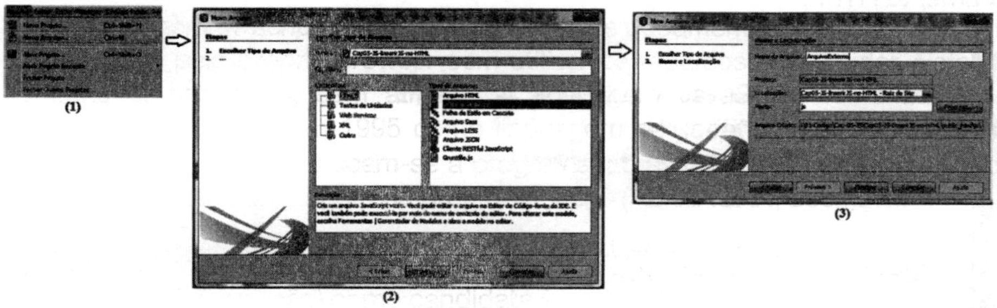

Figura 6.3 – Criação do arquivo JS
(Fonte: dos autores)

É importante ressaltar que todo o conteúdo que estiver escrito nos arquivos "ArquivoExterno1.js" e "ArquivoExterno2.js" será interpretado como se fossem códigos escritos dentro da *tag* *<script>*. Relembrando, ao adicionar a *tag* *<script>* dentro do cabeçalho (ou *<head>)* o navegador modifica o modo de leitura para "*scripting*", isso quer dizer que, em vez de ler e mostrar o conteúdo na página *web*, ele lerá e executará as ações contidas no arquivo *JS.* Dependendo do tamanho do arquivo JS, a execução do mesmo, pode causar lentidão no carregamento da página.

Para resolver o problema de lentidão há duas soluções. A primeira é continuar com a *tag* *<script>* dentro do cabeçalho e inserir o atributo *defer.* Desta forma o navegador só irá executar o código JS depois que a página for totalmente carregada, ou seja, mesmo que a página fique lenta, por conta do JS, o usuário ainda vai visualizar seu conteúdo e ter a impressão que ela foi completamente carregada, o que dará a sensação de rapidez no carregamento da página. A outra solução é inserir a *tag* *<script>* antes do fechamento da *tag* *<body>,* conforme já foi apresentado na Figura 6.2, no "ArquivoExterno2.js". A figura 6.4 apresenta o código inserido no arquivo "ArquivoExterno2.js".

```
/*
 * Curso: Introdução a linguagem JavaScript
 * Professor: Fábio Parreira
 * e-mail: fabiojparreira.ia@gmail.com
 */

alert("JS em arquivo externo na tag <head> ");
```

Figura 6.4 – Código inserido no arquivo "ArquivoExterno2.js"
(Fonte: dos autores)

6.2 Conhecimentos Básicos de Programação em *JavaScript*

Assim como nas demais linguagens de programação, os códigos escritos em JS possuem as suas particularidades quanto à sintaxe. Basicamente, eles são escritos da esquerda para a direita, do topo para a parte inferior e cada linha de código representa um novo comando para ser interpretado pelo motor *JS,* embutido no navegador. A Figura 6.5 apresenta um código básico escrito em JS, que exibe uma janela de alerta e escreve uma mensagem no documento HTML.

```
1  /*
2   * Curso: Introdução a linguagem JavaScript
3   * Professor: Fábio Parreira
4   * e-mail: fabiojparreira.ia@gmail.com
5   */
6
7  //Exibe uma janela de alerta
8  alert("JS em arquivo externo no final tag <body> ");
9
10 //escreve o texto no documento HTML
11 document.write("JavaScript em arquivo externo e chamado dentro de body!");
```

Figura 6.5 – Código em JS

(Fonte: dos autores)

Analisando as linhas 8 e 11 da Figura 6.5, percebe-se que ao final de toda linha de código foi incluído um ponto e vírgula (;), ele indica ao motor JS que o código realmente terminou. Ainda nas linhas 8 e 11, parte do comando está entre aspas duplas, o que caracteriza uma "String".

Além disso, é possível perceber algumas linhas (de 1 a 5) no meio do código com /* comentário */ ou linhas (7 e 10) que iniciam com barras duplas (//). Isso indica que estas informações são comentários do código e não serão lidas pelo motor JS. A diferença entre elas é que as barras duplas (//) cria um comentário apenas na linha em que ela foi inserida, já /*…*/ cria um bloco de comentários, podendo inserir quantas linhas forem necessárias.

6.2.1 Variáveis

Genericamente as variáveis podem ser definidas como espaços reservados, na memória do computador, com a finalidade de armazenar informações que serão utilizadas durante a execução de um programa (ou, no caso, de um programa contido em uma página *web*).

Os nomes das variáveis podem iniciar com uma letra, pelo caractere "*_underscore_*" ou por cifrões seguidos de letras ou números. A única regra é que o nome de uma variável nunca deve começar com número, conforme apresentado na Figura 6.6.

```
//Nomes das variaveis
_nome = "Maria";//Nome correto
$nome = "Jose";//Nome correto
1nome = "joão";//Nome INCORRETO
```

Figura 6.6 – Nomes das variáveis
(Fonte: dos autores)

Para criar uma variável, além de definir o nome faz-se necessário utilizar a palavra "var", para definir o escopo, que pode ser local ou global. Uma variável cujo escopo foi definido como local pode ser acessada apenas pela função na qual ela foi criada. Já uma variável com escopo global pode ser acessada em qualquer parte do arquivo JS. Embora não seja incorreto utilizar variáveis globais recomenda-se sempre a palavra "var" antes do nome de suas variáveis para evitar conflitos de nomes dentro do código. A Figura 6.7 apresenta, graficamente, a definição do escopo em variáveis.

```
//Definição do ESCOPO e dos Nomes das variaveis
var _nome = "Maria";//Escopo local
var $nome = "Jose";//Escopo local
Nome = "joão";//Escopo GLOBAL
```

Figura 6.7 – Escopo das variáveis
(Fonte: dos autores)

Por questões de boas práticas de programação, não se deve utilizar caracteres especiais, por exemplo, palavras com acentos, em variáveis. Embora esteja correto não é recomendável, portanto, deve-se utilizar apenas letras (sem acento), números e sublinhados. E, por fim, deve-se escrever nomes que descrevam exatamente o significado da variável. Outra dica importante de boas práticas de programação é sempre criar nomes de variáveis com palavras compostas utilizando o "*camelCase*" (unir as palavras sem espaços), e iniciar sempre por letras minúsculas. Para esta nomenclatura faz-se necessário ressaltar que a linguagem JS é "*Case Sensitive*", isso significa que JS faz distinção entre letras maiúsculas e minúsculas, conforme apresentado na Figura 6.8.

```
//Boas praticas pra definir os nomes das variáveiss
var nomeCliente = "Maria";//CamelCase
var meuNome = "Jose";//CamelCase
var nomecliente = "joão";//Não utiliza CamelCase
var nC = "joão"; //Nome da variaves inexpressivo
var x = "jose"; //Nome da variaves inexpressivo
```

Figura 6.8 – Boas práticas para definir os nomes das variáveis
(Fonte: dos autores)

Basicamente, em JS, existem seis tipos de dados que podem ser atribuídos às variáveis: *String:* quase qualquer valor entre aspas simples ou aspas duplas; *numérico*: números inteiros ou com pontos flutuantes; *booleano*: *true* (verdadeiro) ou *false* (falso); *array*, *objeto* e *função* (estes tipos de dados serão estudados posteriormente neste livro).

JS é uma linguagem de tipagem dinâmica (ou fracamente tipada), ou seja, a definição do tipo da variável depende da interpretação que o motor JS, do navegador, utilizou para detectar automaticamente o tipo do valor a ser atribuído à variável em questão.

6.2.2 Operadores

Os operadores são utilizados em expressões para comparar ou atribuir seus conteúdos. O operador mais utilizado nas linguagens de programação é o de atribuição, que permite que um valor seja atribuído (armazenado) em uma variável. Em JS, ele é definido como um sinal de igual (=). Este operador indica que o item da esquerda recebe o valor da direita, por atribuição, conforme mostra, graficamente, a Figura 6.9.

Além do operador de atribuição, os quadros a seguir mostram os demais operadores.

Aritméticos

Os operadores aritméticos funcionam de forma muito semelhante aos operadores da matemática. Eles são usados para realizar operações aritméticas em números literais ou variáveis, conforme mostra o Quadro 6.1.

Quadro 6.1: Operadores Aritméticos

Operador	Operação	Exemplo
+	Adição	var a = 3 + 2;
-	Subtração	var b = 3 - 2;
*	Multiplicação	var c = a * b;
/	Divisão	var d = 4 / 2;
%	Módulo (resto da divisão)	var e = 3 % 2;

Fonte: (FLANAGAN, 2004)

É importante ressaltar que os operadores de multiplicação (*), divisão (/) e módulo (%) têm precedência sobre os operadores de adição (+) e subtração (-). Caso seja necessário mudar a ordem de precedência utilizam-se os parênteses. O Quadro 6.2 lista os operadores aritméticos, ordenados do maior para a menor precedência.

Quadro 6.2: Precedência dos operadores aritméticos

Operador	Precedência
()	Parênteses para agrupar expressão
++, --	Aumentar e diminuir
*, /, %	Multiplicação, divisão e módulo
+, -	Adição e subtração

Fonte: (FLANAGAN, 2004)

Relacionais

Os operadores relacionais comparam o conteúdo dos operandos e retornam um valor *booleano true* ou *false*. Caso a comparação satisfaça a condição do operador, o resultado da comparação será *true*, ao contrário, *false*. Os operadores relacionais são apresentados no Quadro 6.3.

Quadro 6.3: Operadores Relacionais

Operador	Significado	Exemplo
==	Igualdade	var a=2; var res= (a == 2) ;
!=	Desigualdade	res= (a != 2);
<	Menor	res= (a < 2);
<=	Menor ou igual	res= (a <= 2);
>	Maior	res= (a > 2);
>=	Maior ou igual	res= (a >= 2);
===	Igual em valor e em tipo	res= (a === 2);
!==	Diferente em valor e em tipo	res= (a !== 2);

Fonte: (FLANAGAN, 2004)

Lógicos

Para que os operadores lógicos funcionem corretamente devem ser inseridos valores *booleanos* nos operandos, e ao final será retornado um valor lógico (*true* ou *false*), conforme apresentado no Quadro 6.4.

Quadro 6.4: Operadores Lógicos

<table>
<tr><th>Operadores</th><th>Significado</th><th>Exemplo</th></tr>
<tr><td>&&</td><td>E (AND)</td><td>var operando1=2; var operando2=2;
res = operando1>1 && operando2>2;</td></tr>
<tr><td>||</td><td>OU (OR)</td><td>res = operando1>1 || operando2>2;</td></tr>
<tr><td>!</td><td>Negação (NOT)</td><td>!res</td></tr>
</table>

Fonte: (FLANAGAN, 2004)

Unários

Os operadores unários podem ser de incremento, decremento e de valores negativos, conforme mostra o Quadro 6.5.

Quadro 6.5: Operadores Unários

Operador	Operação	Exemplo
++	Incremento de 1	cont++ ou ++cont
--	Decremento de 1	cont-- ou --cont
-	Sinal negativo	-cont

Fonte: (FLANAGAN, 2004)

Conforme apresentado no Quadro 6.5 os operadores de incremento "++" e o decremento "--" podem ser utilizados de duas formas diferentes, antes ou depois de uma variável numérica. A Figura 6.9 mostra, graficamente, estas diferentes formas.

```
57 var cont1=4;
58 var cont2=8;
59 alert(++cont1===4);//false-Pré incremento
60 alert(--cont2===8);//false-Pré decremento
61
62 var cont3=4;
63 var cont4=8;
64 alert(cont3++===4);//true-Pós incremento
65 alert(cont4--===8);//true-Pós decremento
```

Figura 6.9 – Pré e pós-incremento
(Fonte: dos autores)

Basicamente, a diferença entre pré-incremento (ou pré-decremento) e o pós-incremento (ou pós-decremento) se deve a ordem em que será executada a operação matemática (incremento ou decremento). Por exemplo, observando-se a Figura 6.9, na linha 59, é executado o pré-incremeto ++cont1, portanto será realizado o incremento e na sequência a comparação do valor, ou seja, a variável cont1, que continha o valor 4, terá seu valor incrementado em 1 (ficará com o valor 5) e será feita a comparação deste valor com o número 4, resultando em *false*. Já na linha 64, da Figura 6.9, é executado o pós-incremento, logo, será realizada a comparação primeiro (*cont3* é igual à 4?) pra depois realizar o incremento, passando o valor desta variável para 5.

Atribuição

Os operadores de atribuição têm por finalidade atribuir valores a variáveis, conforme apresentado no Quadro 6.6.

Quadro 6.6: Operadores de Atribuição

Operador	Equivalente	Exemplo
=	x = y	var x = 3; var y=2;
+=	x = x + y	x += y
-=	x = x - y	x -= y
*=	x = x * y	x *= y
/=	x = x / y	x /= y
%=	x = x % y	x %= y

Fonte: (FLANAGAN, 2004)

6.2.3 *Estruturas condicionais*

As estruturas condicionais envolvem comandos que permitem definir se certas tarefas serão ou não executadas, de acordo com o resultado de uma condição preestabelecida.

If e Else

São comandos que executam certas tarefas dependendo da veracidade ou não da condição. A sintaxe do comando if e else é:

```
if (condição) {
comandos;
} else if (condição2) {
  comandos;
} else {
comandos;
}
```

A Figura 6.10 mostra, graficamente, um exemplo da utilização do comando *if-else*.

```
var sexo='M';
if(sexo ==='M'){
    alert("Bem-vindo senhor");
}else{
    alert("Bem-vinda senhora");
}
```

Figura 6.10 – *If-else*
(Fonte: dos autores)

Neste exemplo, foi criado um teste condicional que faz a verificação da variável sexo. Caso ela seja igual a 'M' será exibida uma janela de alerta com mensagem "bem-vindo senhor", caso contrário será exibido "bem-vinda senhora".

Operador Ternário

O operador ternário é extremamente útil quando se pretende utilizar um comando "*if... else*" para apenas dois casos. Em vez de construir uma estrutura de algumas linhas é possível resolver o problema com apenas uma linha de código. A sintaxe do operador ternário é:

Condição? Valor verdadeiro: Valor falso;

A condição é a expressão a ser avaliada. O valor verdadeiro especifica a ação que ocorrerá se a condição for verdadeira e, o valor falso, especifica a ação que ocorrerá caso a condição seja falsa.

Conforme exemplo apresentado na Figura 6.11, a condição é sexo ==='M', o valor verdadeiro é "bem-vindo senhor", e o valor falso é "bem-vinda senhora". O resultado do operador ternário será a mensagem de "bem-vindo senhor" neste exemplo.

```
var sexo='M';
var mensagem = sexo === 'M' ? "Bem-vindo senhor" : "Bem-vinda senhora";
alert(mensagem);//Imprime o alerta com "bem-vindo senhor"
```

Figura 6.11 – Operador ternário
(Fonte: dos autores)

Switch

O comando *switch* é semelhante à estrutura *if-else*, porém é mais simples de se utilizar e entender. A Figura 6.12 apresenta, graficamente, o uso do comando *switch*.

```
var sexo='M';
switch(sexo){
    case 'M':
        alert("Bem-vindo senhor");
        break;
    case 'F':
        alert("Bem-vinda senhora");
        break;
    default :
        alert("Valor indefinido");
        break;
}
```

Figura 6.12 – Comando *Switch*
(Fonte: dos autores)

No exemplo da Figura 6.12, o comando *switch* avalia uma expressão, que é o conteúdo da variável sexo. Na sequência, verifica se o valor da expressão é igual a uma das cláusulas *case* (opções), são executadas as instruções associadas ao *case* que corresponder à expressão, neste exemplo o *case* 'M'.

O comando *break,* presente no trecho de código da Figura 6.12, faz com que o *switch* pare de verificar outras possibilidades, abaixo do *case* correspondente, e pode ser omitido caso se deseje uma estrutura que pode possuir mais de uma opção verdadeira. A opção *default* é opcional e corresponde a uma sequência de comandos que será executada quando nenhum dos outros *case* forem correspondentes à expressão avaliada (no caso, a variável sexo).

6.2.4 *Estruturas de Repetição*

Em algumas partes do programa faz-se necessário executar um bloco de código várias vezes. Para evitar a repetição dos comandos utilizam-se as estruturas de repetição, que serão abordadas nesta seção.

While

O laço *while* executa uma sequência de ações apenas quando a expressão condicional for verdadeira. Desta forma, a expressão é, primeiramente, testada, para depois o bloco de código ser executado ou não. A sintaxe deste laço é apresentada abaixo:

```
while(expressão){
linha ou blocos de código;
}
```

Uma aplicação, bem simples, do laço *while* é apresentada na Figura 6.13. Esse bloco de código tem a tarefa de exibir os números de 0 a 9, no *browser.*

Bloco de código

```
var contador=0;
while(contador < 10){
    document.write("Laço while-contador: "+contador++ +"<br>");
}
```

Resultado da execução

```
Laço while-contador: 0
Laço while-contador: 1
Laço while-contador: 2
Laço while-contador: 3
Laço while-contador: 4
Laço while-contador: 5
Laço while-contador: 6
Laço while-contador: 7
Laço while-contador: 8
Laço while-contador: 9
```

Figura 6.13 – Laço *while*
(Fonte: dos autores)

De acordo com o código da Figura 6.13, inicialmente, a variável *contador* é inicializada com 0 (zero) e a expressão condicional (*contador* < 10) indica o número de vezes que o laço se repetirá. O comando *document. write(contador++)* solicita a impressão do conteúdo da variável *contador* no *browser*, além de incrementá-la (contador++).

do .. while

O laço *do.. while,* executa o conteúdo de dentro do laço uma vez e depois realiza o teste da expressão condicional pare verificar se continua executando o laço ou se deve seguir para o próximo bloco de código. A sintaxe do *do..while* é apresentada a seguir.

```
do{
 linha ou blocos de código;
}while(expressão)
```

Continuando com a tarefa de exibir os números de 0 a 9, no *browser,* a Figura 6.14 apresenta, graficamente, o bloco de código para resolver esta tarefa com o laço *do..while.*

Bloco de código

```
var contador=0;
do{
    document.write("Laço do..while-contador: "+ ++contador+"<br>");
}while(contador < 10)
```

Resultado da execução

```
Laço do..while-contador: 1
Laço do..while-contador: 2
Laço do..while-contador: 3
Laço do..while-contador: 4
Laço do..while-contador: 5
Laço do..while-contador: 6
Laço do..while-contador: 7
Laço do..while-contador: 8
Laço do..while-contador: 9
Laço do..while-contador: 10
```

Figura 6.14 – Laço *do..while*
(Fonte: dos autores)

For

O laço *for* é composto por três partes: inicialização, condição de continuidade e incremento/decremento da variável de controle. Na inicialização deve-se atribuir o valor inicial para a variável que é usada para controlar a quantidade de repetições do laço. Na condição de continuidade é avaliada a expressão que determina se o laço deve interromper ou continuar a execução. No incremento/decremento realiza-se o incremento ou decremento da variável de controle. A sintaxe é apresenta a seguir:

for(inicialização; condição; incremento/decremento){

linha ou blocos de código;

}

Ainda utilizando como exemplo a tarefa de exibir os números de 0 a 9, no *browser,* a Figura 6.15 apresenta, graficamente, o bloco de código para resolver esta tarefa fazendo uso do *for.*

Bloco de código

```
var contador=0;
do{
   document.write("Laço do..while-contador: "+ ++contador+"<br>");
}while(contador < 10)
```

Resultado da execução

Laço do..while-contador: 1
Laço do..while-contador: 2
Laço do..while-contador: 3
Laço do..while-contador: 4
Laço do..while-contador: 5
Laço do..while-contador: 6
Laço do..while-contador: 7
Laço do..while-contador: 8
Laço do..while-contador: 9
Laço do..while-contador: 10

Figura 6.15 – Laço *for*
(Fonte: dos autores)

for ..in

O laço *for..in* é usado para percorrer as propriedades de um objeto ou *array* (o uso de *arrays* será apresentado posteriormente). A sintaxe é apresentada a seguir:

for(índice in [objeto ou *array*]){

linha ou blocos de código;

}

O índice é a variável que tem a finalidade de iterar (percorrer um a um) o elemento *array* ou objeto. Já o objeto ou *array* se refere ao elemento que foi criado para conter as informações.

Conforme apresentado graficamente na Figura 6.16, uma possível aplicação do laço *for..in* é o armazenamento dos nomes dos dias da semana em um *array* e posteriormente imprimir, no *browser,* todos as informações armazenadas.

Bloco de código

```
// Cria e inicializa o objeto arraySemana
var arraySemana = new Array("segunda","terça","quarta","----");
// indiceArraySemana para percorrer o objeto arraySemana
for (var indiceArraySemana in arraySemana) {
   document.write (arraySemana[indiceArraySemana]+"<br/>");
}
```

Resultado da execução

segunda
terça
quarta

Figura 6.16 – Laço *for-in*

(Fonte: dos autores)

6.3 Funções

As funções, independentemente da linguagem de programação, desempenham um papel fundamental na programação, pois são usadas para criar trechos de códigos separados e logicamente relacionados, auxiliando na modularização do programa como um todo. Tais trechos de códigos podem gerar um resultado, quando a função possui retorno, ou apenas executar uma ação, quando a função não retorna valor.

As funções em JS possuem um papel fundamental, até mais que nas outras linguagens. A razão disso é que em JS elas fazem mais do que separar códigos de forma lógica, dentro de unidades de execução, já que elas possibilitam a criação de objetos, o que será apresentado no próximo tópico.

6.3.1 Estrutura de uma função

Toda função pode ter um nome, possuir um delimitador de parâmetros que são identificados com parênteses e um delimitador para o corpo da função com chaves. Basicamente uma função é formada pelas seguintes partes:

- A palavra-chave *function*;
- Nome, que é opcional;
- Parênteses (), que podem receber, opcionalmente, os parâmetros;
- Chaves {}, delimita o corpo da função, que por vez também é opcional.

A sintaxe para criar uma função é definida abaixo:

```
function nomeDaFuncao ( parâmetros ) {
 código da função
}
```

6.3.2 Funções com parâmetros e retorno

De acordo com a sintaxe apresentada, uma função é declarada usando a palavra reservada *function*. Embora a declaração de funções em JS apresente similaridades com a linguagem C, ela possui algumas diferenças, por exemplo, não se define o tipo de retorno e nem mesmo o tipo dos parâmetros. A Figura 6.17 apresenta, graficamente, uma função que mostra no *browser* uma mensagem "Bem vindo ao *JavaScript*".

Bloco de código

```
<!DOCTYPE html>
<html>
    <head>
        <title>Funções: argumentos e retorno</title>
        <meta charset="UTF-8">
        <meta name="viewport" content="width=device-width, initial-scale=1.0">
        <script>
            function ola () {
                document.write("Bem-vindo ao JavaScript <br>");
            }
            ola();//Chamada para a função
        </script>
    </head>
    <body>
        <h1>Introdução a funções em JS</h1>
    </body>
</html>
```

Resultado da execução

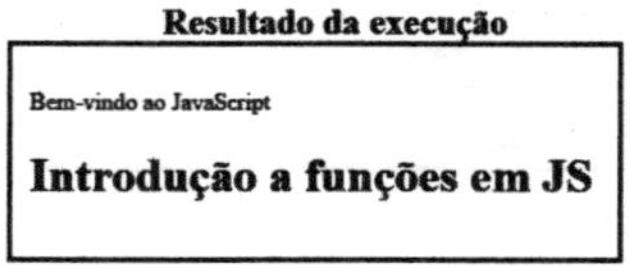

Figura 6.17 – Definição de função básica
(Fonte: dos autores)

Na maioria das vezes que uma função é criada ela deve receber dados para processá-los e ainda retornar informações desse processamento. A inserção de dados na função é dada por meio dos parâmetros da função. JS não limita a quantidade de parâmetros, uma função pode ter quantos forem necessários, desde que cada um seja separado por vírgula e não tenha o mesmo nome. Abaixo, na Figura 6.18, está um exemplo com uma função com retorno e outra sem retorno usando parâmetros.

Bloco de código

```
1  <!DOCTYPE html>
2  <html>
3      <head>
4          <title>Funções: argumentos e retorno</title>
5          <meta charset="UTF-8">
6          <meta name="viewport" content="width=device-width, initial-scale=1.0">
7          <script>
8              function soma(num1,num2) {
9                  return (num1+num2);
10             }
11             //Chamada da função, passagem de argumento e retorno de valor
12             var resultado=soma(4,4);
13             document.write("O resultado da soma 4 + 4 = "+resultado);
14         </script>
15     </head>
16     <body>
17         <h1>Introdução a funções em JS</h1>
18     </body>
19 </html>
```

Resultado da execução

O resultado da soma 4 + 4 = 8

Introdução a funções em JS

Figura 6.18 – Definição de Função com Parâmetro e retorno
(Fonte: dos autores)

A chamada da função "soma", com passagem de argumentos é executada na linha 12 e o retorno do resultado da soma é realizado na linha 9. Quando uma função é chamada e são informados os valores para compor os parâmetros, estes valores são chamados de argumentos, ou seja, a cada nova chamada de uma mesma função (que possui um conjunto predefinido de parâmetros) podem ser definidos diferentes argumentos (diferentes valores).

6.3.3 Funções utilizando o construtor Function()

Outra forma de declarar uma função é utilizar o construtor *Function()*, juntamente com o operador *new*. Esse procedimento se deve ao fato de que em JS funções e objetos estão interligados (a definição de objetos será vista posteriormente). A Figura 6.19 apresenta um exemplo de utilização do construtor *Function()*.

Bloco de código

```
1  <!DOCTYPE html>
2  <html>
3      <head>
4          <title>Fuções: argumentos e retorno</title>
5          <meta charset="UTF-8">
6          <meta name="viewport" content="width=device-width, initial-scale=1.0">
7          <script>
8              var multiplicacao = new Function("a","b","return a*b");
9              //multiplicacao(5,2)->Chama a função e passa os argumentos 5 e 2
10             document.write("<br>O resultado = "+multiplicacao(5,2));
11
12         </script>
13     </head>
14     <body>
15         <h1>Introdução a funções em JS</h1>
16     </body>
17 </html>
18     </body>
19 </html>
```

Resultado da execução

O resultado = 10

Introdução a funções em JS

Figura 6.19 – Definição de função utilizando o construtor *Function*
(Fonte: dos autores)

O construtor *Function*, na linha 8 da Figura 6.19, aceita quantos argumentos forem necessários, neste exemplo foram utilizados dois: o "a" e o "b". O último argumento se refere ao corpo da função, contendo comandos separados por ponto-e-vírgula, no exemplo, tem-se apenas um comando o "*return a*b*", ou seja, a função retorna (devolve) o valor de *a multiplicado por b*.

Essa forma de declaração de funções costuma ser usada quando é necessário criar funções pequenas, por exemplo, que ocupem apenas uma linha de código.

6.4 Objetos

JavaScript é uma linguagem que não possui uma notação formal de classe, conforme apresenta C ++ e Java, mas ainda sim ela possui suporte para manipulação de objetos.

Por definição, uma linguagem orientada a objetos deve ser fortemente tipada e suportar herança baseada em classe (a herança, no paradigma de programação orientado a objetos, significa que novas classes podem ser construídas com base em outras classes, herdando seus atributos e métodos) (BERTAGNOLLI, 2009). Considerando-se esses dois critérios, JS não é uma linguagem baseada no paradigma de programação orientado a objetos. Entretanto, conforme será apresentado ao longo deste tópico, JS possui suporte a objetos e também possui herança baseada em protótipo. Portanto, conclui-se que JS é uma linguagem orientada a objetos baseada em protótipos e não em classes, como são C++ e Java (FLANAGAN, 2004). O Quadro 6.7 apresenta as principais diferenças entre as linguagens de programação *Java* e *JavaScript*.

Quadro 6.7: Principais Diferenças entre *Java* e *JavaScript*

Java	*JavaScript*
Fortemente tipada	Fracamente tipada
Orientação a objetos baseada em classes	Orientação a objetos baseada em protótipos
Tipos de dados estáticos	Tipos de dados dinâmicos
Classes	Funções
Construtores	Funções
Métodos	Funções

Fonte: (CROCKFORD, 2015).

Entende-se que um objeto é uma coleção de propriedades (atributos) e uma propriedade é uma associação entre um nome (ou chave) e um valor. Em JS, o valor de uma propriedade pode ser uma função, neste caso específico a propriedade é definida como um método.

6.4.1 Criação de objetos

A linguagem JS oferece, basicamente, três maneiras para criar novos objetos: o construtor *Object()*, a notação literal e as funções construtoras. Para criar um objeto, usando o construtor *Object()*, basta chamar o construtor *Object()*, por meio do operador *new*. Esta primeira opção cria um objeto vazio que é responsável pela inicialização do novo objeto. A Figura 6.20 apresenta a criação do objeto *aluno*, por meio do construtor *Object()*.

Bloco de código HTML

```
1  <!DOCTYPE html>
2  <html>
3      <head>
4          <title>TODO supply a title</title>
5          <meta charset="UTF-8">
6          <meta name="viewport" content="width=device-width, initial-scale=1.0">
7           <script type="text/javascript" src="js/criacaoDeObjetos.js"
8                   defer="defer"></script>
9      </head>
10     <body>
11         <p id="idNome"></p>
12         <p id="idMedia"></p>
13     </body>
14 </html>
```

Estrutura do projeto

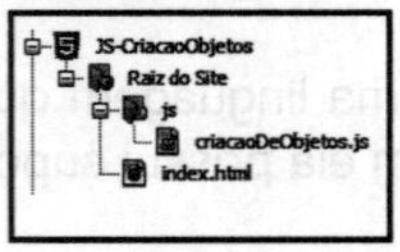

Bloco de código JS

```
7  var aluno = new Object();
8  aluno.nome = "Jose";
9  aluno.notaProva1=7;
10 aluno.notaProva2=7;
11
12 document.getElementById("idNome").innerHTML = "Nome: "+aluno.nome;
13 document.getElementById("idMedia").innerHTML  = "Média: "+
14                             ((aluno.notaProva1+aluno.notaProva2)/2);
15
```

Resultado da execução

Nome: Jose

Média: 7

Figura 6.20 – Construtor *Object*()
(Fonte: dos autores)

No bloco de código HTML, faz-se necessário ressaltar a função da linha 7, que associa o documento HTLM ao arquivo JS denominado "CriacaoDeObjetos.js". Nas linhas 11 e 12 foram inseridas as *tags* <p> com a finalidade de exibir o nome e a média do aluno.

Já no bloco de código JS, linha 7, cria-se um objeto vazio e, na linha 8, cria-se uma variável *nome*. Esta variável é associada ao objeto aluno e atribui-se o valor "Jose" à mesma. A função da linha 9 é análoga a da linha 8: desta vez cria-se a variável *notaProva1*, associa-se essa variável ao objeto *aluno* e atribui-se o valor 7 à mesma.

Após inserir as notas (*notaProva1* e *notaProva2*) é preciso imprimir no documento HTML o nome e a média do aluno. Essa ação é realizada nas linhas 12 e 13.

Embora seja explicado em tópicos mais adiante deste livro, é importante entender o comando *document.getElementById("idNome").innerHTML = "Nome: "+aluno.nome.* Inicialmente, "*document*" é um objeto criado quando a página *web* é carregada e contém informações (variáveis e métodos) sobre o documento HTML recém-criado. O método *getElementById("idNome")* retorna a referência do elemento HTML que possui o id = *idNome.* O *innerHTML* solicita a inserção de informações, oriundas do JS, no documento HTML. E, por último, a informação que deve aparecer no documento HTML: *"Nome: "+aluno.nome.* Esse comando concatena a mensagem *"Nome: "* com o valor inserido na variável *nome*, do objeto *aluno* (*aluno.nome*).

A notação literal (ou literal do objeto) permite criar objetos em uma lista entre chaves de especificações de propriedade separadas por ponto e vírgula. Nesta notação, um objeto possui quantas propriedades forem necessárias, mas cada propriedade deve possuir o nome seguido por dois-pontos e pelo valor, conforme apresentado na linha 24, da Figura 6.21. O bloco de código HTML, a Estrutura do projeto e o Resultado da execução permanecem idênticos aos apresentados na Figura 6.20.

Bloco de código JS

```
24 var aluno={nome:"Jose",notaProva1:7,notaProva2:7};
25
26 document.getElementById("idNome").innerHTML = "Nome: "+aluno.nome;
27 document.getElementById("idMedia").innerHTML  = "Média: "+
28                             ((aluno.notaProva1+aluno.notaProva2)/2);
```

Figura 6.21 – Construção de objeto por meio de notação literal

(Fonte: dos autores)

Nas metodologias anteriores de criação de objetos foram construídos os códigos apresentados nas Figuras 6.19 e 6.20 para instanciar um único objeto. Estas metodologias se tornam ineficientes quando é necessário criar mais de um objeto. Para suprir essa dificuldade utilizam-se as funções construtoras (ou construtor), que possuem as seguintes premissas: o objeto é invocado pelo operador *new*; a variável que armazena a referência para objeto recém-criado recebe todos os valores da palavra-chave *this*, além de ser responsável por inicializar o novo objeto, como mostra o exemplo na Figura 6.22 (FLANAGAN, 2004).

Bloco de código JS

```
37 function Aluno(nome,notaProva1,notaProva2){
38     this.nome=nome;
39     this.notaProva1=notaProva1;
40     this.notaProva2=notaProva2;
41 }
42 var objetoAluno1 = new Aluno("Jose",7,7);
43 document.getElementById("idNome").innerHTML = "Nome: "+objetoAluno1.nome;
44 document.getElementById("idMedia").innerHTML  = "Média: "+
45                         ((objetoAluno1.notaProva1+objetoAluno1.notaProva2)/2);
```

Figura 6.22 – Construção de objeto por meio da função construtora
(Fonte: dos autores)

A Figura 6.22 apresenta a função construtora, que faz o papel da classe em *Java*, definida para o objeto Aluno, portanto ela é nomeada de classe. Na linha 37 é definido o nome da função, como ela tem a mesma responsabilidade de uma classe em *Java*, ou seja, servir de referência para criar objetos, utilizou-se o "*CamelCase*", de acordo com as boas práticas de programação, com a letra inicial com maiúscula.

As propriedades foram definidas com a palavra *this*, nas linhas 38, 39 e 40, sendo assim o novo objeto terá acesso diretamente às mesmas. Para acessar uma propriedade de um objeto basta usar *objeto.propriedade*, de acordo com as linhas 43 e 44.

Até o momento foram estudados dois construtores nativos da linguagem JS, o *Object()* e *Function()*. Além destes, a linguagem possui outros construtores internos para objetos nativos, como apresenta o Quadro 6.8 (W3SCHOOLS, 2015a).

Quadro 6.8: Construtores para objetos nativos

Construtor	Descrição
var objeto1 = new *Object()*	Cria um novo objeto vazio
var objeto2 = new *String()*;	Cria um novo objeto do tipo *String*
var objeto3 = new *Number()*;	Cria um novo objeto de valor numérico
var objeto4 = new *Boolean()*	Cria um novo objeto do tipo *Boolean*
var objeto5 = new *Array()*;	Cria um novo objeto de *Array*
var objeto6 = new RegExp();	Cria um novo objeto de RegExp
var objeto7 = new *Function()*;	Cria um novo objeto do tipo função
var objeto8 = new Date();	Cria um novo objeto do tipo data

Fonte: (W3SCHOOLS, 2015a)

Embora *Math ()* seja um objeto ele não está listado no Quadro 6.8 porque ele é um objeto global. Outro ponto importante é que *JS* tem versões primitivas dos objetos *String*, *Number* e *Boolean*. Para estes três tipos aconselha-se utilizar os valores primitivos, pois eles executam com maior agilidade, quando comparados aos mesmos tipos definidos como objetos. O Quadro 6.9 apresenta como criar/utilizar os tipos primitivos permitidos em JS.

Quadro 6.9: Tipos primitivos

Valor primitivo	Descrição
var str1 = "";	Cria uma nova *string* primitiva
var num2 = 0;	Cria um novo valor *numérico* primitivo
var bool3 = *false*;	Cria um novo valor *booleano* primitivo

Fonte: (W3SCHOOLS, 2015a)

6.4.2 *Métodos*

Em qualquer linguagem Orientada a Objetos, independentemente se ela é baseada em classes ou em protótipo, um método é uma sub-rotina que é executada por um objeto ao receber uma mensagem. Os métodos determinam o comportamento dos objetos e, de certa forma, são análogos a funções ou procedimentos da programação estruturada (SILVA *et. al.*, 2010).

Em JS, os métodos são funções invocadas por objetos. Sendo assim, para criar um novo método, cria-se uma nova variável e atribui-se a ela a função, ambos criados dentro da função da construtora. JS oferece várias maneiras de criar uma função construtora, neste livro será adotado o padrão básico de função construtora (OSMANI, 2012).

A Figura 6.23 apresenta a função construtora com um método previamente definido. O método *calculaMedia()* foi criado na linha 7, e a ação que ele deve executar foi definida na linha 8.

Bloco de código JS

```
1
2  function Aluno(nome,notaProva1,notaProva2){
3      this.nome=nome;
4      this.notaProva1=notaProva1;
5      this.notaProva2=notaProva2;
6      //Definição do método calculaMedia
7      this.calculaMedia = function(){
8          return (notaProva1+notaProva2)/2;
9      };
10 }
11 var objetoAluno1 = new Aluno("José",7,7);
12 document.getElementById("idNome1").innerHTML = "Nome: "+objetoAluno1.nome;
13 document.getElementById("idMedia1").innerHTML = "Média: "+
14                                                  objetoAluno1.calculaMedia();
15 var objetoAluno2 = new Aluno("Maria",8,10);
16 document.getElementById("idNome2").innerHTML = "Nome: "+objetoAluno2.nome;
17 document.getElementById("idMedia2").innerHTML = "Média: "+
18                                                  objetoAluno2.calculaMedia();
```

Figura 6.23 – Função construtora com um método
(Fonte: dos autores)

Para esta função construtora foram instanciados (criados) dois objetos, *objetoAluno1* na linha 11 e *objetoAluno2* na linha 15. Em ambos os casos utiliza-se o operador *new*, seguido do nome do método e os parâmetros que devem ser passados para o construtor.

Para acessar uma variável da classe, conforme apresentado nas linhas 12 e 16, deve-se inserir o *nomeDoObjeto.nomeVariavel*, que é *objetoAluno1.nome*. Já o acesso ao método *calculaMedia()*, inserido nas linhas 13 e 17, é realizado por meio do *nomeDoObjeto.nomeDoMetodo()*, que é *objetoAluno2.calculaMedia()*.

O código HTML, a estrutura do projeto e o resultado da execução do código apresentado, graficamente, na Figura 6.23 são apresentados na Figura 6.24.

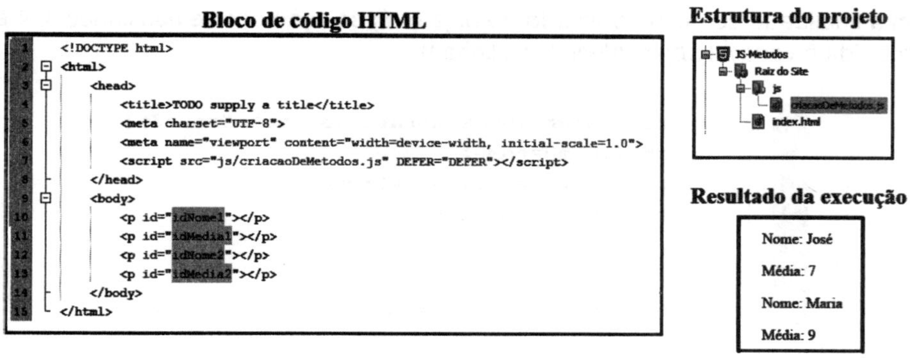

Figura 6. 24 – Código HTML, estrutura do projeto e resultado
(Fonte: dos autores)

6.5 Programação orientada a objetos (POO)

JS é uma linguagem orientada a objetos baseada em protótipos (FLANAGAN, 2004). A programação orientada a objetos baseada em protótipos não possui a presença de classes. Em vez disso, ela faz a reutilização de comportamento, que é equivalente à herança das linguagens baseadas em classes, por meio de protótipos. A seguir serão abordados os conceitos de POO em JS, utilizados neste livro.

6.5.1 Classe, instância e construtor

Para criar uma classe em JS, utiliza-se a mesma sintaxe da função, ou seja, esta linguagem usa funções como classes. A Figura 6.25 apresenta duas maneiras de construir uma classe. Neste livro será adotada a maneira apresentada na Figura 6.25-a.

(a)

```
function Aluno(){

}
```

(b)

```
var Aluno = function (){

};
```

Figura 6. 25 – Construção de classe
(Fonte: dos autores)

Conforme já apresentado na seção dedicada à criação de objetos, a **instanciação** (ou a criação) do objeto é realizada utilizando-se o operador *new* e, logo após este operador, coloca-se o nome da classe (ou o nome da função construtora), responsável pela inicialização do objeto. O exemplo da instanciação é apresentado abaixo.

var objetoAluno1 = new Aluno();

Vale ressaltar que, quando for solicitada a criação do objeto, por meio do operador *new*, este operador executa um código denominado de **construtor**. O construtor é usado para definir o estado do objeto ou chamar métodos que possam preparar o objeto para ser usado. Na linguagem *JS* o construtor é definido adicionando o código na função construtora, que foi utilizada para definir a classe.

A Figura 6.26 apresenta, graficamente, o construtor da classe *Aluno*. Na linha 8 ocorre a instanciação do objeto, sendo assim, o construtor da classe *Aluno* envia uma mensagem passando os parâmetros (nome, notaProva1 e notaProva2) para a classe e solicita a criação de um exemplar do objeto *Aluno*. Na linha 2, a classe recebe os parâmetros (nome, notaProva1 e notaProva2), que por sua vez, são atribuídos às variáveis da classe (ou atributos), com a finalidade de definir o estado do objeto. Essa ação ocorre nas linhas 3, 4 e 5. A referência para o objeto é atribuída à variável *objetoAluno1*, na linha 8.

```
2  function Aluno(nome,notaProva1,notaProva2){
3      this.nome=nome;
4      this.notaProva1=notaProva1;
5      this.notaProva2=notaProva2;
6  }
7
8  var objetoAluno1 = new Aluno("José",7,7);
```

Figura 6. 26 – Construtor com parâmetros
(Fonte: dos autores)

6.5.2 Métodos

Conforme já mencionado, em *JS*, os métodos são funções invocadas por objetos, logo, conforme apresentado na Figura 6.27 são criados dois métodos, o *calculaMedia()* e o *imprimeResultado()*.

```
2  function Aluno(nome,notaProva1,notaProva2){
3      this.nome=nome;
4      this.notaProva1=notaProva1;
5      this.notaProva2=notaProva2;
6      this.media=0;
7      this.calculaMedia = function(){
8          this.media=(notaProva1+notaProva2)/2;
9      };
10     this.imprimeResultado=function(){
11         document.getElementById("idNome1").innerHTML = "Nome: "+this.nome;
12         document.getElementById("idMedia1").innerHTML  = "Média: "+this.media;
13     };
14 }
15 var objetoAluno1 = new Aluno("José",7,7);
16 objetoAluno1.calculaMedia();
17 objetoAluno1.imprimeResultado();
```

6.27 – Métodos da classe aluno (Fonte: dos autores)

Detalhando o funcionamento do código apresentado na Figura 6.27, inicialmente ocorre a instanciação do *objetoAluno1*, na linha 15, e na sequência é invocado o método *calculaMedia*(), na linha 16, que por vez executa o cálculo da média, na linha 8. Já na linha 17, o *objetoAluno1* solicita que o método *imprimeResultado*() seja invocado e as ações são executadas nas linhas 11 e 12.

Neste exemplo, o objeto foi criado usando-se uma função construtora (por meio da palavra chave *new*). Esse procedimento faz com que a palavra reservada *this* faça referência ao novo objeto (*objetoAluno1*), que foi construído.

6.5.3 Encapsulamento

Por definição, o encapsulamento no paradigma de programação orientada a objetos, tem a finalidade de esconder as informações que não precisam ser apresentadas ao utilizador da classe. Além disso, a implementação de um programa com dados encapsulados faz parte das boas práticas de programação, pois o encapsulamento possibilita modificar as partes, do código, que estão ocultas ao utilizador, sem alterar a forma de implementação, facilitando desta forma a manutenção da classe.

Embora a linguagem *JS* não ofereça modificadores de acesso, como *Java* oferece (BERTAGNOLLI, 2009), pode-se usar o encapsulamento nas variáveis da classe e métodos. Para isso basta utilizar a palavra reservada *var* ao invés de *this* e do operador ponto ("."), conforme exemplo:

- *this*: A palavra reservada *this* faz referência ao objeto atual. Ela permite trabalhar com as informações (variáveis e métodos) do lado de dentro da classe, oferecendo acesso de leitura ou escrita, por meio do objeto. Logo, *this* define os métodos ou variáveis da classe como sendo de acesso público, e eles ficam visíveis para todas as outras classes ou pseudosubclasses;
- *var*: Utiliza-se a palavra reservada *var* para definir variáveis. Ela indica que a variável pertence ao escopo local de uma classe ou método. Sendo assim, a variável será visível somente dentro da classe ou método em que se encontra, desta forma, *var* garante o acesso privado às variáveis.

É importante ressaltar que, de acordo com as boas práticas de programação, as variáveis de classe devem ser, sempre que possível, declaradas com a palavra reservada *var*. Caso não seja inserido nem *var* e nem o *this*, a variável é declarada dentro do escopo global e isso pode gerar *bugs* (erros) muito difíceis de solucionar, por isso deve-se tomar muito cuidado com a declaração de variáveis.

A Figura 6.28 apresenta graficamente o encapsulamento por meio do construtor. Na linha 18 ocorre a instanciação do objeto (*objetoAluno1*) com as informações ("José",7,7). Essas informações definem o estado do objeto, que é armazenado nas variáveis da classe, nas linhas 5, 6 e 7. Como as variáveis foram declaradas com *var* elas serão visíveis somente dentro da classe e dos respectivos métodos (*calculaMedia* e *imprimeResultado*).

```
4   function Aluno(nomeParamento, notaProva1Parametro,notaProva2Parametro){
5       var nome=nomeParamento;
6       var notaProva1=notaProva1Parametro;
7       var notaProva2=notaProva2Parametro;
8       var media=0;
9       this.calculaMedia = function(){
10          media=(notaProva1+notaProva2)/2;
11      },
12      this.imprimeResultado=function(){
13
14          document.getElementById("idNome").innerHTML = "Nome: "+nome;
15          document.getElementById("idMedia").innerHTML  = "Média: "+media;
16      };
17  }
18  var objetoAluno1 = new Aluno("José",7,7);
19  objetoAluno1.calculaMedia();
20  objetoAluno1.imprimeResultado();
```

6.28 – Encapsulamento por meio de construtor

(Fonte: dos autores)

O próximo exemplo de encapsulamento faz uso do método *set*. Além do *set* também se utiliza o *get* (ou *getters* e *setters*). Ambos são denominados de métodos de acesso.

Por convenção os métodos *get* e *set* foram padronizados para gerenciar o acesso das variáveis das classes. Logo, o nome dos métodos, para acessar essas variáveis, deve iniciar com *get*, ou *set*, seguido do nome da variável.

Porém, existem diferenças marcantes entre os métodos. O método *get* é utilizado para recuperar o valor de alguma das variáveis da classe. Sendo assim, ele sempre retorna um valor. Já o método *set* é utilizado para atribuir, ou modificar, o valor das variáveis da classe, por isso ele não tem nenhum tipo de retorno.

A Figura 6.29 apresenta outra possibilidade de encapsulamento, que é a utilização dos métodos *set* e *get*. Observa-se que o *objetoAluno1* é instanciado na linha 26, e na sequência os métodos *set's* são invocados, nas linhas 27, 28 e 29.

```
4  function Aluno(){
5      var nome;
6      var notaProva1;
7      var notaProva2;
8      var media=0;
9      this.setNome=function(nomeAluno){
10         nome=nomeAluno;
11     },
12     this.setNotaProva1=function(notaProva){
13         notaProva1 = notaProva;
14     },
15     this.setNotaProva2=function(notaProva){
16         notaProva2 = notaProva;
17     },
18     this.calculaMedia = function(){
19         media=(notaProva1+notaProva2)/2;
20     },
21     this.imprimeResultado=function(){
22         document.getElementById("idNome").innerHTML = "Nome: "+nome;
23         document.getElementById("idMedia").innerHTML  = "Média: "+media;
24     };
25 }
26 var objetoAluno1 = new Aluno();
27 objetoAluno1.setNome("José");
28 objetoAluno1.setNotaProva1(7);
29 objetoAluno1.setNotaProva2(7);
30 objetoAluno1.calculaMedia();
31 objetoAluno1.imprimeResultado();
```

Figura 6.29 – Encapsulamento por meio de métodos *set*
(Fonte: dos autores)

A estrutura do projeto, o código HTML e o resultado da execução no *browser* são apresentados na Figura 6.30.

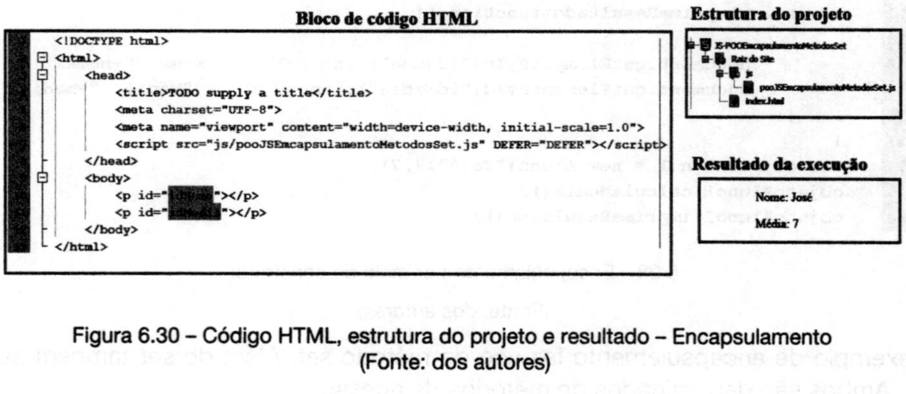

Figura 6.30 – Código HTML, estrutura do projeto e resultado – Encapsulamento
(Fonte: dos autores)

6.5.4 Herança

Genericamente, a herança é um mecanismo da POO que permite criar uma nova classe (subclasse), a partir de uma classe existente (superclasse), e aproveitar as características existentes na superclasse. Logo, o principal atrativo em utilizar herança é o reaproveitamento de código existente (FLANAGAN, 2004). Em JS a herança ocorre por meio de objetos instanciados a partir das funções. Cada objeto herda as propriedades e os métodos de seu objeto protótipo (ou modelo), que é referenciado pela propriedade *prototype*.

De acordo com as funcionalidades do JS, é importante frisar que tudo o que for definido no *prototype* de um objeto poderá ser referenciado por todas as instâncias desse objeto. Mesmo as propriedades do *prototype* que forem definidas ou alteradas depois da instanciação serão acessíveis aos objetos declarados anteriormente. Sendo assim, para criar uma subclasse basta definir a propriedade *prototype* com o valor do construtor da superclasse.

Existem diversas metodologias para implementar herança em JS, neste livro será adotado o mecanismo de herança com o encadeamento de protótipos (*Prototype-chaining Inheritance*) (ECMA, 2015a).

Primeiramente, deve-se definir a superclasse que, neste exemplo, será denominada de *Pessoa*. Ela será usada como base para a subclasse, conforme representado na Figura 6.31.

```
//SuperClasse
function Pessoa(nome, cpf){
    this.nome=nome;
    this.cpf=cpf;
    this.imprimeNomeCPF=function(){
        document.getElementById("idPessoa").innerHTML = "Nome: "+
                                                nome+" cpf: "+cpf;
    };
}
```

Figura 6.31 – Superclasse Pessoa (Fonte: dos autores)

A Figura 6.32 representa, graficamente, a subclasse *Aluno*. A diferença desta classe, quando comparada com as demais, é que nela foi inserido uma chamada para a superclasse, usando o método *call(objeto, parametro1, parametro2...)*, conforme representado na linha 13.

```
11  //SubClasse
12  function Aluno(nome, cpf,notaProva1,notaProva2){
13      Pessoa.call(this, nome, cpf);
14      this.notaProva1=notaProva1;
15      this.notaProva2=notaProva2;
16      var media=0;
17      this.imprimeResultado=function(){
18          media=(this.notaProva1+this.notaProva2)/2;
19          if(media>=7){
20              document.getElementById("idAluno").innerHTML = "Aprovado, média: "+media;
21          }else{
22              document.getElementById("idAluno").innerHTML = "Exame, média: "+media;
23          }
24      };
25  };
26  //Atribui o objeto Pessoa ao prototype de Aluno,
27  //por isso, Pessoa será a superclasse de Aluno
28  Aluno.prototype = new Pessoa();
29  // Redefine o contrutor, corrigindo o ponteiro
30  Aluno.prototype.constructor = Aluno;
```

Figura 6.32 – Subclasse Aluno

(Fonte: dos autores)

A linha 28 apresenta o código que define a classe *Pessoa* como sendo superclasse. Para isso é preciso atribuir o objeto do tipo pessoa (*new Pessoa()*) ao *prototype* de *Aluno*, que foi definido como subclasse. Quando o objeto *Pessoa* é adicionado ao *Aluno.prototype*, JS descarta o construtor gerado inicialmente para *Aluno*, o que é uma distorção e precisa ser corrigido. A correção é apresentada na linha 30, reafirmando que o construtor da classe *Aluno* é o próprio *Aluno*.

Por fim, na Figura 6.33 é realizada a instanciação do objeto *aluno1*, na linha 33. O teste da chamada do método herdado de *Pessoa*, que o *imprimenomeCPF*(), é realizado na linha 35. A chamada para o método de *Aluno*, que é o *imprimeResultado*(), foi inserida na linha 37.

```
32 //cria objeto do tipo Aluno
33 var aluno1 = new Aluno("Jose","111.111.111-11",7,7);
34 // utiliza o método imprimeNomeCPF(), herdado de Pessoa
35 aluno1.imprimeNomeCPF();
36 //utiliza o método imprimeResultado(), definido em Aluno
37 aluno1.imprimeResultado();
```

Figura 6.33 – Chamada de método herdado
(Fonte: dos autores)

A estrutura do projeto, o código HTML e o resultado da execução no *browser*, para os códigos referentes ao encapsulamento, são apresentados na Figura 6.34.

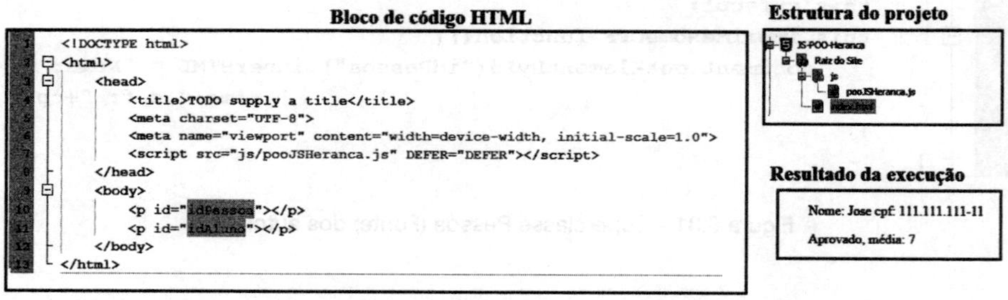

Figura 6.34 – Código HTML, estrutura do projeto e resultado da execução – herança
(Fonte: dos autores)

6.6 *Array*

Tradicionalmente, em programação de computadores, pode-se definir *Array* (ou arranjo) como uma lista de valores que reserva uma alocação contígua de memória para armazenar um número fixo de elementos, do mesmo tipo (BARNES; KÖLLING, 2009).

Em se tratando de *JavaScript*, o *Array* é um objeto que possui um conjunto de propriedades e métodos. Ele é indexado a partir de zero e pode armazenar um conjunto de itens relacionados do mesmo tipo (como *string, number, boolean* ou *object*) ou pode incluir múltiplos tipos, sendo estes tipos diferentes em cada item, e até mesmo outros *arrays* (FLANAGAN, 2004).

6.6.1 Criando um *array*

Para criar *arrays* de dados unidimensionais ou multidimensionais em *JS* tem-se duas maneiras: a sintaxe literal e a sintaxe *new Constructor*. A declaração de um *array* literal especifica que os dados devem ser inseridos entre o operador colchete, separados por vírgula, como mostra a Figura 6.35:

```
6  //Sintaxe literal 1
7  var alunos1=[];
8  alunos1[0]='José';
9  alunos1[1]=7;
10 alunos1[2]=10;
11 alunos1[3]=true;
12
13 //Sintaxe literal 2
14 var alunos2=['José',7,10,true];
```

Figura 6.35 – Declaração de *array* literal
(Fonte: dos autores)

A Figura 6.35 apresenta duas formas de declaração utilizando a sintaxe literal. Na linha 7 cria-se um *array* vazio, sem elementos. Já na linha 14 é criado um *array* de tamanho fixo e com todos os elementos. Opcionalmente é oferecida a possibilidade de criar um *array* com o operador *new* e o construtor *Array()*, como mostra a Figura 6.36.

```
16 //Sintaxe new Array()- 1
17 var alunos3 = new Array();
18 alunos3[0]='Maria';
19 alunos3[1]=7;
20 alunos3[2]=10;
21
22 //Sintaxe new Array()- 2
23 var alunos4 = new Array(3);
24 alunos4[0]='José';
25 alunos4[1]=7;
26 alunos4[2]=10;
27
28 //Sintaxe new Array()- 3
29 var alunos5 = new Array('José',7,10);
```

Figura 6.36 – Declaração de *array* com construtor
(Fonte: dos autores)

As três possibilidades de utilização do construtor, para criar um *array*, são apresentadas na Figura 6.36. Na linha 17 cria-se um *array* vazio, de tamanho indefinido. Na linha 23 declara-se um *array* e reservam-se três posições na memória para armazenar, posteriormente, os elementos desejados. Na linha 29 cria-se o *array* e já se atribuem a ele todos os elementos.

Aparentemente as declarações oferecem os mesmos resultados, mas existe um problema quando se deseja criar um *array* com um único elemento predefinido, como mostra a Figura 6.37.

```
//Array com um elemento predefinido
var vetA = [21];
var vetB = new Array(21);

var vetC = [2.1];
var vetD = new Array(2.1);
```

6.37 – Declaração de *array* com um elemento predefinido
(Fonte: dos autores)

A Figura 6.37 apresenta, graficamente, a declaração de dois *arrays* com o elemento predefinido "21" e o "2.1" respectivamente. As linhas 32 e 35 criam os *arrays* com uma posição cada, contendo os elementos "21" e 2.1" respectivamente. Já a linha 33 cria um *array* com 21 posições e o pior dos casos ocorre na linha 36, que apresenta erro de índice, pois não existe índice com ponto flutuante. Diante destes fatos, visando evitar erros, primando pela simplicidade e legibilidade do código, sugere-se sempre o uso do método de sintaxe literal (HUNLOCK, 2015).

Outra possiblidade de criação de *array*, embora esteja usando a sintaxe literal, é o *array* bidimensional *array* (ou matriz), conforme apresentado na Figura 6.38.

```
40 var arrayBidimensional1 =
41     [
42         ["L-C", "0-1", "0-2", "0-3", "0-4", "0-5"],
43         ["1-0", "L-C", "1-2", "1-3", "1-4", "1-5"],
44         ["2-0", "2-1", "L-C", "2-3", "2-4", "2-5"],
45         ["3-0", "3-1", "3-2", "L-C", "3-4", "3-5"],
46         ["4-0", "4-1", "4-2", "4-3", "L-C", "4-5"],
47         ["5-0", "5-1", "5-2", "5-3", "5-4", "5-5"]
48     ];
49
50 var arrayBidimensional2 = [];
51 arrayBidimensional2[0] = [1,2,3,4,5];
52 arrayBidimensional2 [1] = [1,2,3];
53 arrayBidimensional2 [2] = 3;
54 arrayBidimensional2 [3] = 4;
55 arrayBidimensional2 [4] = [1,2,3,4,5,6];
```

Figura 6.38 – Declaração de *array* bidimensional
(Fonte: dos autores)

A primeira construção de *array* bidimensional, na linha 40, cria uma matriz de tamanho fixo (6 linhas e 6 colunas) com todos os elementos já inseridos. Já na linha 50 é criado um *array* vazio e os elementos são inseridos ao longo das linhas 51 a 55. Observa-se que estão sendo inseridos vetores (linhas 51, 52 e 55) de tamanho diversos.

6.6.2 Percorrendo e acessando elementos

Para iterar (percorrer) um *array* pode-se utilizar uma das estruturas de repetição apresentadas anteriormente, por exemplo, o laço *for*. Ele permite definir o valor inicial da variável de controle e incrementá-la a cada iteração do laço. Sendo assim, a mesma variável de controle é usada como índice para os elementos do *array*.

A Figura 6.39 mostra como iterar um *array* contendo quatro elementos, usando o laço *for* para percorrer e exibir o valor de cada um destes. O tamanho do *array* é obtido por meio da propriedade *length*, do objeto *Array*. Essa informação serve para fixar o limite superior da variável de controle do laço, conforme apresenta a linha 15.

```
//Sintaxe literal 1
var alunos1=[];
alunos1[0]='José';
alunos1[1]=7;
alunos1[2]=10;
alunos1[3]=true;

//laço for para percorrer todos os elementos
for(var i = 0; i < alunos1.length; i++){
    alert(i + "=" + alunos1[i]);
}
```

Figura 6.39 – Iteração de *array* com laço *for* (Fonte: dos autores)

Continuando as possibilidades de iteração, será aplicado o laço *for..in* para percorrer o *array*, como mostra a Figura 6.40.

```
7  //Sintaxe literal 1
8  var alunos1=[];
9  alunos1[0]='José';
10 alunos1[1]=7;
11 alunos1[2]=10;
12 alunos1[3]=true;
13 //laço for..in para percorrer todos os elementos
14 for(var i in alunos1){
15     alert(i + "=" + alunos1[i] + '<br>');
16 }
```

Figura 6.40 – Iteração de *array* com laço *for..in* (Fonte: dos autores)

A linha 14 (Figura 6.40) apresenta o laço *for..in*, onde *i* é uma variável de índice, para percorrer o *array*, inicialmente com valor zero e é incrementada de 1 em 1 automaticamente. O segundo argumento do laço, que é *aluno1*, é a variável que contém o *array*, juntamente com as informações a serem acessadas.

6.6.3 Propriedades

As propriedades de um objeto podem ser explicadas como variáveis da classe que estão ligadas diretamente ao objeto e não aos métodos. Portanto, tais propriedades definem as características do objeto (ou estado). Para acessar as propriedades de um objeto utiliza-se a notação nome do objeto, seguido por um ponto: "*nomeDoObjeto.nomeDaPropriedade*". O Quadro 6.10 apresenta as propriedades definidas para o *array*.

Quadro 6.10: Propriedades do *array*

Propriedade	Descrição
constructor	Retorna a função que criou o protótipo do objeto *Array*
length	Define ou retorna o número de elementos em um *array*
prototype	Permite adicionar propriedades e métodos, no *prototype*, de um objeto *Array*

Fonte: (FLANAGAN, 2004)

6.6.4 Métodos

Os métodos determinam o comportamento ou as ações do *array*. Sendo assim, eles podem manipulá-lo agregando novos itens, concatenando, removendo ou permitindo a pesquisa por um determinado item. Para acessar os métodos de um objeto utiliza-se a notação do nome do objeto, seguido por um ponto: "*nomeDoObjeto. nomeDoMetodo*". O Quadro 6.11 apresenta os principais métodos do *array*.

Quadro 6.11: Métodos do *array*

Métodos	Descrição
concat	Junta vários *arrays*
join	Cria uma *string* contendo todos os elementos do *array*
indexOf	Pesquisa um elementos no *array*, a partir do início, e retorna a sua posição
lastIndexOf	Pesquisa um elementos no *array*, a partir do final, e retorna a sua posição
pop	Remove e retorna o último elemento do *array*
push	Adiciona novos elementos, no final do *array*, e atualiza o comprimento automaticamente
reverse	Inverte a ordem dos elementos no *array*, de modo que, o último item passa a ser o primeiro
shift	Remove e retorna o primeiro elemento do *array*
slice	Retorna e seleciona parte do *array*, de acordo com as especificações
sort	Ordena os elementos do *array* em ordem crescente ou decrescente, de acordo com as especificações
splice	Adiciona ou remove elementos de um *array* de acordo com as especificações
toString	Retorna uma *string* contendo todas as informações do *array*
unshift	Insere novos elementos no início do *array*
valueOf	Retorna o valor primitivo do *array*

Fonte: (FLANAGAN, 2004)

6.6.5 Inserindo e removendo elementos

Para fazer a inserção ou a remoção de elementos em um *array*, é relativamente simples, pois já existem métodos que fazem esse trabalho. A escolha do método vai depender da posição do elemento a ser inserido/removido, se ele está no início, no final ou no meio do *array*.

A Figura 6.41, mostra a inserção/remoção de elementos no final do *array*, para isso devem-se utilizar os métodos *pop*() e *push*().

Bloco de código em *JavaScript*

```
var alunos = ["José", "Maria", "Joaquim", "Sebastião", "Raimundo"];
document.getElementById("arrayOriginal").innerHTML=
        ":....Array original...:  "+alunos;

alunos.pop();
document.getElementById("arrayPop").innerHTML=
        ":...Após o pop().....:  " + alunos;

alunos.push("novoAluno");
document.getElementById("arrayPush").innerHTML=
        ":...Após o push()....:  "+alunos;
```

Resultado da execução

=====Inserindo e removendo elementos no Arrays=====

:....Array original...: José,Maria,Joaquim,Sebastião,Raimundo

:...Após o pop()....: José,Maria,Joaquim,Sebastião

:...Após o push()...: José,Maria,Joaquim,Sebastião,novoAluno

Bloco de código HTML

```
<!DOCTYPE html>
<html>
    <head>
        <title>Array</title>
        <meta charset="UTF-8">
        <meta name="viewport" content="width=device-width, initial-scale=1.0">
        <script src="js/insercaoRemocaoArray.js" DEFER="DEFER"></script>
    </head>
    <body>
        <div>======Inserindo e removendo elementos no Arrays=====</div>
        <p id="[illegible]"></p>
        <p id="[illegible]"></p>
        <p id="[illegible]"></p>
    </body>
</html>
```

Estrutura do projeto

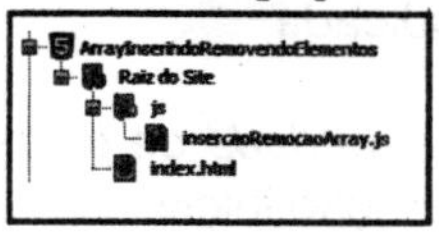

Figura 6.41 – Inserção/remoção de elementos no final do *array*
(Fonte: dos autores)

Inicialmente será abordado o conteúdo do bloco código *JavaScript*, apresentado na Figura 6.41. Na linha 7 é criado um *array* de nomes onde foram armazenados cinco nomes. A linha 8 imprime, no *browser*, o conteúdo do *array* no elemento cujo índice é igual a *id="arrayOriginal"* criado no bloco de código HTML. A remoção do elemento no final ocorre na linha 11. O resultado da remoção é impresso no *browser*, conforme apresentado na linha 12. A inserção de novo elemento no final é apresentada na linha 14 e a impressão do resultado no *browser* na linha 15.

Por outro lado, os métodos *shift()* e *unshift()*, são usados para inserir ou remover elementos no início do *array*. A Figura 6.42 apresenta o exemplo da utilização destes métodos. O comando para remover um elemento, do início do *array,* é apresentado na linha 11, na sequência, conforme apresentado na linha 12, o resultado é impresso no *browser*. Para inserir um elemento no início foi usado o comando apresentado na linha 15 e a impressão do resultado é apresentada na linha 16.

Bloco de código em *JavaScript*

```
var alunos = ["José", "Maria", "Joaquim", "Sebastião", "Raimundo"];
document.getElementById("arrayOriginal").innerHTML=
        ":....Array original...:  "+alunos;

alunos.shift();
document.getElementById("arrayShift").innerHTML=
        ":...Após o shift().....:  " + alunos;

alunos.unshift("novoAluno");
document.getElementById("arrayUnshift").innerHTML=
        ":..Após o unshift()..:  "+alunos;
```

Resultado da execução

=====Inserindo e removendo elementos no Arrays=====

:....Array original...: José,Maria,Joaquim,Sebastião,Raimundo

:...Após o shift()....: Maria,Joaquim,Sebastião,Raimundo

:..Após o unshift()..: novoAluno,Maria,Joaquim,Sebastião,Raimundo

Bloco de código HTML

```
<!DOCTYPE html>
<html>
    <head>
        <title>Array</title>
        <meta charset="UTF-8">
        <meta name="viewport" content="width=device-width, initial-scale=1.0">
        <script src="js/insercaoRemocaoArray.js" DEFER="DEFER"></script>
    </head>
    <body>
        <div>======Inserindo e removendo elementos no Arrays=====</div>
        <p id="[illegible]"></p>
        <p id="[illegible]"></p>
        <p id="[illegible]"></p>
    </body>
</html>
```

Estrutura do projeto

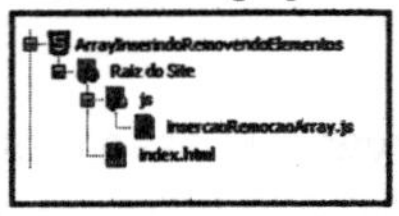

Figura 6.42 – Inserção/remoção de elementos no início do *array*
(Fonte: dos autores)

Caso o elemento a ser inserido ou removido esteja em uma posição diferente da primeira ou da última, deve-se utilizar o método *splice()*. A sintaxe desse método exige os seguintes parâmetros:

array.splice(posição inicial, quantidade de elementos, elemento1, ..., elementoN).

A seguir serão detalhados os três parâmetros:

- *Posição inicial*: Posição em que se deve iniciar a alteração no *array*. Caso o número inserido na posição inicial for maior que o tamanho do *array* nenhum elemento será alterado. Se o número inserido for negativo, a contagem dos elementos se inicia do final para o início, até chegar à posição indicada;

- *Quantidade de elementos*: Indica a quantidade de elementos a ser removida do *array*, a partir da posição inicial. Se a quantidade de elementos for 0 (zero), nenhum elemento será removido. Caso a quantidade de elementos inseridos for maior que o tamanho máximo do *array*, serão removidos todos os elementos da posição inicial até o final do *array*. Se este parâmetro não for especificado todos os elementos depois da posição inicial serão removidos;

- *Elemento1,...,ElementoN*: São os elementos a serem inseridos, a partir da posição inicial, no *array*. Se nenhum elemento for especificado, todos os elementos, a partir da posição inicial, serão removidos.

A Figura 6.43 apresenta um exemplo da utilização do método *splice()*.

Bloco de código em *JavaScript*

```
7  var alunos = ["José", "Maria", "Joaquim", "Sebastião", "Raimundo"];
8  document.getElementById("arrayOriginal").innerHTML=
9          ":...Array original...:  "+alunos;
10 //insere "novoAluno1" e "novoAlunoN"
11 alunos.splice(1,0,"novoAluno1","novoAlunoN");
12 document.getElementById("arrayInserir").innerHTML=
13         ":...Após o inserir...:  "+alunos;
14 //remove 2 elementos a partir da 2° posição
15 alunos.splice(2, 2);//splice(posicao, num. elementos removidos)
16 document.getElementById("arrayRemover").innerHTML=
17         ":...Após o retirar....:  " + alunos;
```

Resultado da execução

======Inserindo e removendo elementos no Arrays=====

:...Array original...: José,Maria,Joaquim,Sebastião,Raimundo

:...Após inserir......: José,novoAluno1,novoAlunoN,Maria,Joaquim,Sebastião,Raimundo

:...Após retirar......: José,novoAluno1,Joaquim,Sebastião,Raimundo

Bloco de código HTML

```
<!DOCTYPE html>
<html>
    <head>
        <title>Array</title>
        <meta charset="UTF-8">
        <meta name="viewport" content="width=device-width, initial-scale=1.0">
        <script src="js/insercaoRemocaoArray.js" DEFER="DEFER"></script>
    </head>
    <body>
        <div>======Inserindo e removendo elementos no Arrays====</div>
        <p id="arrayOriginal"></p>
        <p id="arrayInserir"></p>
        <p id="arrayRemover"></p>
    </body>
</html>
```

Estrutura do projeto

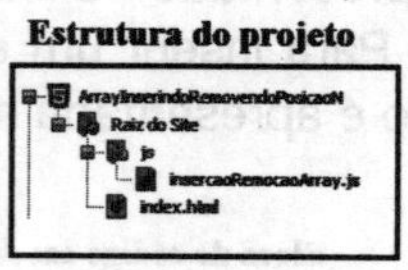

Figura 6.43 – Inserção/remoção de elementos em qualquer posição do *array*
(Fonte: dos autores)

É importante observar que esse método é utilizado tanto para inserir quanto para remover elementos de um *array*, dependendo da sintaxe utilizada. A inserção de elementos é apresentada na linha 11, o comando indica que serão inseridos, a partir da posição 1 (um), os elementos "*novoAluno1*" e "*novoAlunoN*" e 0 (zero) elementos serão removidos. O comando para remover 2 (dois) elementos, a partir da 2ª (segunda) posição é apresentado na linha 15.

6.7 DOM - *Document Object Model*

O DOM é uma interface de programação de aplicativos, ou *API*, multiplataforma que permite aos programas e *scripts* atualizarem dinamicamente a estrutura, o conteúdo e o estilo de documentos XML (*eXtensible Markup Language*), HTML e demais (W3SCHOOLS, 2015b).

É importante ressaltar que toda vez que um documento HTML é carregado no *browser*, ele recebe uma longa cadeia de caracteres (*string*) e precisa transformá-la em uma página *web*. Logo o *browser* tem que decidir a função de cada elemento, por exemplo, quais são parágrafos, quais são cabeçalhos, quais são textos e assim por diante. Ao final dessa análise, o *browser* armazena a sua interpretação do código HTML em uma árvore de objetos, que é denominado DOM.

O DOM é, então, representado como uma árvore hierárquica de elementos aninhados e marcados com *tags*. Logo, para cada elemento existente no código HTML, o DOM cria um objeto e vincula esse objeto ao seu elemento pai, criando dessa forma uma relação pai-filho para todos os elementos.

A Figura 6.44 mostra o bloco de código HTML e a representação do mesmo no DOM. O DOM representa a estrutura e a linearização de todas as marcações HTML, contidas no bloco de código HTML, em uma relação hierárquica.

Bloco de código HTML

```
<!DOCTYPE html>
<html>
    <head>
        <title>Estrutura da árvore DOM </title>
        <meta charset="UTF-8">
        <meta name="viewport" content="width=device-width,
              initial-scale=1.0">
        <script src="js/introducaoDOM.js" DEFER="DEFER"></script>
    </head>
    <body>
        <h1>Documento HTML</h1>
        <p>Exemplo de <i><u>formatação</u></i> de <b>documento</b></p>
    </body>
</html>
```

DOM

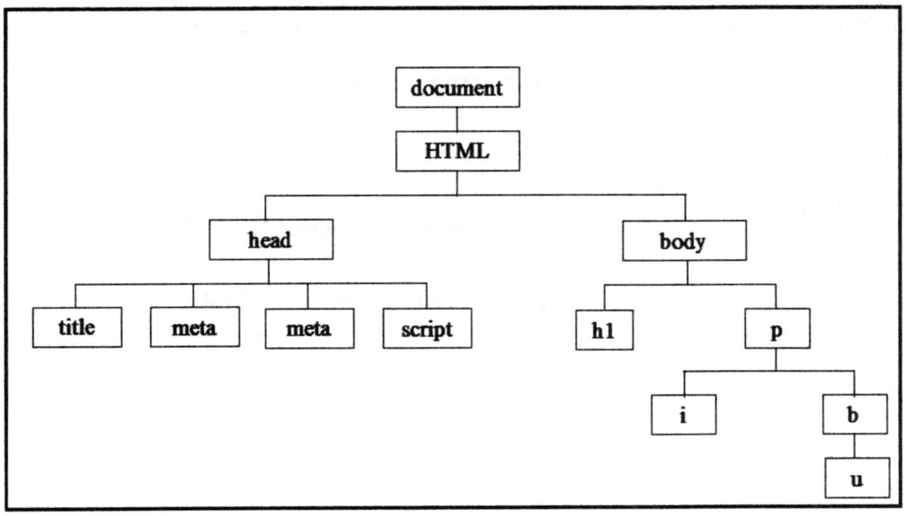

Figura 6.44 – Código HTML e a estrutura da árvore DOM
(Fonte: dos autores)

Toda a árvore DOM pode ser acessada e manipulada fazendo uso da linguagem *JS*, de modo que é correto afirmar: API (página *web* ou XML) = DOM + *JS*.

A seguir serão descritos os principais métodos, relacionados ao DOM, para acessar e manipular documentos HTML (MDN-Document-Properties, 2015).

6.7.1 Localizar elementos

Existem várias maneiras de localizar um elemento na página *web,* dentre elas, serão abordados os métodos apresentados no Quadro 6.12.

Quadro 6.12: Métodos para localizar elementos

Método	Descrição
document.getElementById()	Encontra o elemento utilizando o atributo id
document. getElementsByTagName()	Encontra o(s) elemento(s) utilizando o nome da *tag*
document. getElementsByClassName()	Encontra o(s) elemento(s) utilizando o nome da classe

Fonte: (W3SCHOOLS, 2015b)

6.7.2 Alterar elementos

Os métodos/propriedades descritos no Quadro 6.13 são utilizados para alterar o valor de um atributo existente, no documento HTML, do elemento especificado.

Quadro 6.13: Métodos para alterar elementos

Método/propriedade	Descrição
element.innerHTML=	Altera ou retorna o conteúdo de um elemento HTML
element.attribute=	Altera o atributo de um elemento HTML
element. setAttribute (attribute,value)	Altera o atributo de um elemento HTML
element.style.property=	Altera o estilo de um elemento HTML

Fonte: (W3SCHOOLS, 2015b)

6.7.3 Adicionar e eliminar elementos

Os métodos descritos no Quadro 6.14 são utilizados para adicionar ou eliminar elementos no documento HTML.

Quadro 6.14: Métodos para adicionar e eliminar elementos

Método	Descrição
document.createElement(tagName)	Cria um novo elemento, onde a *tagName* especifica o tipo de elemento a ser criado
document.removeChild(child)	Remove um nó filho, no DOM, e devolve o nó removido
document.appendChild(child)	Adiciona um nó ao final da lista de filhos de um nó pai especificado
document.replaceChild(newChild, oldChild);	Substitui o elemento filho especificado por outro
document.write(text)	Escreve o texto no fluxo de saída do documento

Fonte: (W3SCHOOLS, 2015b)

6.7.4 Adicionar manipuladores de eventos

Os eventos normalmente são utilizados combinando objetos (botão) com funções, e a função será executada quando ocorrer o evento, por exemplo, quando o usuário clicar em um botão. O DOM oferece uma infinidade de eventos. O Quadro 6.15 apresenta alguns dos mais utilizados (W3SCHOOLS, 2015b).

Quadro 6.15: Eventos

Evento	Descrição
document.getElementById(id). onclick= function(){code}	O evento *onclick* ocorre quando o usuário clica em um elemento
document.getElementById(id). onkeypress= function(){code}	O evento *onkeypress* ocorre quando o usuário pressiona uma tecla
document.getElementById(id).onload = function(){code}	O evento *onload* executa imediatamente após a página ter sido carregada
document.getElementById(id). onfocus = function(){code}	O evento *onfocus* ocorre quando um elemento recebe foco

Fonte: (W3SCHOOLS, 2015b)

6.8 BOM - *Browser Object Model*

O BOM se refere aos objetos que estão relacionados ao *browser*, como por exemplo, o *window*, e os elementos que estão abaixo dele, como o *location, document* e *navigator*. Ao contrário do DOM, não existe um padrão oficial do BOM, de modo que cada navegador cria a sua própria implementação, por isso não há um padrão oficial que possa ser discutido ou referenciado. A seguir serão apresentadas algumas funções que são suportadas pela maioria dos navegadores (W3SCHOOLS, 2015c).

O BOM é formado por uma hierarquia de objetos, cada um em seu nível, acessíveis por um objeto pai de nível superior, que é o objeto *window*, logo ele engloba todo o BOM. A Figura 6.45 mostra a hierarquia básica do BOM.

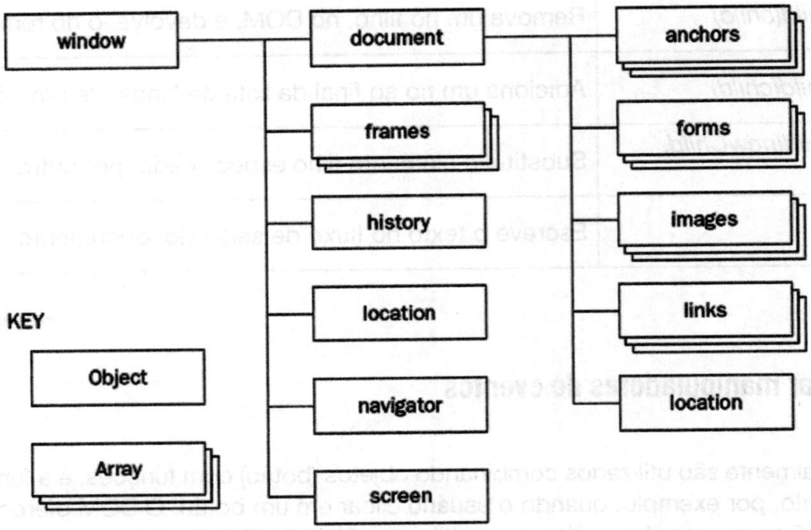

Figura 6.45 – Estrutura básica do BOM (*WEB*REFERENCE, 2015)

Nos Quadros 6.16, 6.17 e 6.18, são detalhados os eventos, propriedades e métodos que serão utilizados, no próximo capítulo, para a construção dos objetos de aprendizagem e jogos educacionais (*JAVASCRIPT*KIT, 2015; W3SCHOOLS, 2015c).

Quadro 6.16: Eventos

Eventos	Descrição
window.onblur()= function() {code}	É ativado quando a janela perde o foco
window.Onfocus()= function() {code}	Dispara quando o foco é definido para a janela atual
window.onload()= function() {code}	Ocorre quando a página terminar de carregar por completo
window.onresize()= function() {code}	Ocorre quando a janela é redimensionada
window.onunload()= function(){code}	É ativado quando a página é fechada, muitas vezes usado para executar rotinas de limpeza de código

Fonte: (W3SCHOOLS, 2015c)

Quadro 6.17: Propriedades

Propriedades	Descrição
Closed	Retorna uma variável *booleana* que indica se a janela foi fechada ou não
var historyObj = window. history;	É uma propriedade somente de leitura, ela retorna uma referência do objeto *history*, que fornece uma interface para manipular o histórico da sessão do navegador, ou seja, as páginas que foram visitadas
Var largura = window. innerWidth; *Var altura = window. innerHeight;*	Retorna a largura e a altura, em *pixels*, da área da janela, o valor retornado não inclui barra de ferramentas ou barras de rolagem

Fonte: (W3SCHOOLS, 2015c)

Quadro 6.18: Métodos

Métodos	Descrição
alert(msg)	Exibe uma caixa de alerta com uma mensagem (msg) especificada e um botão OK
cancelAnimationFrame(ID)	Cancela a solicitação de animação que foi solicitada usando *ID=requestAnimationFrame ()*
Clearlnterval(ID)	Limpa o temporizador que foi configurado em *var ID = setInterval ()*
Open()	Usado para abrir uma nova janela
close()	Usado para fechar a janela
confirm(msg)	Exibe uma caixa de diálogo modal (não é possível fechar esta caixa sem pressionar um dos botões apresentados na mesma) com uma mensagem (msg) e dois botões, OK e Cancelar. Retorna verdadeiro, caso o usuário clique em OK ou falso se o usuário clicou em Cancelar
prompt(msg, input)	Exibe uma caixa de diálogo com uma mensagem (msg) e um argumento opcional (*input*). Esse argumento opcional permite que seja especificada uma entrada padrão (resposta) que fica armazenada na caixa de diálogo
requestAnimationFrame(func)	Informa ao navegador que será executada uma animação, seja ela usando elementos DOM, *CSS*, *Canvas* ou *WebGL*. O *requestAnimationFrame* retorna um ID que pode ser utilizado para cancelar a próxima operação, por meio do *cancelAnimationFrame*(ID)

Fonte: (W3SCHOOLS, 2015c)

CAPÍTULO 7

Construção de Objetos de Aprendizagem e Jogos Educacionais Digitais com *HTML* 5, *CSS* E *JAVASCRIPT*

Neste capítulo foram desenvolvidas três atividades, sendo um objeto de aprendizagem e dois jogos educacionais digitais, que serão detalhadas nas seções a seguir, de acordo com os exemplos apresentados nas seções 3.4, 3.5 e 3.6 do Capítulo 3.

7.1 Objeto de Aprendizadem – Questão de Múltipla Escolha

Nesta seção será criado um OA envolvendo questões de múltipla escolha, que apresenta ao usuário duas questões de múltipla escolha, fazendo uso de *radio buttons,* apresentados no capítulo sobre HTML 5. Ao final, o OA deve apresentar o total de erros e acertos obtidos pelo usuário.

Inicialmente faz-se necessária a construção da estrutura do projeto, conforme apresentado na Figura 7.1. O projeto conta com dois pacotes, um responsável pela estilização (arquivo CSS) e outro por adicionar as funcionalidades (arquivo *JavaScript*, JS).

7.1.1 Estrutura do projeto e código HTML

Analisando a estrutura do projeto, conforme apresentado na Figura 7.1, vê-se que ele trabalha com dois arquivos externos ao HTML, "estiloJogo.css" e o "funcionalidadeJogo.js". Para que o bloco de código HTML utilize esses arquivos, tanto para inserir a formatação quanto as funcionalidades, eles têm de ser informados. A linha 7 informa ao HTML que o arquivo de formatação, do respectivo documento, é o "css/estiloJogo.css" e as funcionalidades são informadas na linha 8, sendo obtidas por meio do arquivo "js/funcionalidadeJogo.js".

Estrutura do projeto

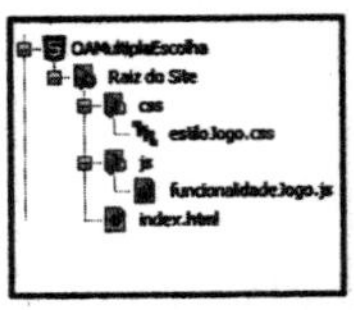

Bloco de código HTML

```
1  <!DOCTYPE html>
2  <html>
3      <head>
4          <title>Objeto Aprendizagem(OA)</title>
5          <meta charset="UTF-8">
6          <meta name="viewport" content="width=device-width, initial-scale=1.0">
7          <link rel="stylesheet" href="css/estiloJogo.css">
8          <script src="js/funcionalidadeJogo.js" DEFER="DEFER"></script>
9      </head>
10     <body>
11         <div id="tabuleiro">
12             <header ...4 linhas />
16             <section ...23 linhas />
39             <footer ...3 linhas />
42         </div>
43     </body>
44 </html>
```

Figura 7.1 – Definição da estrutura e do HTML
(Fonte: dos autores)

Verificando-se o bloco de código HTML, a *tag* *<body></body>*é responsável por tudo que deve aparecer no corpo do navegador, conforme discutido no Capítulo 4. Sendo assim, dentro desta *tag* foi reservado um espaço, id="tabuleiro", para receber os objetos gráficos do jogo, por meio da *tag* *<div></div>*, conforme código apresentado na linha 11. Neste sentido, a *tag* *<div></div>* foi subdividida em *<header></header>* na linha 12, *<section></section>* na linha 16, e *<footer></footer>* na linha 39, sendo estas *tags* responsáveis pela definição da estrutura da página.

A inserção de todas essas *tags* no documento HTML proporciona um *layout*, após a aplicação do CSS, conforme apresentado na Figura 7.2.

Figura 7.2 – Definição do *layout*
(Fonte: dos autores)

A seguir serão detalhadas as *tags* que compõem a subdivisão da *tag* *<div></div>*.

Elementos da tag <header>

O elemento *header* foi utilizado, neste exemplo, para estruturar e apresentar o conteúdo do cabeçalho. Desta forma, essa *tag* possui um título *<h1>*, na linha 13, e um parágrafo *<p>*, na linha 14. A Figura 7.3 apresenta os elementos inseridos na *tag* *<header>*.

Bloco de código HTML

```
12  <header>
13      <h1>OA Múltipla Escolha</h1>
14      <p>Marque a opção correta!!</p>
15  </header>
```

Figura 7.3 – Elementos da *tag* *<header>*
(Fonte: dos autores)

Elementos da tag <section>

A tag *section* define uma nova seção genérica no documento, que foi utilizada para definir um espaço para inserir as perguntas e a pontuação apresentadas ao usuário. O código HTML desta *tag* está apresentado na Figura 7.4.

Na linha 17, da Figura 7.4, criou-se uma *tag* *<fieldset>*, com o *id="grupo1"*, para construir a primeira pergunta. A descrição da pergunta foi inserida na *tag* *<legend>*, linha 18. As opções de respostas foram atribuídas aos *radio buttons*, nas linhas 19, 20 e 21. Em cada *radio button* foram configurados três atributos o *type*, o *name* e o *id*. O *type* especifica o campo de entrada do tipo *radio*. Já o atributo *name* com valores idênticos (*name*="*pergunta1*"), para todos os botões, o que configura a possibilidade de seleção de apenas um dos botões por vez. Já o atributo *id* é utilizado para armazenar o valor de cada opção de resposta, que é apresentada ao usuário, sendo este verdadeiro (*id*="p1r1-verdadeira") ou falso (*id*="p1r2-falsa"). Os valores atribuídos a cada *id* serão utilizados pela classe "*funcionalidadeJogo.js*" para fazer as correções e, ao final, para atribuir a pontuação obtida pelo usuário ao documento HTML.

A próxima *tag <fieldset>*, *id="grupo2"*, na linha 24, define as informações referentes à segunda pergunta. Os elementos e as funcionalidades são semelhantes à *tag <fieldset>* da primeira pergunta.

Bloco de código HTML

```
16 <section>
17     <fieldset id="grupo1">
18         <legend>Como escrevemos Objeto de Aprendizagem em inglês?</legend>
19         <input type="radio" name="pergunta1" id="p1r1-verdadeira" />Leaning Object<br/>
20         <input type="radio" name="pergunta1" id="p1r2-falsa" />Leaning Education<br/>
21         <input type="radio" name="pergunta1" id="p1r3-falsa" />Distance Learning<br/>
22     </fieldset>
23
24     <fieldset id="grupo2">
25         <legend>O que significa a sigla AVA?</legend>
26         <input type="radio" name="pergunta2" id="p2r1-falsa"/>Ambiente de Aprendizagem a Distância<br/>
27         <input type="radio" name="pergunta2" id="p2r2-verdadeira"/>Ambiente Virtual de Aprendizagem<br/>
28         <input type="radio" name="pergunta2" id="p3r3-falsa"/>Sala de Aula Virtual<br/>
29     </fieldset>
30
31     <fieldset id="grupo3">
32         <h4>Total de Acertos e Erros</h4>
33         <p id="acertos">0</p>
34         <p id="erros">0</p>
35     </fieldset>
36
37      <button type="button" id="btProxima" onclick="objJogo.configurarProximaAcao();">Próxima</button>
38 </section>
```

Figura 7.4 – Elementos da *tag <section>*
(Fonte: dos autores)

Já o código da linha 31, cuja *tag <fieldset>* possui o identificador *id*="grupo3", é utilizado para apresentar o total de acertos e erros obtidos pelo usuário. Tanto os acertos quantos os erros serão calculados e inseridos pela classe "*funcionalidadeJogo.js*".

Por fim, na linha 37 é inserido um botão, com o evento *onclick*. Assim que este evento é acionado, o mesmo dispara o método *configurarProximaAcao()*, do objeto (*objJogo("objJogo.configurarProximaAcao();"*), criado no código *JS*.

Elementos da tag <footer>

O elemento *footer*, neste exemplo, representa o rodapé da página. Ele exibe informações a respeito do jogo em uma *tag* de título *<h4>*, conforme apresenta a Figura 7.5.

Bloco de código HTML

```
<footer>
        <h4> Introdução aos Jogos Educacionais </h4>
</footer>
```

Figura 7.5 – Elementos da *tag <footer>*
(Fonte: dos autores)

O resultado ao renderizar o código HTML, no *browser*, é apresentado na Figura 7.6. É importante observar que o resultado não contempla nenhuma espécie de formatação. Para formatar o referido conteúdo é preciso utilizar as técnicas CSS, apresentadas a seguir.

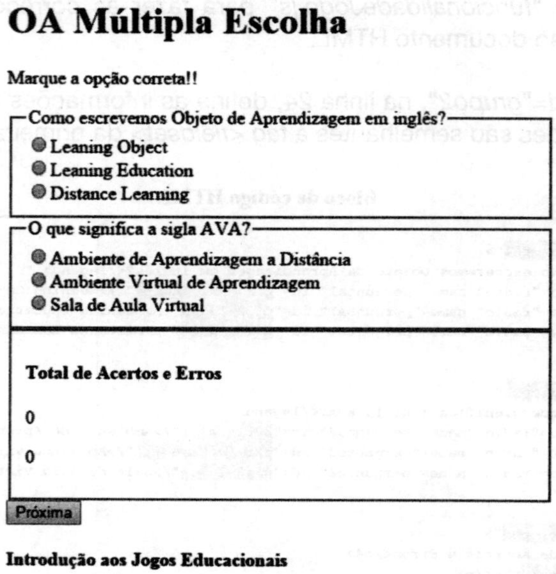

Figura 7.6 – Renderização do código HTML sem CSS
(Fonte: dos autores)

7.1.2 Folha de Estilos CSS

Conforme apresentado no Capítulo 5, na seção 5.6 – *Box Model*, independentemente de quais elementos compõem a página *web*, eles sempre serão tratados como uma caixa (*box*) e cada caixa pode ser formatada com um padrão diferente. A seguir serão apresentadas as formatações referentes aos elementos apresentados no documento HTML.

Formatação da tag <body>

A primeira formatação refere-se à *tag <body>*, apresentada na Figura 7.7, por meio do seletor por elemento, na linha 11. A linha 12 formata a fonte: estilo, tamanho e família de fonte (*font: font-style font-size font-family;*). A linha 13 configura a cor de fundo (*background: gainsboro;)* e a linha 14 insere uma margem de 30px no topo (*margin-top: 30px;*).

```
11  body {
12      font: normal 16px/20px "Helvetica Neue", Helvetica, sans-serif;
13      background: gainsboro;
14      margin-top: 30px;
15  }
```

Figura 7.7 – Formatação da *tag <body>*
(Fonte: dos autores)

Formatação do id "#tabuleiro"

A linha 16, da Figura 7.8, apresenta a formatação do elemento, definido no documento HTML da Figura 7.1 cujo identificador é *id*="tabuleiro". No código apresentado foi definida a largura (*width: 600px;),* as margens (*margin:*

0 auto;), a cor de fundo (*background: white;*), o arredondamento dos cantos das bordas (*border-radius: 10px;*), uma área superior em torno do conteúdo (*padding-top: 10px;*) e uma área inferior em torno do conteúdo (*padding-bottom: 10px;*).

```
#tabuleiro{
    width: 600px;
    margin: 0 auto;
    background: white;
    border-radius: 10px;
    padding-top: 10px;
    padding-bottom: 10px;
}
```

Figura 7.8 – Formatação do elemento id="tabuleiro"
(Fonte: dos autores)

Formatação da tag <header>

A Figura 7.9, na linha 24, apresenta a formatação por elemento da *tag <header>*. Nesta formatação definiu-se a cor de fundo (*background:grey;)*, a cor do texto (*color:black;)*, o alinhamento do texto (*text-align:center;)* e a área superior em torno do conteúdo (*padding-top: 1px;*).

```
24 header{
25         background:grey;
26         color:black;
27         text-align:center;
28         padding-top: 1px;
29 }
```

Figura 7.9 – Formatação da *tag <header>*
(Fonte: dos autores)

Formatação da tag <section>

A formatação seguinte refere-se à *tag <section>*, conforme apresentado na Figura 7.10, na linha 30. Esse código faz a inserção de uma borda (*border: 3px solid black;*) ao redor da respectiva *tag*.

```
30 section{
31         border: 3px solid black;
32 }
```

Figura 7.10 – Formatação da *tag <section>*
(Fonte: dos autores)

Formatação da tag <footer>

A Figura 7.11, na linha 33, apresenta a formatação por elemento da *tag <footer>*. Nela foi definida a cor de fundo (*background:grey;)*, a cor do texto (*color:black;)*, a área superior em torno do conteúdo (*padding-top: 1px;*), a área inferior em torno do conteúdo (*padding-bottom: 1px;*) e o alinhamento do texto (*text_align:center;*).

```
footer{
    background:grey;
    color:black;
    padding-top: 1px;
    padding-bottom: 1px;
    text-align:center;
}
```

Figura 7.11 – Formatação da *tag* *<footer>*
(Fonte: dos autores)

Formatação da tag <fieldset>

A formatação da *tag* *<fieldset>* possui apenas as definições de borda (*border: 3px solid blue;)* e margem (*margin: 3px;),* conforme apresenta a Figura 7.12.

```
fieldset{
    border: 3px solid blue;
    margin: 3px;
}
```

Figura 7.12 – Formatação da *tag* *<fieldset>*
(Fonte: dos autores)

Formatação e criação das classes: .visivel e .invisivel

Por fim, foram criadas duas classes CSS: a visível (*display:block;)* e a invisível (*display:none;).* Estas classes serão utilizadas pelo código *JavaScript* para apresentar apenas uma questão de cada vez ao usuário, deixando as demais invisíveis, no momento. As classes estão apresentadas na Figura 7.13.

```
.visivel{display:block;}
.invisivel{display:none;}
```

Figura 7.13 – Criação e formatação das classes CSS
(Fonte: dos autores)

Resultado da renderização do código HTML com CSS

O resultado final da aplicação das técnicas CSS, contidas no arquivo "*estiloJogo.css*" é apresentado na Figura 7.14. Embora o OA Múltipla Escolha já esteja formatado ele ainda não possui nenhuma funcionalidade, para isso tem-se que utilizar a linguagem *JavaScript.*

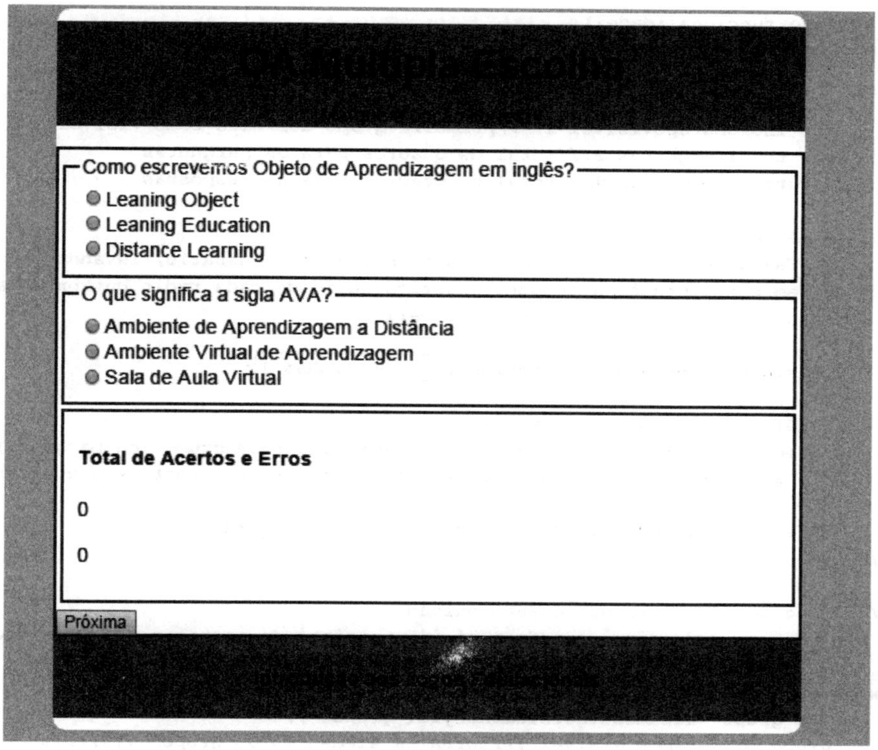

Figura 7.14 – Renderização do código HTML com CSS
(Fonte: dos autores)

7.1.3 Código em *JAVASCRIPT*

O código *JavaScript* tem o objetivo de implementar o comportamento ou a inteligência das páginas *web*, por meio de funcionalidades atribuídas aos elementos HTML. O arquivo "*funcionalidadeJogo.js*" contém o código utilizado com esta finalidade e é apresentado na Figura 7.15.

Inicialmente será detalhado o código iniciado na linha 61. Relembrando, o *window.onload* é um dos eventos contidos no BOM (seção 6.8, Capítulo 6), que ocorre quando a página *web* termina de carregar por completo. Logo, é o evento ideal para definir o estado inicial do OA. Para isso, o código inserido neste evento deve ser capaz de iniciar os elementos de uma pergunta definida como sendo visível e configurar as demais perguntas como invisível. Para executar essa configuração, primeiramente, tem-se que obter o elemento do grupo (*var grupo =document.getElementById("grupo1");*), na linha 62, depois configurar a apresentação deste elemento, para o usuário, como sendo visível (*grupo.className='visivel';*), na linha 63. Os elementos dos *grupos2* e *grupo3* serão configurados como invisíveis, conforme código apresentado nas linhas 65 e 67.

Após definir o estado inicial do OA, o próximo passo é fornecer acesso aos métodos da classe para o código HTML. O código definido na linha 68 fornece esse acesso, a partir da crição de um objeto, da referida classe, como sendo de acesso público, tornando-o visível em todo o objeto *window*, que por sua vez é visível no HTML. Desta forma será possível enviar mensagens aos métodos, por meio deste objeto, no documento HTML.

```
6  //classe funcionalidade()
7  function funcionalidadesOAs(){
8      var acertos=0;//total de acertos
9      var erros=0;//total de erros
10     var indiceGrupoVisivel=1; //primeiro grupo definido como visível
11     var totalPerguntas=2;//total de quadros para as perguntas
12     var totalRespostas=1;//total de quadros para as respostas
13 
14     /*método contarPontuação()
15      * Faz a verificação da resposta fornecida pelo usuário, levando
16      * em consideração a reposta inserida no id de cada radio button e também
17      * conta os acertos e erros do usuário
18      */
19     this.contarPotuacao = function(){...15 linhas };
34 
35    /* método configurarProximaAcao()
36     * Tem as funcionalidades de ocultar/apresentar um grupo (ou pergunta)
37     * e ainda fornecer a pontuação final do usuário referente aos acertos/erros
38     */
39     this.configurarProximaAcao=function (){...17 linhas };
56 };
57 
58 /*objeto do BOM - window, evento onload -
59  * window.onload ocorre quando a página terminar de carregar por completo
60  */
61 window.onload = function () {
62     var grupo =document.getElementById("grupo1");
63     grupo.className='visivel';//torna os elementos do grupo1 visíveis
64     grupo =document.getElementById("grupo2");
65     grupo.className='invisivel';//torna os elementos do grupo2 invisíveis
66     grupo =document.getElementById("grupo3");
67     grupo.className='invisivel';//torna os elementos do grupo3 invisíveis
68     this.objJogo = new funcionalidadseOAs();
69 };
```

Figura 7.15 – Arquivo *JavaScript*
(Fonte: dos autores)

Passando para a definição da classe *funcionalidadesOAs()*, nas linhas 8 a 12 foram declaradas as variáveis de instância da classe (ou atributos) com acesso privado, fazendo uso da palavra reservada *var*. Além das variáveis, esta classe possui dois métodos (*contarPontuacao*() e *configurarProximaAcao* ()) que serão detalhados a seguir.

Método contarPontuacao()

Este método possui duas atribuições, a primeira delas é realizar as correções das respostas fornecidas pelo usuário, levando em consideração a reposta inserida no *id,* de cada *radio button*. A segunda atribuição é a contagem dos acertos e erros obtidos pelo usuário. O código apresentado na Figura 7.16 realiza essas atribuições.

```
19 this.contarPontuacao = function(){
20     var  radio=document.getElementsByName("pergunta"+indiceGrupoVisivel);
21     var len=radio.length;
22     for(var i=0;i<len;i++){
23         if(radio[i].checked === true){
24             //split-faz a divisão do texto usando como parâmetro "-"
25             var respostaConfigurada = radio[i].id.split("-")[1];
26             if(respostaConfigurada === "verdadeira"){
27                 acertos++;//conta os acertos do usuário
28             }else{
29                 erros++;//conta os erros do usuário
30             }
31         }
32     }
33 };
```

Figura 7.16 – Método *contarPontuação()*
(Fonte: dos autores)

Para verificar a reposta do usuário tem-se que averiguar qual *radio button* foi assinalado. Para isso, devem-se selecionar todos os botões referentes à pergunta, conforme código apresentado na Figura 7.16, na linha 20. Os parâmetros *("pergunta"+indiceGrupoVisivel)* passados ao método *(document.getElementsByName)* definem quais elementos serão selecionados, neste caso, como a variável *indiceGrupoVisivel=1*, conforme linha 10 da Figura 7.15, o parâmetro final será *"pergunta1"*. Logo o método irá buscar por elementos cujo nome seja *"pergunta1"*, e irá encontrá-los no documento HTML, da Figura 7.4, linhas 19 a 21, retornando um vetor cujo comprimento é igual ao total de *radio buttons* inseridos, conforme código da linha 21, da figura 7.16.

A estrutura de repetição *(for(var i=0;i<len;i++))*, na Figura 7.16 linha 22 faz a iteração dos elementos buscados anteriormente e verifica se há algum *radio button* selecionado *(radio[i].checked === true)*, conforme apresentado na linha 23 da Figura 7.16. Caso haja, obtém-se o *id* deste *radio button*, separa-se o conteúdo obtido usando método *split("-")* e seleciona-se o índice *[1]*. Ao final obtém-se a resposta configurada para a referida pergunta, conforme código na linha 25 da Figura 7.16.

Como o objetivo em todas as questões é marcar a afirmativa correta, verifica-se então se *respostaConfigurada* é igual a *"verdadeira" (respostaConfigurada === "verdadeira"),* conforme mostra a Figura 7.16, na linha 26. Caso seja verdadeira incrementam-se os acertos. Se *respostaConfigurada* for diferente de *"verdadeira* incrementam-se os erros, conforme código apresentado na linha 29 da Figura 7.16.

Método configurarProximaAcao()

Este método é acionado toda vez que o usuário clica no botão definido no documento HTML da Figura 7.4, na linha 37. Ao iniciar este método, na linha 40 da Figura 7.17, é realizada uma chamada ao método *contarPontuacao()* para verificar os acertos e os erros do usuário nas questões. Na sequência, torna-se a pergunta atual invisível, conforme código apresentado nas linhas 42 e 44.

```
39  this.configurarProximaAcao=function (){
40      this.contarPontuacao();//chamada do método contarPontuacao()
41  
42      var grupo =document.getElementById("grupo"+indiceGrupoVisivel);
43      grupo.className='invisivel';//torna os elementos do grupo invisíveis
44      indiceGrupoVisivel++;
45      if(indiceGrupoVisivel<= totalPerguntas+totalRespostas){
46          grupo =document.getElementById("grupo"+indiceGrupoVisivel);
47          grupo.className='visivel';//torna os elementos do grupo visíveis
48      }
49      //apresenta os resultados obtidos pelo usuário acertos/erros
50      if(indiceGrupoVisivel>totalPerguntas){
51          document.getElementById("acertos").innerHTML="Você obteve "+acertos+" acertos!";
52          document.getElementById("erros").innerHTML="Você obteve "+erros+" erros!";
53          document.getElementById("btProxima").className='invisivel';
54      }
55  };
```

Figura 7.17 – Método *configurarProximaAcao*
(Fonte: dos autores)

Na sequência é incrementado o contador *indiceGrupoVisivel* para apresentar ao usuário a próxima pergunta, conforme código apresentado na linha 44, e tornando-a visível, conforme código apresentado nas linhas 46 e 47 (Figura 7.17).

Caso já tenha realizado a correção de todas as perguntas, o resultado final é apresentado ao usuário, por meio do código apresentado nas linhas 51 a 53 (Figura 7.17).

Resultado da renderização do código HTML com CSS e JS

O resultado final da aplicação das funcionalidades definidas no arquivo "*funcionalidadeJogo.js*" é apresentado na Figura 7.18.

(Primeira pergunta) (Segunda pergunta) (Resultado)

Figura 7.18 – Renderização do código HTML com *JavaScript* e CSS
(Fonte: dos autores)

7.2 Jogo das Formas e Cores (Arrastar/Soltar)

O jogo de formas e cores trabalha com três formas de cores diferentes. Logo, o usuário precisa clicar, arrastar e soltar cada uma das formas no lugar correto. Se a forma for inserida em um espaço inadequado o jogo deve apresentar uma mensagem de erro e solicitar que a ação seja repetida.

Nas próximas seções serão apresentados o documento HTML, o código CSS e o código fonte em *JavaScript* utilizados na construção do jogo.

7.2.1 Estrutura do projeto e código HTML

A construção da estrutura do projeto é a primeira ação a ser realizada na construção do jogo. Conforme apresentado na Figura 7.19, o projeto está embasado em três pacotes: css (responsável pela estilização), img (armazena as imagens utilizadas) e o js (responsável por adicionar funcionalidades).

Estrutura do projeto

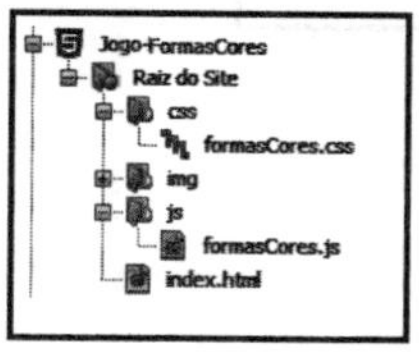

Bloco de código HTML

```
1  <!DOCTYPE html>
2  <html>
3      <head>
4          <title>Fogos- Form Padrão</title>
5          <meta charset="UTF-8">
6          <meta name="viewport" content="width=device-width, initial-scale=1.0">
7          <link rel="stylesheet" href="css/formasCores.css">
8          <script src="js/formasCores.js" DEFER="DEFER"></script>
9      </head>
10     <body>
11         <div id="tabuleiro">
12             <header ...4 linhas />
16             <section ...11 linhas />
27             <aside ...8 linhas />
35             <footer ...3 linhas />
38         </div>
39     </body>
40 </html>
```

Figura 7.19 – Definição da estrutura e do HTML
(Fonte: dos autores)

O projeto em questão, trabalha com dois arquivos externos ao HTML, "formasCores.css" e "formasCores.js". A linha 7 (Figura 7.19) informa ao HTML onde se encontra o arquivo de formatação a ser utilizado, que é "*css/formasCores.css*". Já o arquivo referente às funcionalidades é informado na linha 8 (*"js/formasCores.js").*

Neste jogo, o espaço responsável por inserir o conteúdo que aparece no corpo do navegador, a *tag <body></body>*, recebe a *tag <div></div>* que, por sua vez, foi subdividida em *<header></header>, <section></section>, <aside></aside>* e *<footer></footer>*. É importante ressaltar que essa subdivisão define a estrutura do *layout* da página, conforme representado na Figura 7.20.

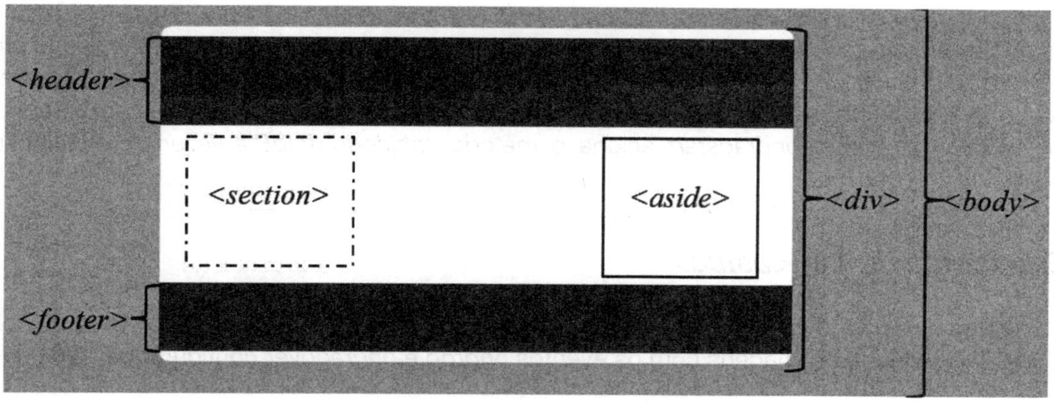

Figura 7.20 – Definição do *layout*
(Fonte: dos autores)

A seguir serão detalhados os conteúdos, em HTML, das *tags* que compõem a subdivisão da *tag <div></div>.*

Elementos da tag *<header>*

O elemento *header*, neste exemplo, tem o objetivo de estruturar e apresentar o conteúdo do cabeçalho, logo, essa *tag* possui um título *<h1>* e um parágrafo *<p>*, conforme apresentado na Figura 7.21.

Bloco de código HTML

```
<header>
    <h1>Formas & Cores</h1>
    <p>Arraste as formas para o lugar correto!!</p>
</header>
```

Figura 7.21 – Elementos da *tag <header>*
(Fonte: dos autores)

Elementos da tag *<section>*

O espaço criado por meio da *tag <section>* é utilizado para apresentar os elementos arrastáveis (*Drag*) ao usuário. O código HTML desta *tag* está apresentado na Figura 7.22.

Bloco de código HTML

```
<section>
    <img id="trianguloDrag" src="img/triangulo.jpg" alt="trianguloDrag"
         draggable="true" ondragstart="objJogo.dragStart(event)"
         width="100" height="100">
    <img id="circuloDrag" src="img/circulo.jpg" alt="circuloDrag"
         draggable="true" ondragstart="objJogo.dragStart(event)"
         width="100" height="100">
    <img id="quadradoDrag" src="img/quadrado.jpg" alt="circuloDrag"
         draggable="true" ondragstart="objJogo.dragStart(event)"
         width="100" height="100">
</section>
```

Figura 7.22 – Elementos da *tag <section>*
(Fonte: dos autores)

No corpo desta *tag* foram inseridas três imagens e todas elas foram configuradas como sendo um elemento arrastável. Para isso, deve-se especificar o atributo *draggable="true"* em cada *<img>*. Além disso, também foi configurado o evento *ondragstart*, que é ativado quando o objeto começa a ser arrastado. Logo, quando o arraste for iniciado, o evento *ondragstart* aciona o método *"objJogo.dragStart(event)"*, definido no arquivo "*formaCores.js*".

Elementos da tag *<aside>*

Os elementos definidos nesta *tag* representam a área na qual os elementos arrastáveis serão soltos (*Drop*). Para isso, foram inseridas três imagens com os eventos *ondrop* e *ondragover* configurados.

Sendo assim, quando a imagem estiver sendo arrastada e se mover sobre o objeto destino, o evento *ondrop* aciona o método *ondrop="objJogo.drop(event)"*. E, quando a imagem que estiver sendo arrastada for solta sobre o objeto destino, o evento *ondragover* aciona o método *ondragover="objJogo.dragOver(event)"*. Ambos os métodos foram definidos no arquivo "*formaCores.js*". O código HTML inserido no corpo da *tag <aside>* é apresentado na Figura 7.23.

Bloco de código HTML

```
<aside>
    <img id="quadradoDrop" src="img/quadradoDrop.jpg" alt="quadradoDrop"
         ondrop="objJogo.drop(event)" ondragover="objJogo.dragOver(event)">
    <img id="trianguloDrop" src="img/trianguloDrop.jpg" alt="trianguloDrop"
         ondrop="objJogo.drop(event)" ondragover="objJogo.dragOver(event)">
    <img id="circuloDrop" src="img/circuloDrop.jpg" alt="circuloDrop"
         ondrop="objJogo.drop(event)" ondragover="objJogo.dragOver(event)">
</aside>
```

Figura 7.23 – Elementos da *tag* *<aside>*
(Fonte: dos autores)

Elementos da tag *<footer>*

O corpo da *tag* *<footer>* tem como objetivo exibir as informações a respeito do jogo em uma *tag* de título *<h4>*, conforme apresenta a Figura 7.24.

Bloco de código HTML

```
<footer>
        <h4> Introdução aos Jogos Educacionais </h4>
</footer>
```

Figura 7.24 – Elementos da *tag* *<footer>*
(Fonte: dos autores)

Resultado da renderização do código HTML

O resultado da renderização do código HTML é apresentado na Figura 7.25.

Figura 7.25 – Renderização do código HTML sem formatação
(Fonte: dos autores)

7.2.2 Folha de Estilos CSS

As formatações dos elementos *body, tabuleiro, header* e *footer* são as mesmas apresentadas na seção 7.1.2, por isso não serão detalhadas, com exceção do código, na linha 36, de *footer*. A Figura 7.26 apresenta o código CSS desses elementos.

```
11 body {
12     font: normal 16px/20px "Helvetica Neue", Helvetica, sans-serif;
13     background: gainsboro;
14     margin-top: 30px;
15 }
16 #tabuleiro{
17     width: 600px;
18     margin: 0 auto;
19     background: white;
20     border-radius: 10px;
21     padding-top: 10px;
22     padding-bottom: 10px;
23 }

24 header{
25       background:grey;
26       color:black;
27       text-align:center;
28       padding-top: 1px;
29 }
30 footer{
31       background:grey;
32       color:black;
33       padding-top: 1px;
34       padding-bottom: 1px;
35       text-align:center;
36       clear:both
37 }
```

Figura 7.26 - Formatações dos elementos *body, tabuleiro, header* e *footer*
(Fonte: dos autores)

O código apresentado na Figura 7.26 (linha 36) limpa a formatação dos elementos que estão flutuando tanto à direita (*tag <aside>*) quanto à esquerda (*tag <section>).*

Formatação da tag <section>

A formatação da *tag <section>*, apresentada na Figura 7.27, define que esta *tag* irá flutuar à esquerda (*float: left;*), possui largura fixa de 120px (*width: 120px;*), margem (*margin: 20px;*), conteúdo centralizado (*text-align:center;*) e possui uma borda pontilhada ao redor da mesma (*border: 3px dashed #999;*).

```
section{
    float: left;
    width: 120px;
    margin: 20px;
    text-align:center;
    border: 3px dashed #999;
}
```

Figura 7.27 – Formatação da *tag* *<section>*
(Fonte: dos autores)

Formatação da tag <aside>

A *tag* *<aside>*, representada na Figura 7.28, flutua à direita (*float: right;*), possui largura de 140px (*width: 140px;*), elementos alinhados ao centro (*text-align:center;*) e possui espaçamento de 20px *(padding: 20px;).*

```
aside{
    float: right;
    width: 140px;
    text-align:center;
    padding: 20px;
}
```

Figura 7.28 – Formatação da *tag* *<aside>*
(Fonte: dos autores)

Formatação dos elementos com ids Drag e Drop

Conforme apresenta a Figura 7.29, todas as imagens cujos *ids* são definidos como sendo *#trianguloDrop*, *#circuloDrop* e *#quadradoDrop* são formatadas com uma borda sólida (*border: 4px solid;*). Já as imagens com *ids* *#trianguloDrag*, *#circuloDrag* e *#quadradoDrag* são formatadas com espaçamento de 20px (*padding: 20px;*).

```
#trianguloDrop,#circuloDrop,#quadradoDrop {
    border: 4px solid;
}

#trianguloDrag,#circuloDrag,#quadradoDrag {
    padding: 2px;
}
```

Figura 7.29 – Formatação das imagens
(Fonte: dos autores)

Resultado da renderização do código HTML com CSS

O resultado da aplicação do código CSS, contida no arquivo "*formasCores.css*", é apresentado na Figura 7.30.

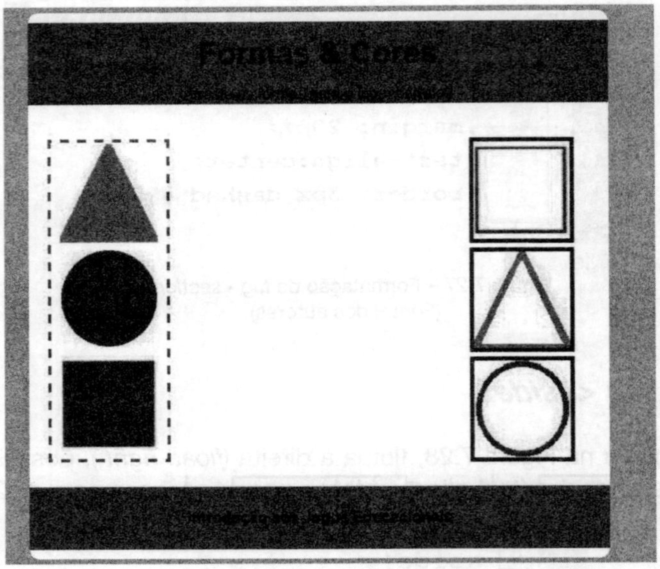

Figura 7.30 – Renderização do código HTML com CSS
(Fonte: dos autores)

7.2.3 Código em *JavaScript*

O código em *JavaScrip* do arquivo "*formasCores.js*" é apresentado na Figura 7.31. Basicamente ele possui uma classe "*funcionalidadesFormasCores*" e um evento *window.onload.*

O evento *window.onload* define o estado inicial do jogo, por meio da construção do objeto *obj Jogo* (*this. obj Jogo = new funcionalidadesFormasCores()*), como mostra a linha 59 (Figura 7.31). Esse objeto será visível ao objeto *window*, que, por sua vez, é visível no HTML.

```
6   //classe funcionalidadesFormasCores()
7   function funcionalidadesFormasCores(){
8
9       //o objeto que está sendo arrastado se move sobre o objeto destino;
10      this.dragOver=function (ev){...5 linhas };
15      //o objeto começou a ser arrastado
16      this.dragStart=function(ev) {...5 linhas };
21      //o objeto que está sendo arrastado foi solto sobre o objeto destino.
22      this.drop=function(ev){...31 linhas };
53  };
54
55  /*objeto do BOM - window, evento onload -
56   * window.onload ocorre quando a página terminar de carregar por completo
57   */
58  window.onload = function () {
59      this.objJogo = new funcionalidadesFormasCores();
60  };
```

Figura 7.31 – Arquivo *JavaScript*
(Fonte: dos autores)

A classe *funcionalidadesFormasCores()*, representada nas linhas 7 a 53 da Figura 7.31, possui três métodos (*dragOver(), dragStart() e drop()*) que serão detalhados a seguir.

Método dragOver()

Este método é acionado toda vez que a imagem que estiver sendo arrastada se move sobre o objeto de destino. A única função deste método é desativar o comportamento padrão do *browser,* com isso, torna-se possível o recebimento da imagem que está sendo arrastada na área de destino, conforme código apresentado na Figura 7.32.

```
//o objeto que está sendo arrastado se move sobre o objeto destino;
this.dragOver=function (ev){
    //Desativa o comportamento padrão do navegador e
    //permite que a área destino receba a imagem
    ev.preventDefault();
};
```

Figura 7.32 – Método *dragOver()* (Fonte: dos autores)

Método dragStart()

O método *dragStart()* é acionado toda vez que o usuário inicia o arraste da imagem, atribuindo o *id* da imagem de arraste para a área de transferência. A Figura 7.33 apresenta o código referente a este método.

```
//o objeto começou a ser arrastado
this.dragStart=function(ev) {
    //Atribui o ID da imagem para área de transferência
    // através do objeto dataTransfer
    ev.dataTransfer.setData("text", ev.target.id);
};
```

Figura 7.33 – Método *dragStart()*
(Fonte: dos autores)

Método drop()

O método *drop* é acionado toda vez que o usuário soltar a imagem sobre o objeto de destino. A Figura 7.34 apresenta o código referente a este método.

```
    //o objeto que está sendo arrastado foi solto sobre o objeto destino.
    this.drop=function(ev){
        //obtem o ID do elemento que está sendo arrastado
        //na área de transferência através do objeto dataTransfer
        var idData = ev.dataTransfer.getData("text");

        //Retorna o ID da imagem que está recebendo o objeto de araste
        var idDataDrop = ev.target.id;
        //verifica se o imagem de arraste (idData) está sendo solta
        //na imagem correta (idDataDrop)
        if (((idData==="trianguloDrag") && (idDataDrop === "trianguloDrop")) ||
            ((idData==="quadradoDrag") && (idDataDrop === "quadradoDrop")) ||
            ((idData==="circuloDrag") && (idDataDrop === "circuloDrop"))){


             //Subistitui a imagem Drop pela imagem Drag
            var imgDrop = new Image();//Cria um novo objeto Image
            imgDrop = document.getElementById(idDataDrop);//Atribui a área que a imagem será solta
            var imgDrag = new Image();//Cria um novo objeto Image
            imgDrag = document.getElementById(idData);//Atribui a imagem que está sendo arrastada
            //Atribui a imagem de arraste para a área que recebe a imagem de araste
            imgDrop.src=imgDrag.src;

            //Move a imagem arrastada (document.getElementById(idData)) ,
            //para a área de destino (ev.target.appendChild)
            ev.target.appendChild(document.getElementById(idData));

        }else{
           alert("Refaça a operação!!");
           ev.returnValue = false;
        }
    };
};
```

Figura 7.34 – Método *drop()*
(Fonte: dos autores)

Conforme Figura 7.34, inicialmente é obtido o *id* do elemento que está sendo arrastado, ou seja, o que foi inserido na área de transferência (linha 25). Também se faz necessário obter o *id* do elemento que irá receber a imagem de arraste (linha 28). Obtidos os *ids,* de origem e destino, faz-se a verificação para saber se o objeto de origem está sendo inserido no destino correto (linhas 31 a 33). Caso esteja correto então, a imagem origem é atribuída para a área de destino (linhas 37 a 42) e, faz-se a transferência da imagem de origem para o destino (linha 46), apagando a imagem de origem. Se a imagem de origem estiver sendo arrastada para uma área incorreta, deve-se apresentar um alerta de aviso solicitando ao usuário que a operação deve ser repetida.

Resultado da renderização do código HTML com CSS e JS

O resultado final da aplicação das funcionalidades definidas no arquivo "*formasCores.js*" é apresentado na Figura 7.35.

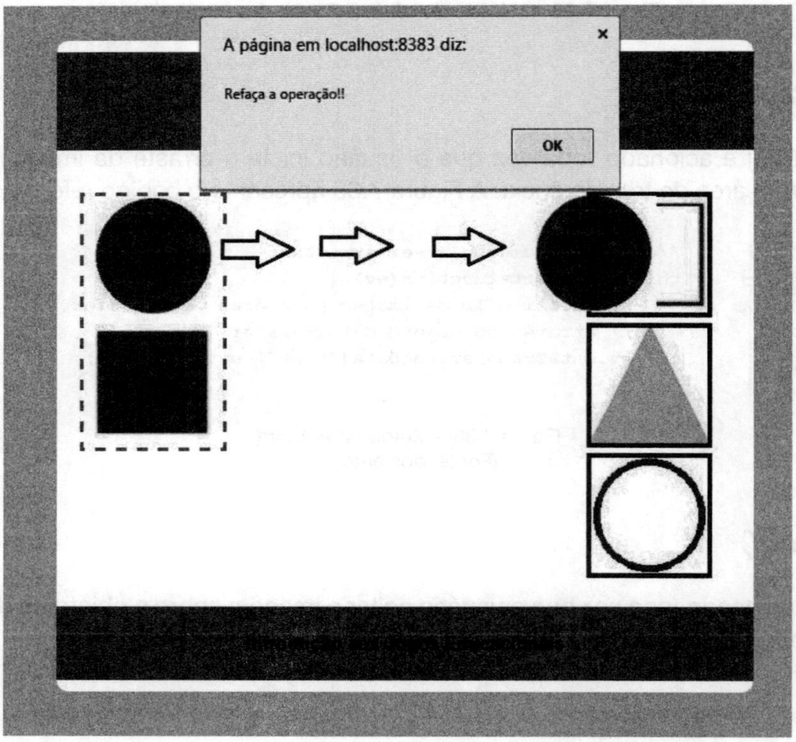

Figura 7.35 – Renderização do código HTML com JS e CSS
(Fonte: dos autores)

7.3 Jogo de Memória

O jogo de memória apresentado trabalha com seis cartas. Neste universo, o usuário deve escolher um verso e clicar sobre ele, imediatamente após o clique, é apresentada a frente da respectiva carta. Na sequência é preciso clicar na segunda carta e também é apresentada a frente da carta correspondente. Caso as frentes das cartas sejam iguais elas permanecem visíveis. Caso contrário, a carta é virada novamente, tornando o verso visível. Nesta versão do jogo não há controle de tentativas, por isso, o jogo só acaba quando forem encontrados todos os pares das cartas.

Nas próximas seções serão apresentados o documento HTML, o código CSS e o código em *JavaScript* utilizados na construção do jogo de memória.

7.3.1 Estrutura do projeto e código HTML

A Figura 7.36 apresenta a estrutura do projeto e o código HTML. Para se construir o jogo, primeiramente deve-se construir o projeto. Neste exemplo, o projeto possui três pacotes: css, img e js.

Estrutura do projeto

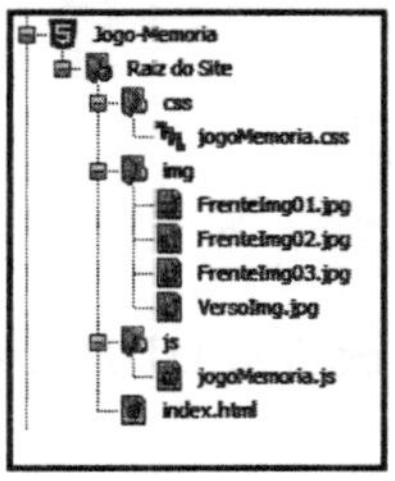

Bloco de código HTML

```
1  <!DOCTYPE html>
2  <html>
3      <head>
4          <title>Jogo Da Memória</title>
5          <meta charset="UTF-8">
6          <meta name="viewport" content="width=device-width, initial-scale=1.0">
7          <link rel="stylesheet" href="css/jogoMemoria.css">
8          <script src="js/jogoMemoria.js" DEFER="DEFER"></script>
9      </head>
10     <body>
11         <div class="tabuleiro">
12             <header ...4 linhas />
16             <section ...10 linhas />
26             <footer ...3 linhas />
29         </div>
30     </body>
31 </html>
```

Figura 7.36 – Definição da estrutura e do HTML
(Fonte: dos autores)

Detalhando o bloco de código HTML, o projeto trabalha com dois arquivos externos, "*jogoMemoria.css*", que é informado na linha 7, e o "*jogoMemoria.js*" informado na linha 8, conforme mostra a Figura 7.36.

Este jogo, quando renderizado, apresenta no corpo do navegador, a *tag <body></body>*, com suas *subtags*. A primeira *subtag* a ser inserida é a *tag <div></div>* que, por sua vez, foi subdividida em *<header></header>, <section></section>* e *<footer></footer>*. Levando em consideração tais subdivisões, a estrutura do *layout* do jogo é apresentada na Figura 7.37.

Figura 7.37 – Definição do *layout*
(Fonte: dos autores)

A seguir serão detalhados os conteúdos, em HTML, das *tags* *<header></header>, <section></section>* e *<footer></footer>*, no jogo de memória.

Elementos da tag <header>

A tag *<header>*, assim como nos exemplos anteriores, possui um título *<h1>* e um parágrafo *<p>*, conforme apresentado na Figura 7.38.

Bloco de código HTML

```
<header>
    <h1>Jogo de Memória</h1>
    <p>Clique sobre duas cartas e veja se são iguais!!</p>
</header>
```

Figura 7.38 – Elementos da *tag <header>*
(Fonte: dos autores)

Elementos da tag *<section>*

A *tag <section>* contém todas as cartas (frente e verso) utilizadas no jogo. O código HTML desta *tag* é apresentado na Figura 7.39.

Bloco de código HTML

```
<section id="cartasFrenteVerso">
  <!-- Armazena cartas frente   e      cartas verso  -->
    <p id="frente_0" class="classe_0"><p id="verso_0" ></p>
    <p id="frente_1" class="classe_1"><p id="verso_1" ></p>
    <p id="frente_2" class="classe_2"><p id="verso_2" ></p>

    <p id="frente_3" class="classe_0"><p id="verso_3" ></p>
    <p id="frente_4" class="classe_1"><p id="verso_4" ></p>
    <p id="frente_5" class="classe_2"><p id="verso_5" ></p>
</section>
```

Figura 7.39 – Elementos da *tag < section >*
(Fonte: dos autores)

No corpo desta *tag* foram inseridas 12 *tags <p>* (parágrafos), conforme mostra a Figura 7.40, sendo seis para imagens da frente e seis para imagens do verso. Nas *tags <p>* reservadas às imagens da frente foram atribuídos o *id* e a *class.* O *id* é uma identificação única para cada imagem, enquanto que a *class* define as imagens que formam os pares, ou seja, as imagens que possuem o mesmo nome de classe.

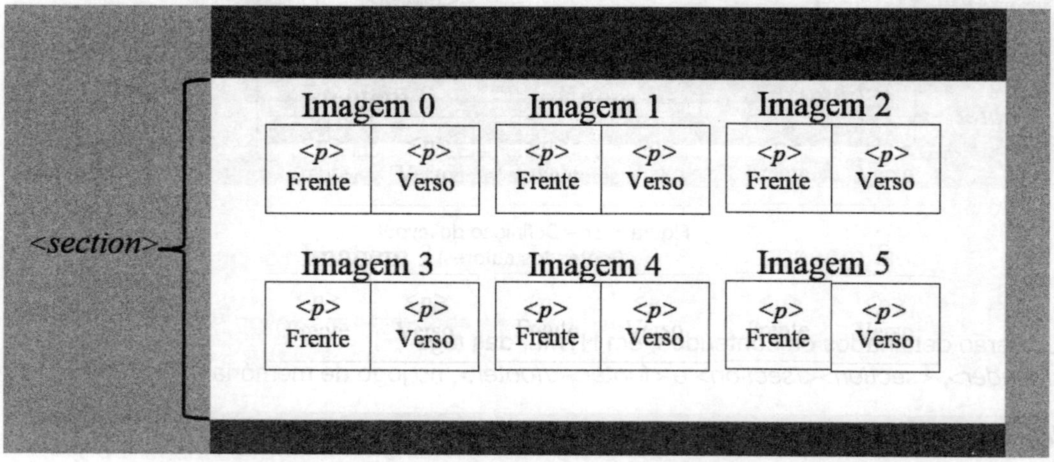

Figura 7.40 – Estrutura dos elementos da *tag <section>*
(Fonte: dos autores)

A estrutura que representa uma imagem, apresentada no navegador, é composta por dois parágrafos (duas *tags* <p>), um destinado a armazenar as frentes *(<p frente>)* e outro para armazenar o verso (*<p verso>*), conforme apresentado na Figura 7.40. Vale ressaltar que, cabe ao código escrito em *JavaScript* definir a ordem e controlar a visibilidade do *<p frente>* e do *<p verso>*.

Elementos da tag *<footer>*

O corpo da *tag <footer>* é igual ao apresentado nos exemplos anteriores e contém uma *tag* de título *<h4>*, como mostra a Figura 7.41.

Bloco de código HTML

```
<footer>
        <h4> Introdução aos Jogos Educacionais </h4>
</footer>
```

Figura 7.41 – Elementos da *tag <footer>*
(Fonte: dos autores)

Resultado da renderização do código HTML

O resultado da renderização do código HTML é apresentado na Figura 7.42.

Jogo de Memória

Clique sobre duas cartas e veja se são iguais!!

Introdução aos Jogos Educacionais

Figura 7.42 – Renderização do código HTML sem formatação
(Fonte: dos autores)

7.3.2 Folha de estilos CSS

As formatações dos elementos *body, tabuleiro, header, section e footer* são as mesmas apresentadas anteriormente, portanto não serão detalhadas. A Figura 7.43 apresenta o código *CSS* desses elementos.

```
body {
    font: normal 16px/20px "Helvetica Neue", Helvetica, sans-serif;
    background: gainsboro;
    margin-top: 30px;
}
```

```
.tabuleiro{
    width: 600px;
    margin: 0 auto;
    background: white;
    border-radius: 10px;
    padding-top: 10px;
    padding-bottom: 10px;
}

header{
    background:grey;
    color:black;
    text-align:center;
    padding-top: 1px;
}
```

```
section{
    width: 600px;
    height: 300px;
    text-align:center;
}

footer{
    background:grey;
    color:black;
    padding-top: 1px;
    padding-bottom: 1px;
    text-align:center;
}
```

Figura 7.43 - Formatações dos elementos *body, tabuleiro, header, section* e *footer* (Fonte: dos autores)

Formatação da tag <p>

Levando em consideração formatação da *tag* <p>, apresentada na Figura 7.44, primeiramente define-se o alinhamento dos elementos. Neste caso eles estão alinhados como sendo uma linha de texto. Assim, ao terminar o espaço que as *tags* <p> ocupam na linha, ocorre a quebra automaticamente para a próxima linha (*display:inline-block;*). Também é definido que os elementos começam a se alinhar pelo topo (*vertical-align:top;*).

```
p{
    display:inline-block;
    vertical-align:top;
}
```

Figura 7.44 – Formatação da *tag* <p> (Fonte: dos autores)

Formatação do id #frente e #verso

Para cada um dos identificadores *id (#frente_0* até *#frente_5 e #verso_0* até *#verso_5*) definiu-se a imagem de fundo (*background: url(../img/Xxxxx.jpg);*), altura (*height: 130px;*), largura (*width: 130px;*), tipo de borda (*border: 5px solid #000;*), tipo de posicionamento (*position: relative;*), margem (*margin: 5px;*) e, para alguns, se está invisível (*display: none*;). A Figura 7.45 mostra, graficamente, a configuração dos identificadores *#frente* e *#verso*.

```
#frente_0{
    background: url(../img/FrenteImg01.jpg);
    height: 130px;
    width: 130px;
    border: 5px solid #000;
    position: relative;
    margin: 5px;
    display: none;
}
#verso_0{
    background: url(../img/VersoImg.jpg);
    height: 130px;
    width: 130px;
    border: 5px solid #000;
    position: relative;
    margin: 5px;
}
```

```
#frente_1{
    background: url(../img/FrenteImg02.jpg);
    height: 130px;
    width: 130px;
    border: 5px solid #000;
    position: relative;
    margin: 5px;
    display: none;
}
#verso_1{
    background: url(../img/VersoImg.jpg);
    height: 130px;
    width: 130px;
    border: 5px solid #000;
    position: relative;
    margin: 5px;
}
```

```
#frente_2{
    background: url(../img/FrenteImg03.jpg);
    height: 130px;
    width: 130px;
    border: 5px solid #000;
    position: relative;
    margin: 5px;
    display: none;
}
#verso_2{
    background: url(../img/VersoImg.jpg);
    height: 130px;
    width: 130px;
    border: 5px solid #000;
    position: relative;
    margin: 5px;
}
```

```
#frente_3{
    background: url(../img/FrenteImg03.jpg);
    height: 130px;
    width: 130px;
    border: 5px solid #000;
    position: relative;
    margin: 5px;
    display: none;
}
#verso_3{
    background: url(../img/VersoImg.jpg);
    height: 130px;
    width: 130px;
    border: 5px solid #000;
    position: relative;
    margin: 5px; ;
}
```

```
#frente_4{
    background: url(../img/FrenteImg02.jpg);
    height: 130px;
    width: 130px;
    border: 5px solid #000;
    position: relative;
    margin: 5px;
    display: none;
}
#verso_4{
    background: url(../img/VersoImg.jpg);
    height: 130px;
    width: 130px;
    border: 5px solid #000;
    position: relative;
    margin: 5px;
}
```

```
#frente_5{
    background: url(../img/FrenteImg03.jpg);
    height: 130px;
    width: 130px;
    border: 5px solid #000;
    position: relative;
    margin: 5px;
    display: none;
}
#verso_5{
    background: url(../img/VersoImg.jpg);
    height: 130px;
    width: 130px;
    border: 5px solid #000;
    position: relative;
    margin: 5px;
}
```

Figura 7.45 – Formatação dos identificadores *#frente* e *#verso*
(Fonte: dos autores)

Resultado da renderização do código HTML com CSS

O resultado da aplicação do código CSS, contido no arquivo "*jogoMemoria.css*", é apresentado na Figura 7.46.

Figura 7.46 – Renderização do código HTML com CSS
(Fonte: dos autores)

7.3.3 Código em JAVASCRIPT

A Figura 7.47 apresenta, graficamente, o conteúdo do arquivo *"jogoMemoria.js"*. Ele possui uma classe *"ControleCartas"* e o evento *window.onload.* Conforme explanado nos exemplos anteriores, o evento *window.onload* define o estado inicial do jogo, por meio da construção de um objeto, neste caso o objeto *objCartas* (*var objCartas = new ControleCartas();*), na linha 65. Na sequência é criado o evento *onclique*, para cada *<p>*, e como ação deste evento atribui-se o método *analisarClique(objCartas.analisarClique(this);)*, conforme apresentado na linha 70.

```
7   function ControleCartas(){
8       var informacaoCartasPressionadas=[];//Armazena as cartas clicadas
9
10      this.analisarClique=function(cartaPressionada){...50 linhas };
60
61  };
62
63
64  window.onload = function () {
65      var objCartas = new ControleCartas();
66
67      var section = document.getElementById("cartasFrenteVerso");
68      var cartas = section.getElementsByTagName("p");
69      for(var i=cartas.length-1; i>=0; i--) {
70          cartas[i].onclick = function() {objCartas.analisarClique(this); };
71      }
72  };
```

Figura 7.47 – Arquivo em *JavaScript*
(Fonte: dos autores)

A classe *controleCartas()*, representada na Figura 7.47, possui um método (*analisarClique()*), que será detalhado a seguir.

Método analisarClique()

Toda vez que uma imagem, seja ela frente ou verso, receber um clique esse método será acionado. Ele tem a finalidade de armazenar as informações das cartas e, posteriormente, classificar a ação do usuário como "acertou" ou "errou". O código deste método é apresentado na Figura 7.48.

```
10 this.analisarClique=function(cartaPressionada){
11     //split-faz a divisão do texto do id tendo como parâmetro "_"
12     var tipoCarta = cartaPressionada.id.split("_")[0];
13 
14     //verifica se a carta clicada é do tipo verso, se for continua a análise
15     if(tipoCarta === "verso"){
16         //split-faz a divisão do texto do id tendo como parâmetro "_"
17         //retornando o número da carta que é verso e foi pressionada
18         var numeroCartaVerso = cartaPressionada.id.split('_')[1];
19         //id da carta frente referente a carta pressionada que é do tipo verso
20         var idCartaFrente = document.getElementById("frente_"+numeroCartaVerso);
21         //Torna visivel a carta frente com idCartaFrente
22         idCartaFrente.style.display="inline-block";
23         //armazena o idCartaFrente no vertor
24         informacaoCartasPressionadas.push(idCartaFrente);
25         //Torna invisivel a carta verso que foi pressionada
26         cartaPressionada.style.display= "none";
27         //Verifica se existe duas cartas armazenadas no vetor
28         if(informacaoCartasPressionadas.length===2){
29             //desenpilha a segunda carta que foi clicada
30             var carta2 = informacaoCartasPressionadas.pop();
31             //desenpilha a primeira  carta que foi clicada
32             var carta1 = informacaoCartasPressionadas.pop();
33             //Compara os nomes das classes de carta1 e carta2,
34             //as cartas são iguais se as classes forem
35             if(carta1.className === carta2.className){
36                 alert("Você acertou!!!");
37 
38             }else{
39                 var idCarta2 = carta2.id.split('_')[1];
40                 var idCarta1 = carta1.id.split('_')[1];
41 
42                 alert("Você errou, tente novamente");
43                 var carta2Frente = document.getElementById("frente_"+idCarta2);
44                 var carta1Frente = document.getElementById("frente_"+idCarta1);
45                 carta2Frente.style.display= "none";//Torna carta2Frente invisivel
46                 carta1Frente.style.display= "none";//Torna carta1Frente invisivel
47 
48                 var carta2Verso = document.getElementById("verso_"+idCarta2);
49                 var carta1Verso = document.getElementById("verso_"+idCarta1);
50                 carta2Verso.style.display= "inline-block";//Torna carta2Verso visivel
51                 carta1Verso.style.display= "inline-block";//Torna carta1Verso visivel
52             }
53         }
54     // caso a carta seja frente o programa deve solicitar que o jogador clique
55     //  em outra carta pois esta carta já foi clicada
56     }else if(tipoCarta === "frente"){
57         alert("Clique em outra carta!!");
58     }
59 };
```

Figura 7.48 – Método *analisarClique* ()
(Fonte: dos autores)

Com base na Figura 7.48, inicialmente, na linha 12, aplica-se a função *split* (*cartaPressionada.id.split("_")[0];*) que faz a divisão do texto definido como *id,* no documento HTML, e retorna "*verso*" ou "*frente*". Caso a imagem acionada seja o "verso", pega-se o número da carta (*cartaPressionada.id.split('_')[1];*) na linha 18, para adquirir o *id* da carta "*frente*" correspondente a este número.

Na sequência, torna-se a *"frente"* da carta visível (*idCartaFrente.style.display="inline-block";*) na linha 22, armazena-se o *id* desta carta no vetor (*informacaoCartasPressionadas.push(idCartaFrente);*) na linha 24 e deixa a carta *"verso"* invisível ao usuário (*cartaPressionada.style.display= "none";*) na linha 26. Esse procedimento se repetirá até que o jogador tenha clicado em duas cartas (para que se possa verificar se formam ou não um par).

Após o jogador ter clicado em duas cartas, comparam-se as classes (*"classe_0", "classe_1" ou "classe_2"*), que foram atribuídas a cada uma delas no documento HTML e, caso as classes sejam iguais, o programa informa que o jogador acertou (*alert("Você acertou!!!");*), conforme apresenta o código da linha 36. Se as cartas não forem iguais, o programa tem que tornar as cartas "frente" invisíveis (*carta2Frente.style.display= "none"; e carta1Frente.style.display= "none";*), nas linhas 45 e 46, e as cartas "verso" visíveis (*carta2Verso.style.display= "inline-block"; e carta1Verso.style.display= "inline-block";*). Esses procedimentos serão repetidos e apresentados ao jogador até que ele consiga localizar todos os pares de cartas.

Resultado da renderização do código HTML com CSS e JS

O resultado final da aplicação das funcionalidades definidas no arquivo *"jogoMemoria.js"* é apresentado na Figura 7.49.

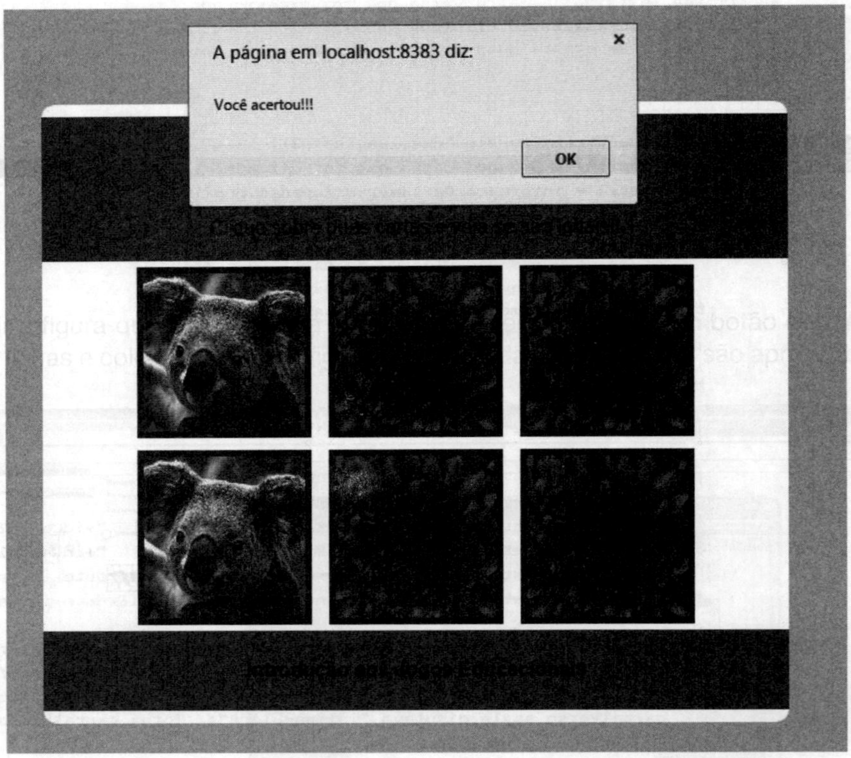

Figura 7.49 – Renderização do Jogo de Memória usando HTML, *JavaScript* e CSS
(Fonte: dos autores)

PARTE IV
Construção de Objetos de Aprendizagem com a Ferramenta ARDORA

CAPÍTULO 8
ARDORA

Ardora é uma ferramenta que permite a construção de inúmeras atividades (objetos de aprendizagem) que podem ser publicadas e acessadas via *web*, por meio de navegadores, tais como o *Firefox* e o *Google Chrome*, entre outros. A versão utilizada neste tutorial é a 7.1, disponível para *download* no *site* *http://webardora.net*. A Figura 8.1 apresenta a tela de abertura do *Ardora* 7.1.

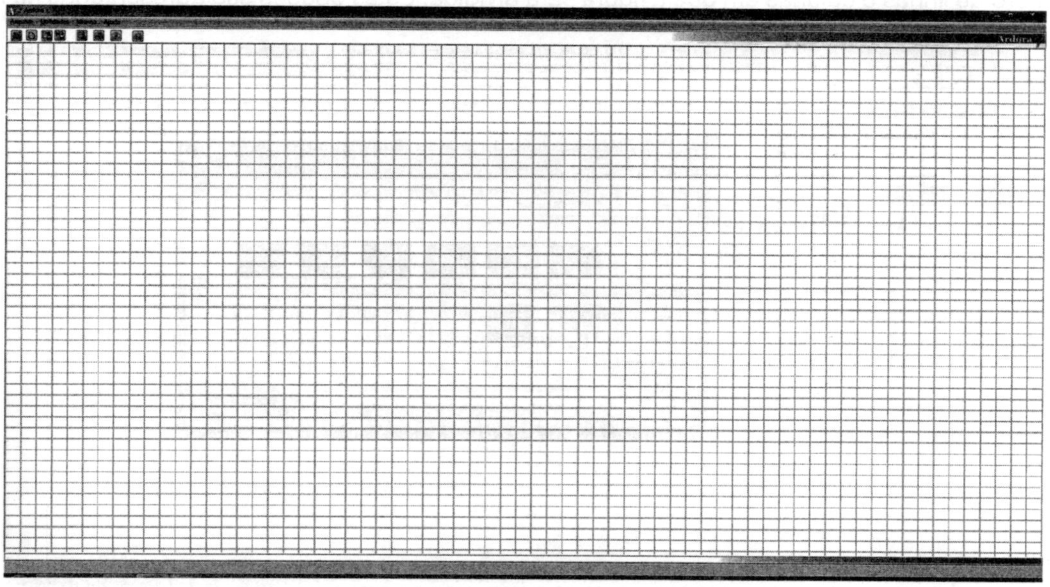

Figura 8.1 - Tela de Abertura do *Ardora*
(Fonte: dos autores)

8.1 Construção de um Quebra-cabeça

A Figura 8.2 apresenta o *menu* com as opções para criação de novas atividades. O primeiro exemplo a ser apresentado é o de construção de um quebra-cabeça (Menu Nova atividade> Atividades com Imagens> Quebra-cabeça).

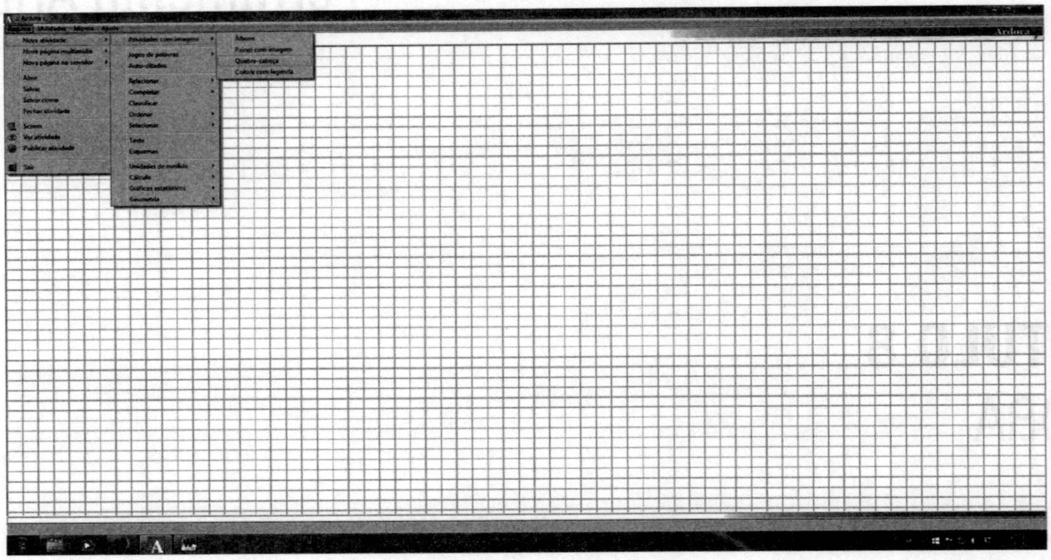

Figura 8.2 - Menu Nova Atividade
(Fonte: dos autores)

Deve-se definir a figura que será utilizada no quebra-cabeça (por meio do botão *escolha a imagem*), bem como o número de linhas e colunas em que a figura será dividida. Estas opções são apresentadas na Figura 8.3.

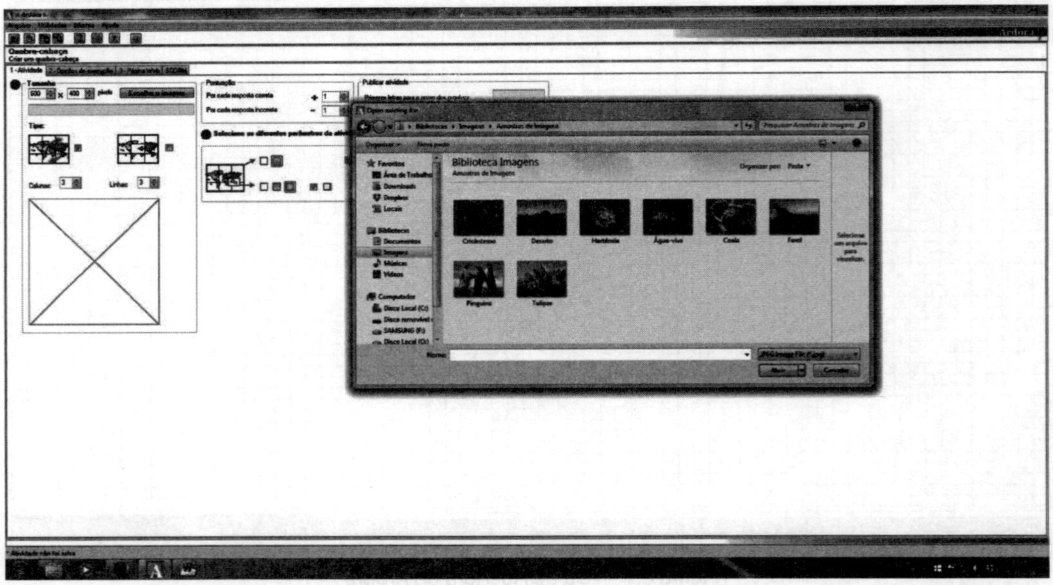

Figura 8.3 - Configurações do Quebra-cabeça
(Fonte: dos autores)

A Figura 8.4 apresenta a imagem selecionada, bem como a definição do número de linhas e colunas do quebra-cabeça (4 linhas e 4 colunas foram utilizadas neste exemplo).

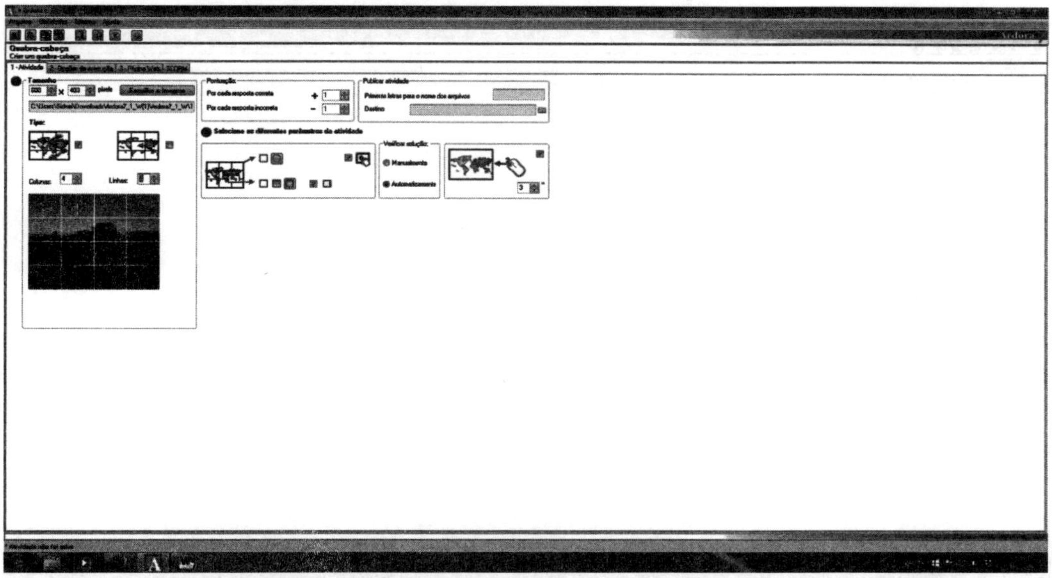

Figura 8.4 - Definição do número de linhas e colunas
(Fonte: dos autores)

A Figura 8.5 apresenta a tela para que sejam inseridas as mensagens relativas à congratulação (quando o quebra-cabeça é montado corretamente) ou quando o limite de tempo se esgota.

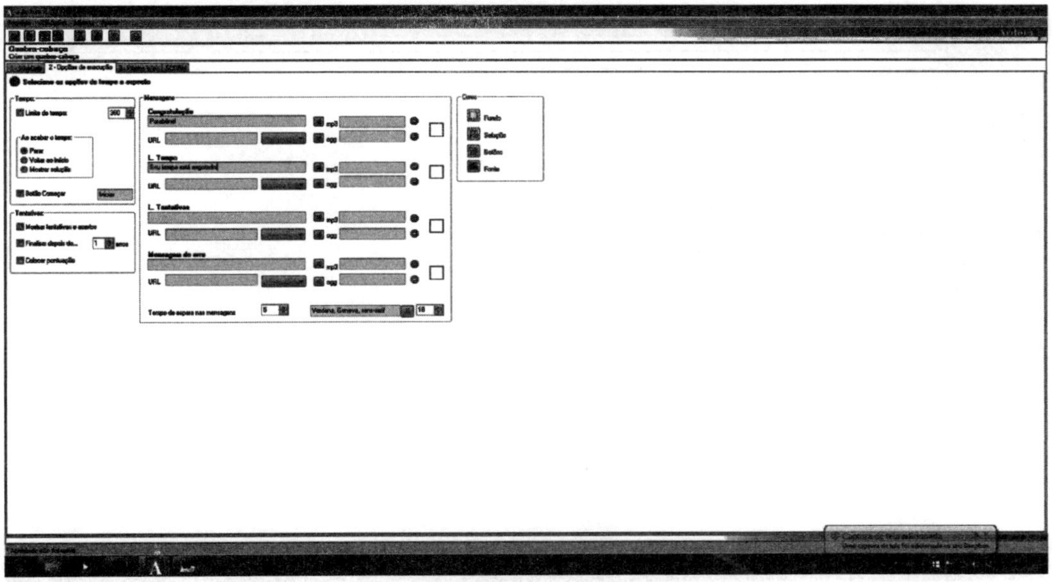

Figura 8.5 - Definição das Mensagens
(Fonte: dos autores)

A Figura 8.6 apresenta a tela para configuração da página *web*, em que podem ser definidos o enunciado da atividade, título da página e autor, entre outras opções.

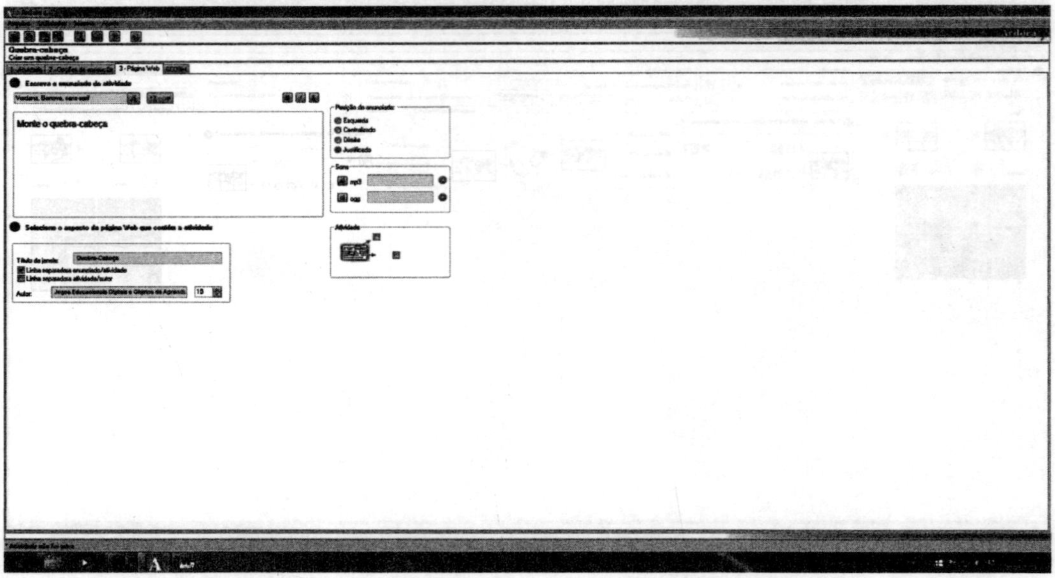

Figura 8.6 - Configuração da Atividade
(Fonte: dos autores)

Ao concluir as configurações, a atividade deve ser salva, por meio da opção *salvar* do menu *arquivo*, como mostra a Figura 8.7. Deve-se escolher o local (pasta) e definir o nome da atividade (conforme Figura 8.8).

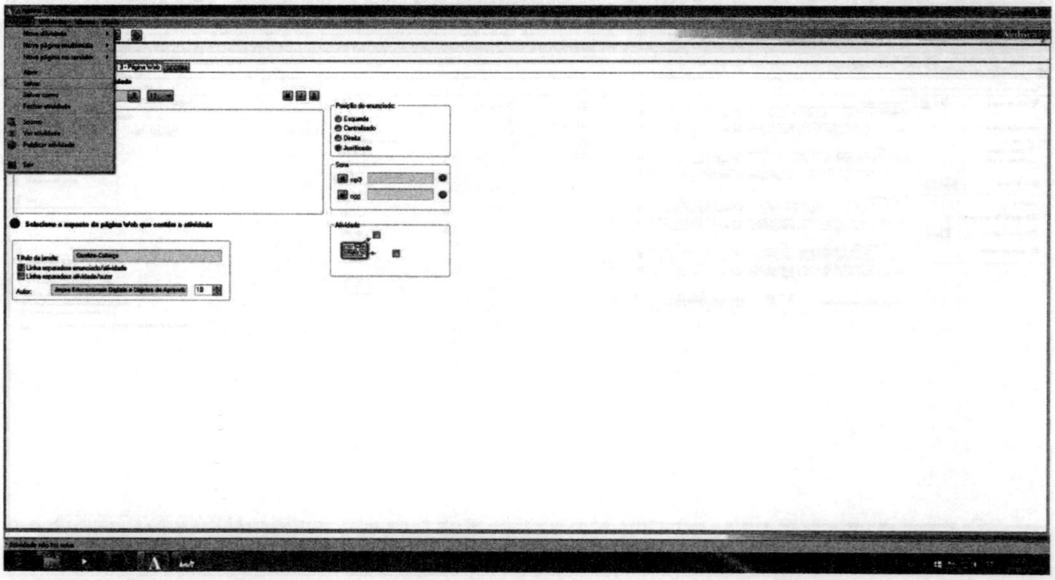

Figura 8.7 - Salvar a atividade
(Fonte: dos autores)

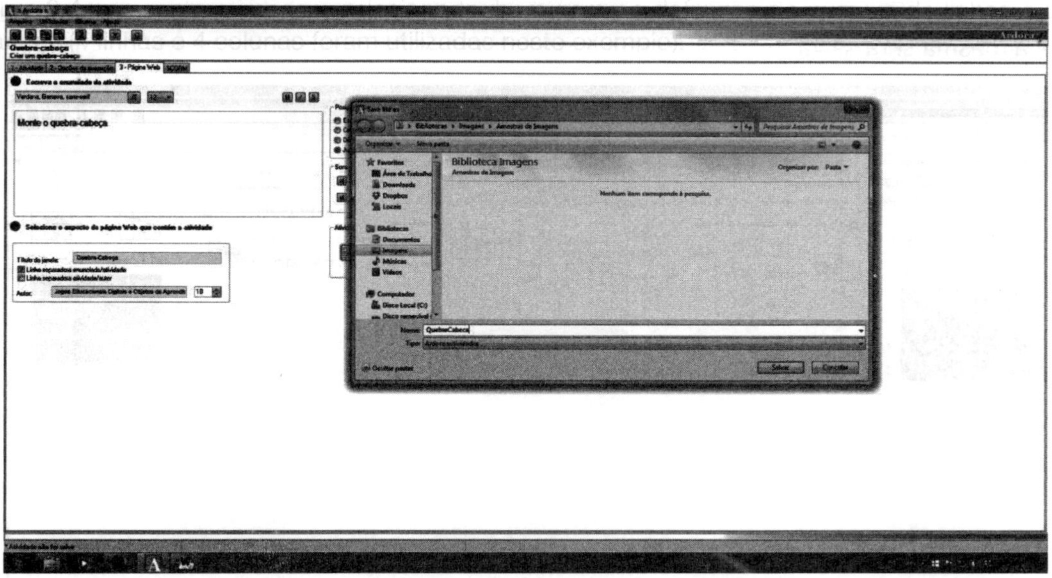

Figura 8.8 - Definição do Nome da Atividade
(Fonte: dos autores)

O próximo passo envolve publicar a atividade, para que a mesma possa ser acessada por meio da Internet. Deve-se definir o local (destino), clicando no ícone que representa uma pasta (destacado na Figura 8.9) e selecionar o local na janela que será aberta. Deve-se definir, também, as letras iniciais para o arquivo que será criado ao publicar a atividade.

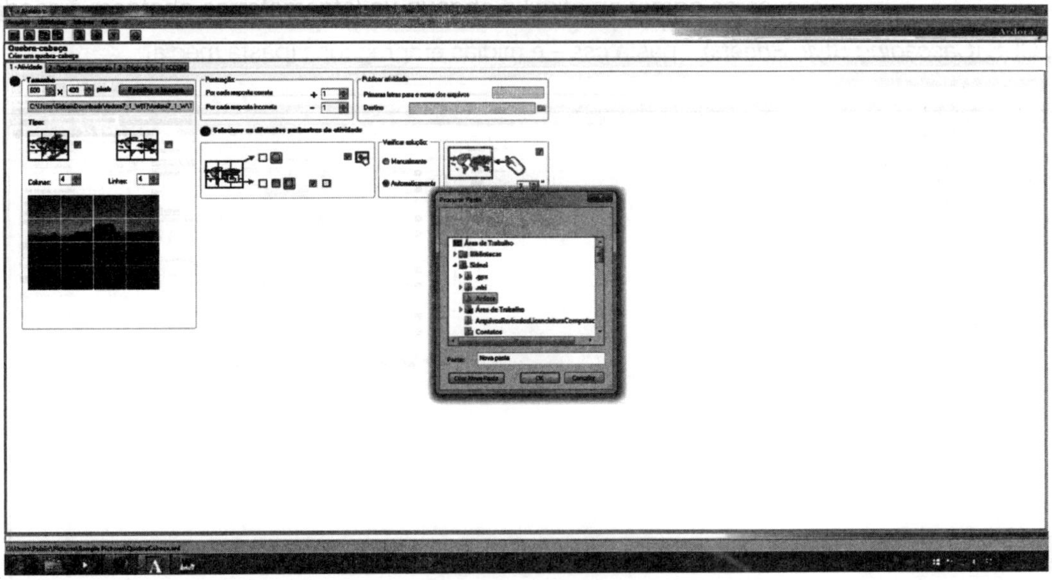

Figura 8.9 - Escolha da Pasta e Nome para Publicação da Atividade
(Fonte: dos autores)

A Figura 8.10 mostra a definição das primeiras letras da atividade (no exemplo utilizou-se *quebracabeca*) e o local onde a mesma será salva.

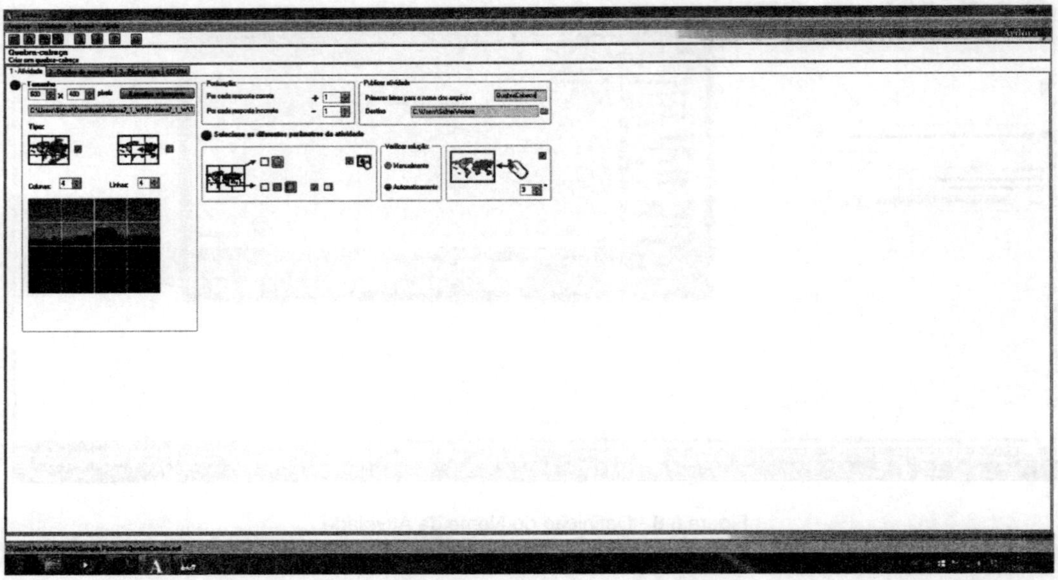

Figura 8.10 - Exemplo de Nome e Local para Publicação da Atividade
(Fonte: dos autores)

O próximo passo é acessar o *menu* arquivo e a opção *publicar atividade* (Figura 8.11). A mesma será salva no formato HTML (*HyperText Markup Language*), empregando recursos de programação *Java Script* (arquivos salvos na pasta *js*), CSS (*Cascading Style Sheets*) – pasta *css* – e mídias empregadas (pasta *media*).

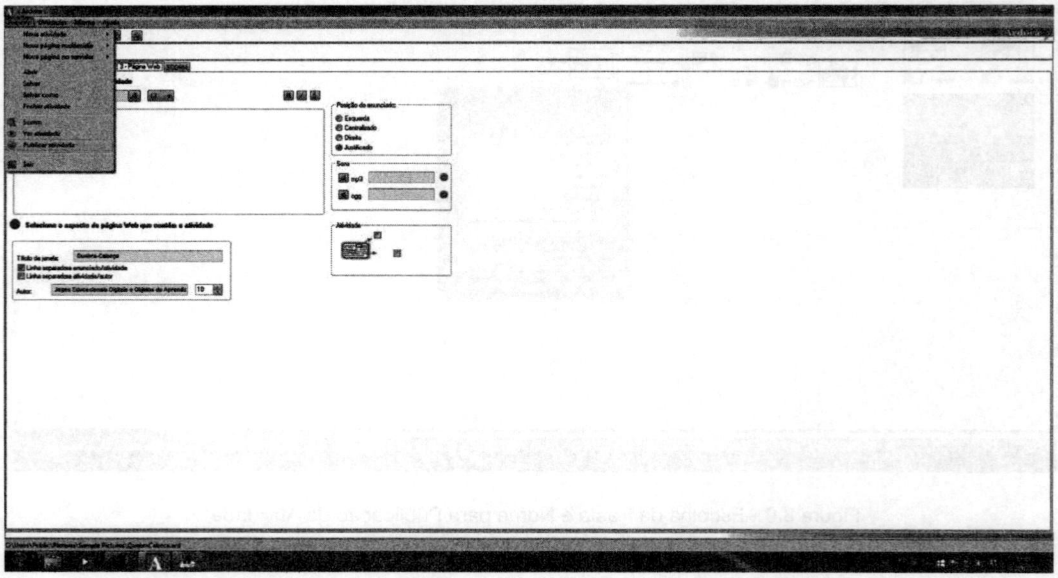

Figura 8.11 - Publicação da Atividade
(Fonte: dos autores)

A Figura 8.12 apresenta a atividade em funcionamento, no *browser*.

Figura 8.12 - Atividade em Funcionamento
(Fonte: dos autores)

8.2 Palavras Cruzadas

Outra opção de atividade são as palavras cruzadas, acessíveis por meio do Menu Nova Atividade> Jogos de Palavras> Palavras cruzadas, como mostra a Figura 8.13.

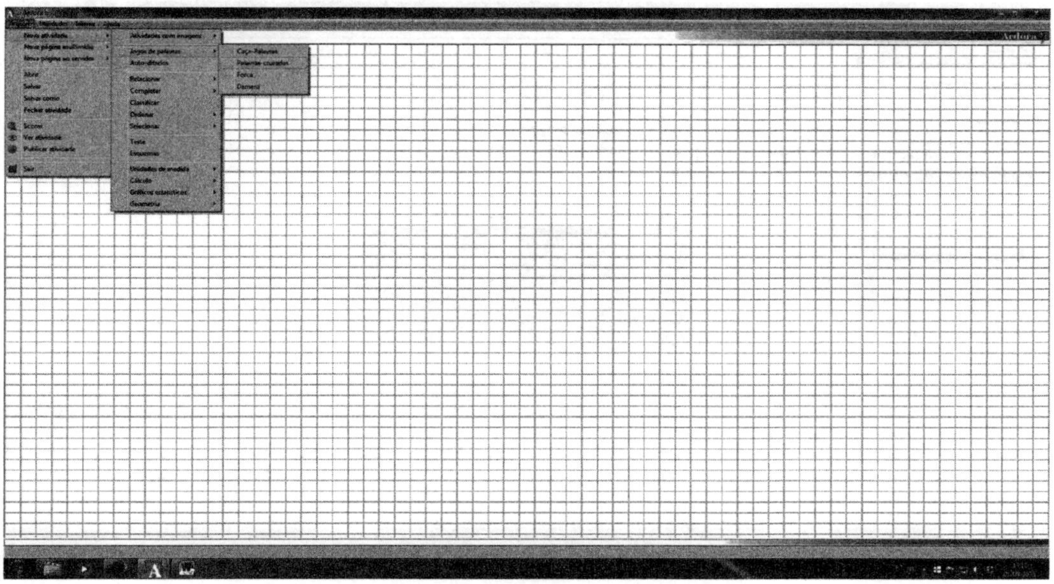

Figura 8.13 - Palavras cruzadas
(Fonte: dos autores)

Deve-se digitar, diretamente no quadro (tabela com as palavras), as palavras desejadas, tomando-se o cuidado de definir a direção (horizontal ou vertical), no botão que contém a seta na cor vermelha (Figura 8.14).

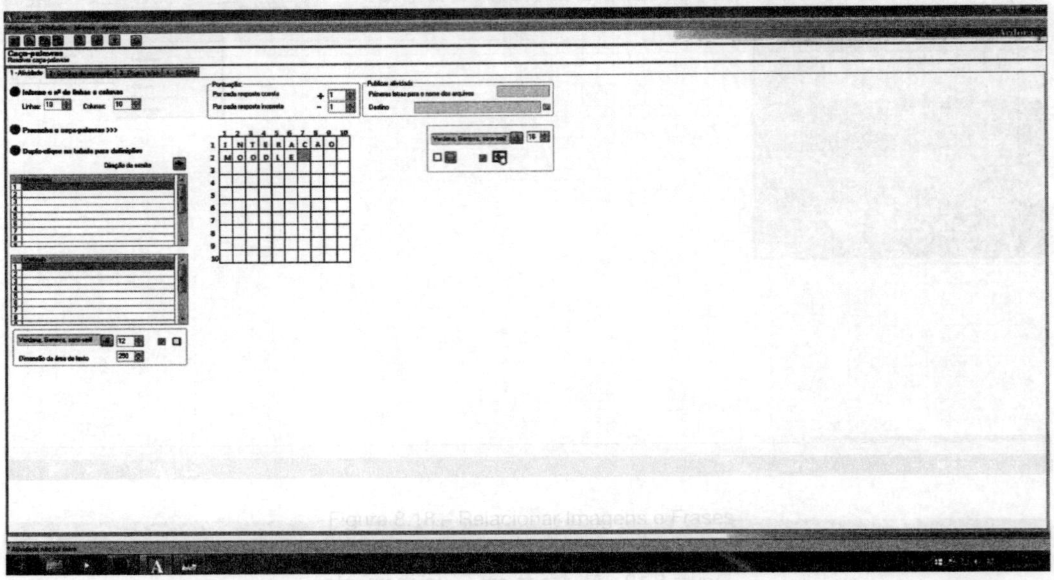

Figura 8.14 - Definição das Palavras
(Fonte: dos autores)

Após a digitação das palavras, pode-se definir as "pistas" por meio de texto, imagem ou som. Para isto deve-se dar um duplo clique sobre a palavra e será mostrada a janela apresentada na Figura 8.15.

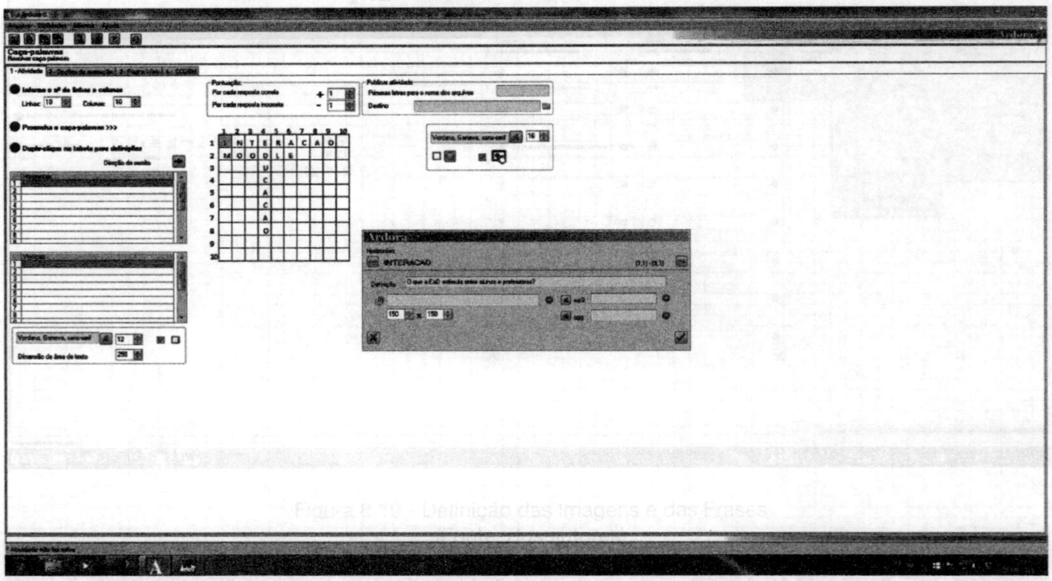

Figura 8.15 - Definição das "Pistas" das Palavras
(Fonte: dos autores)

A Figura 8.16 mostra a definição das primeiras letras dos arquivos para publicar a atividade (no exemplo utilizou-se *Palavras*) e o local onde a atividade será salva.

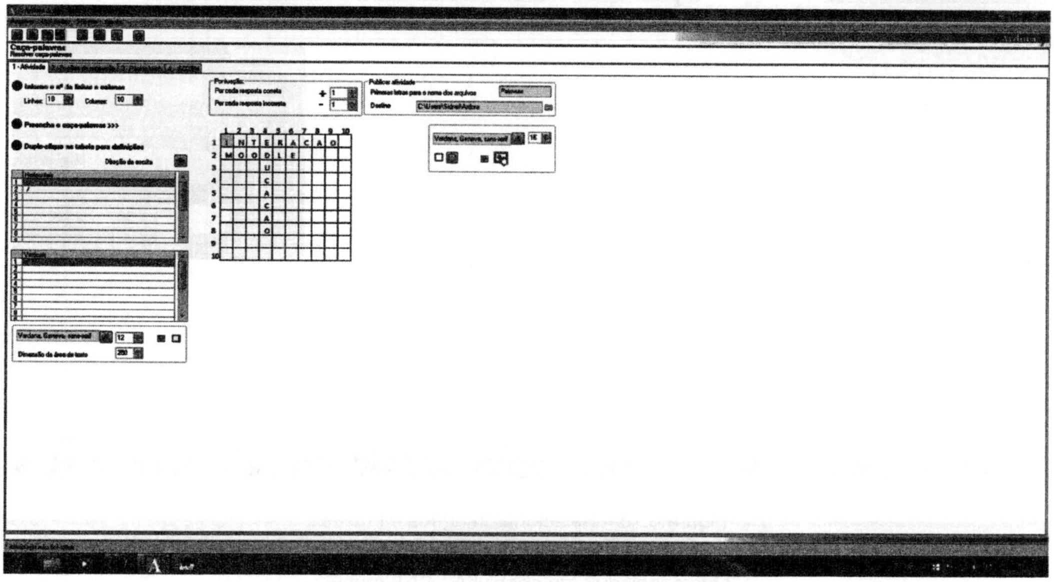

Figura 8.16 - Definição do Nome dos Arquivos e Local para Publicar a Atividade
(Fonte: dos autores)

A Figura 8.17 mostra o jogo de palavras-cruzadas em funcionamento no *browser*.

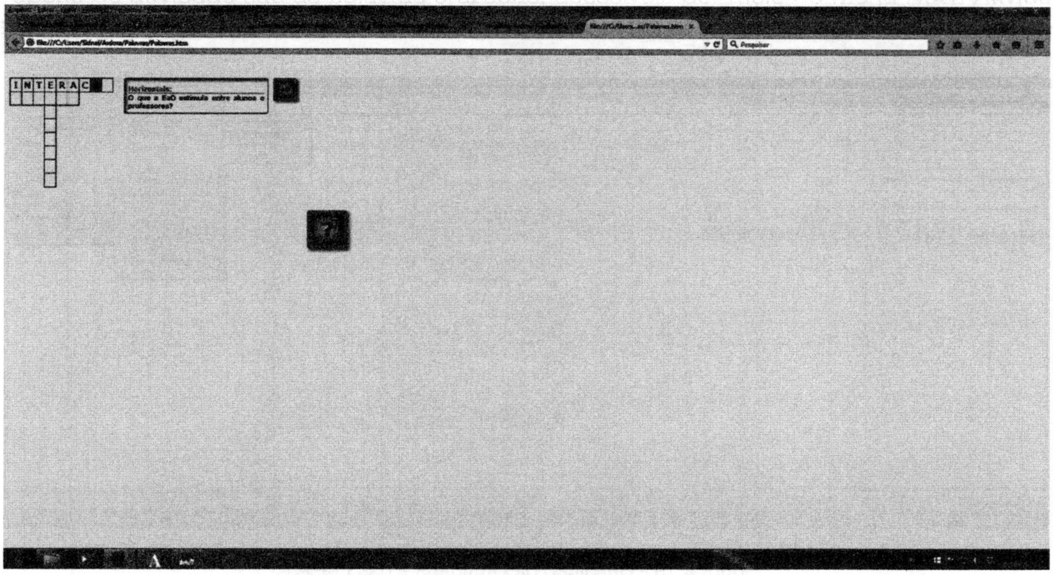

Figura 8.17 - Palavras-cruzadas em funcionamento
(Fonte: dos autores)

8.3 Associação Imagens-Frases

Outro exemplo de atividade é a associação entre imagens e frases, acessível por meio do Menu Nova Atividade> Relacionar> Imagem-Frase, como mostra a Figura 8.18.

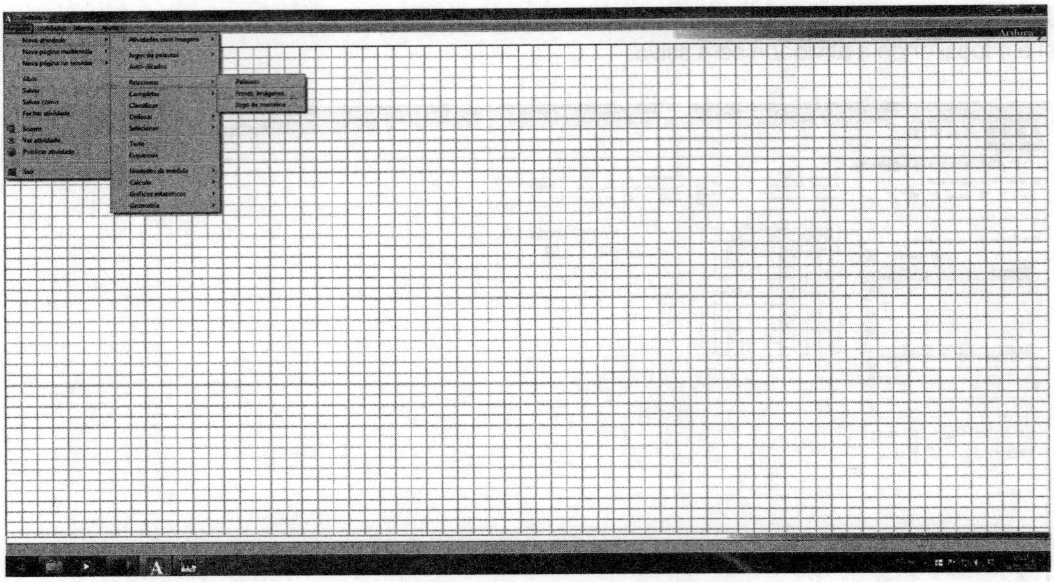

Figura 8.18 – Relacionar Imagens e Frases
(Fonte: dos autores)

A Figura 8.19 apresenta a tela onde são definidas as imagens e as frases correspondentes. Pode-se relacionar frases com frases, imagens com imagens, ou combinar as mídias.

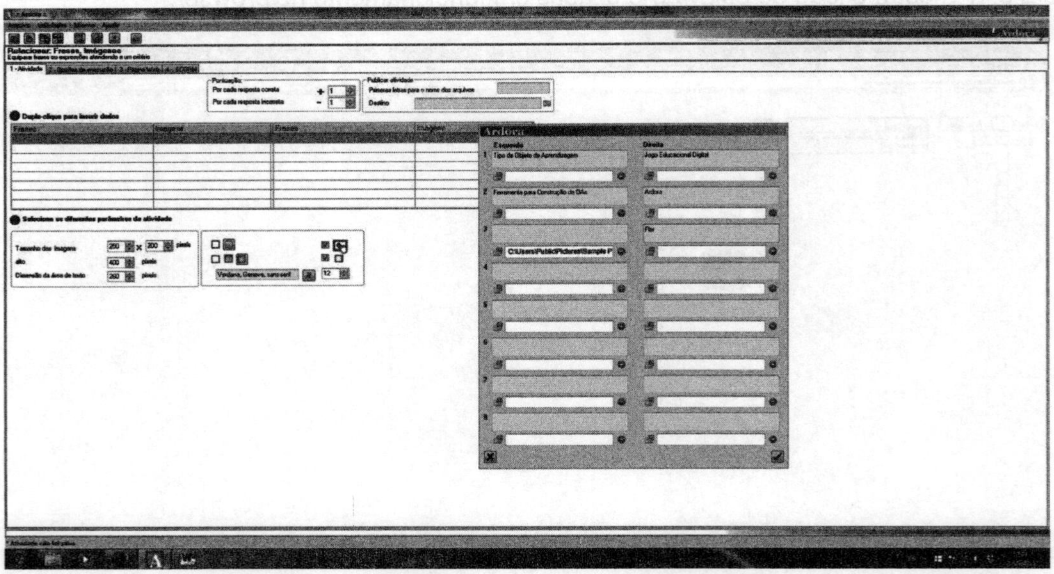

Figura 8.19 - Definição das Imagens e das Frases
(Fonte: dos autores)

As Figuras 8.20 e 8.21 apresentam a atividade em funcionamento no *browser*.

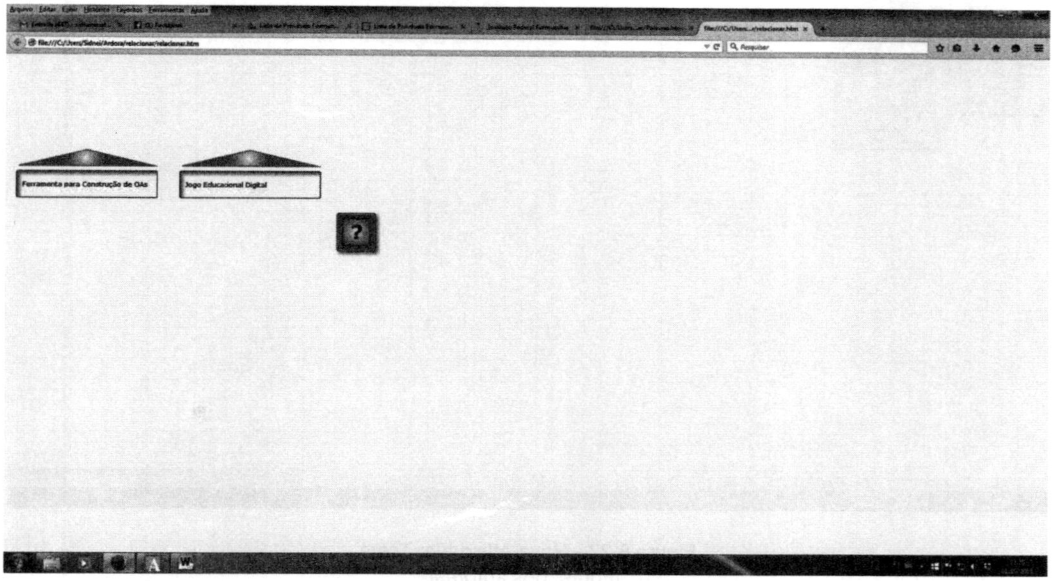

Figura 8.20 - Funcionamento da Atividade de Relacionar Imagens e Frases
(Fonte: dos autores)

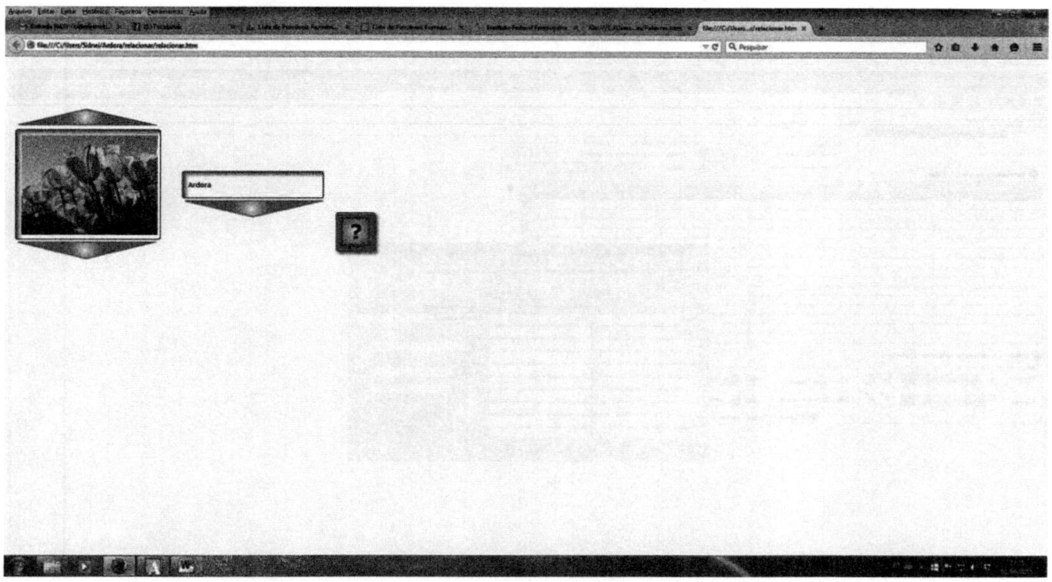

Figura 8.21 - Funcionamento da Atividade de Relacionar Imagens e Frases
(Fonte: dos autores)

8.4 Teste

A Figura 8.22 apresenta um exemplo de teste que pode ser construído por meio da ferramenta *Ardora* (menu *Nova Atividade> Teste*).

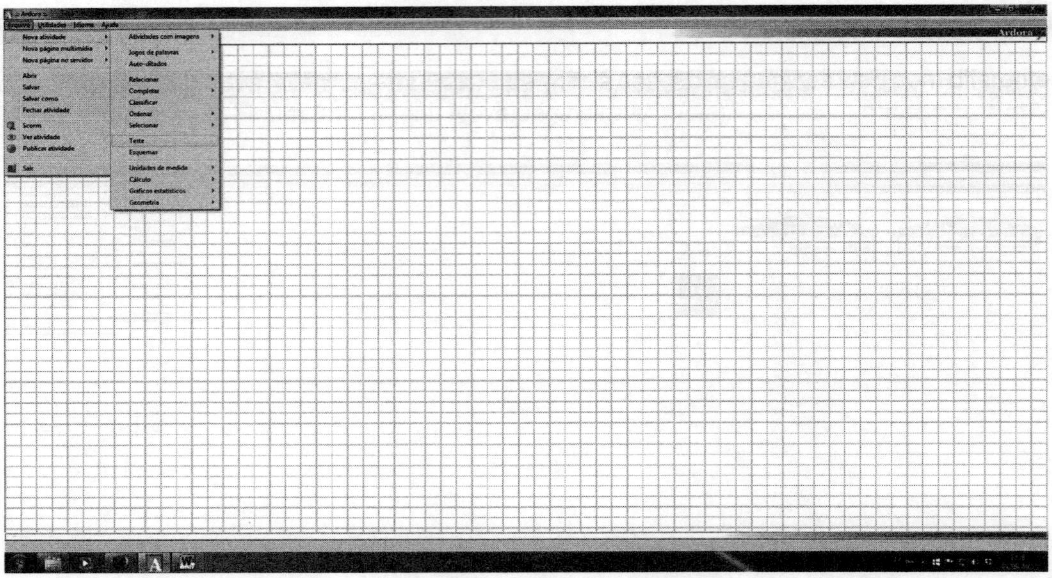

Figura 8.22 - Nova Atividade: Teste
(Fonte: dos autores)

A Figura 8.23 apresenta a tela para configurar o *teste*, com questões de múltipla escolha. Para a configuração do teste devem ser definidas, para cada pergunta, quais são as alternativas corretas e quais são as incorretas, como mostra a Figura 8.24 (deve-se dar um duplo clique na tabela com o cabeçalho na cor amarela).

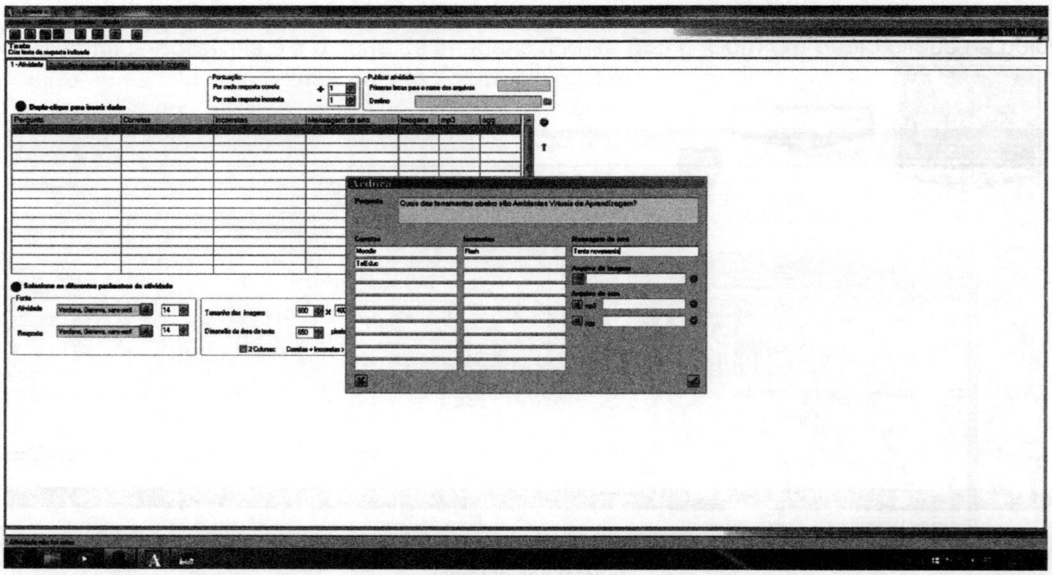

Figura 8.23 - Atividade do Tipo Teste
(Fonte: dos autores)

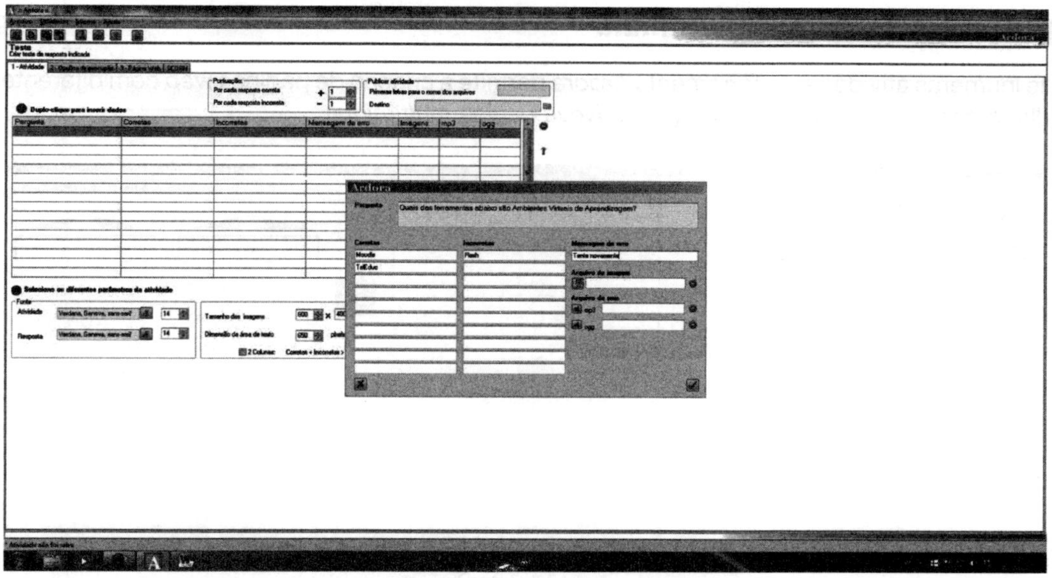

Figura 8.24 - Definição das Alternativas Corretas e Incorretas do Teste
(Fonte: dos autores)

A Figura 8.25 apresenta o teste em funcionamento.

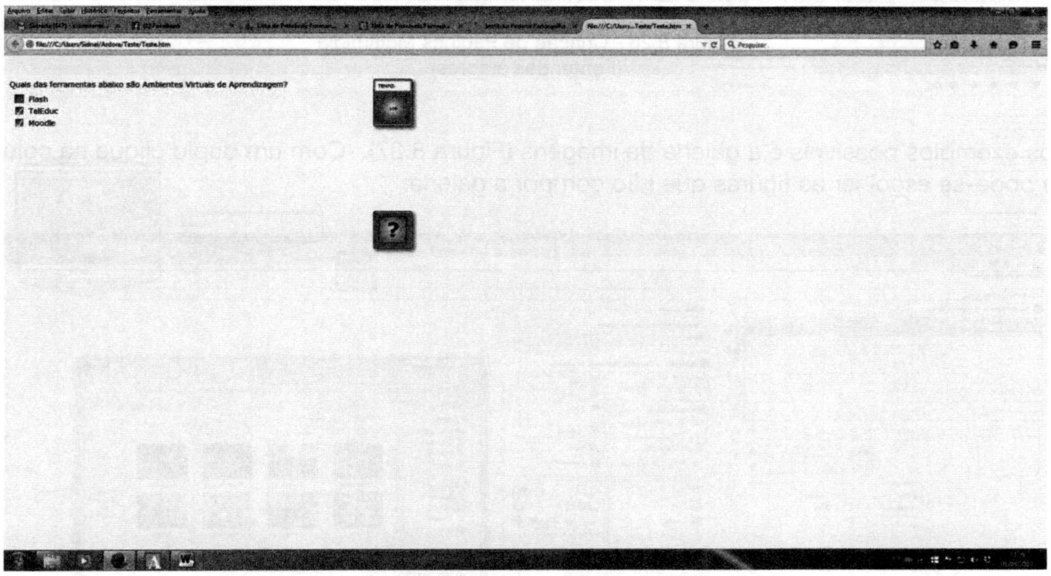

Figura 8.25 - Teste em Funcionamento
(Fonte: dos autores)

8.5 Páginas com Recursos Multimídia

Além de inúmeras atividades, a ferramenta *Ardora* permite a criação de páginas *web* com diferentes recursos de multimídia, como mostra a Figura 8.26 (Menu *Nova página multimídia*).

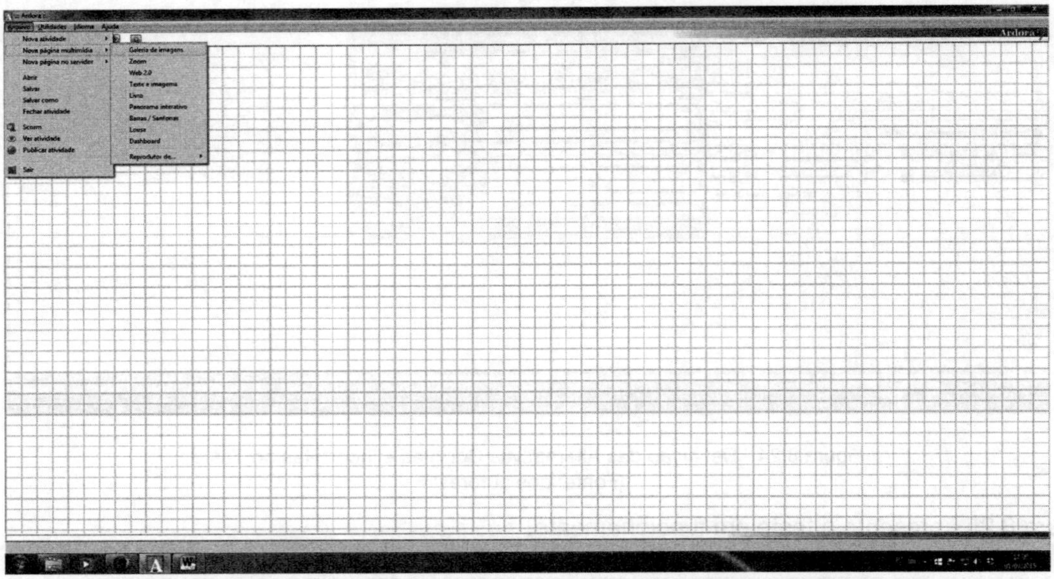

Figura 8.26 - Criação de Páginas Multimídia
(Fonte: dos autores)

Um dos exemplos possíveis é a galeria de imagens (Figura 8.27). Com um duplo clique na coluna *arquivo de imagem* pode-se escolher as figuras que irão compor a galeria.

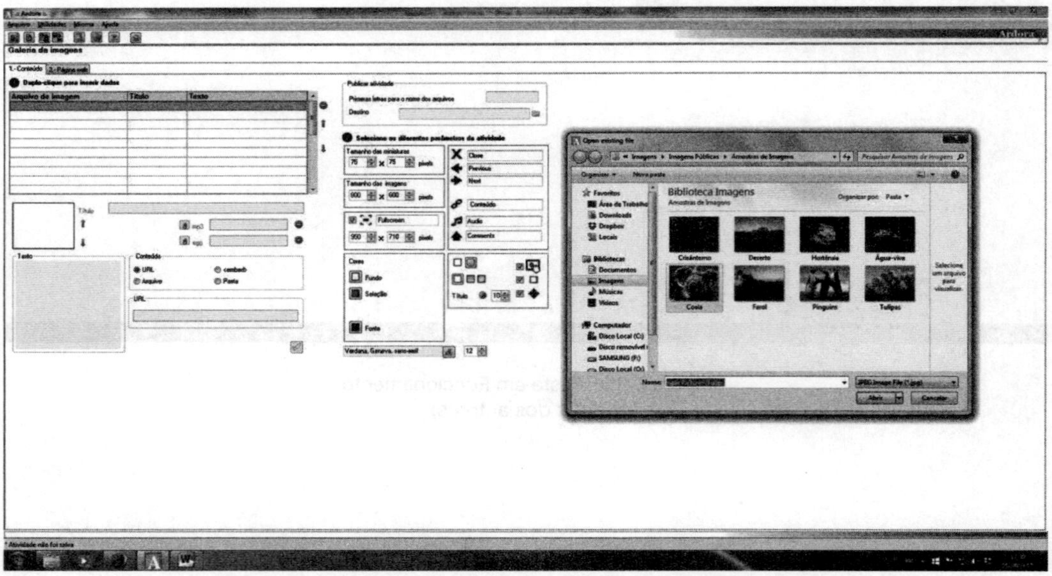

Figura 8.27 - Escolha das Imagens
(Fonte: dos autores)

Deve-se definir um rótulo (título) e um texto para cada imagem. Além disso, deve-se definir a pasta de destino dos arquivos (Figura 8.28).

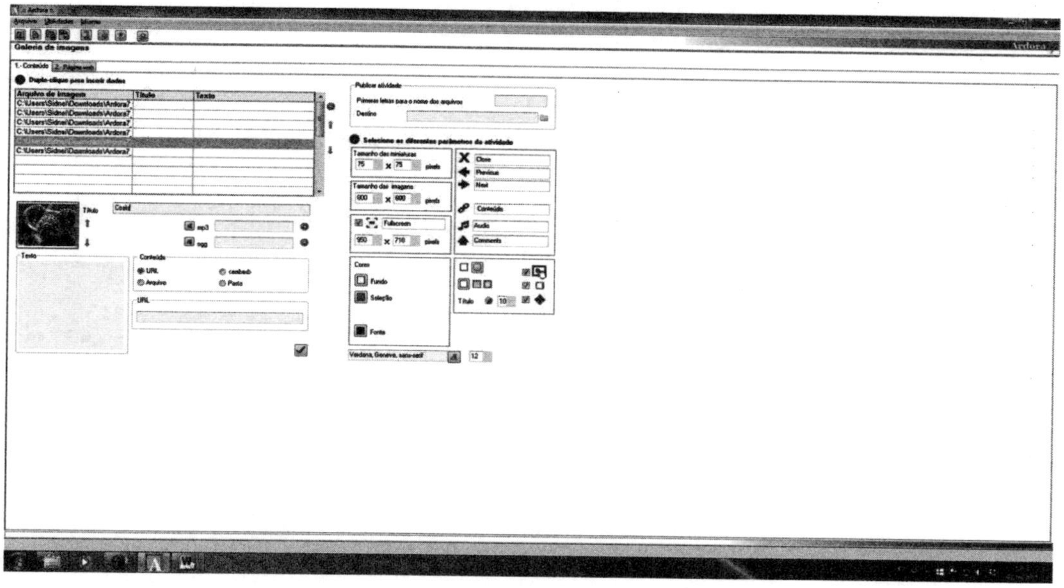

Figura 8.28 - Definição do Rótulo e Texto para as Imagens
(Fonte: dos autores)

A galeria de imagens apresentará as imagens em miniaturas e, quando as mesmas forem clicadas, aparecerão na forma de *zoom*, como mostra a Figura 8.29.

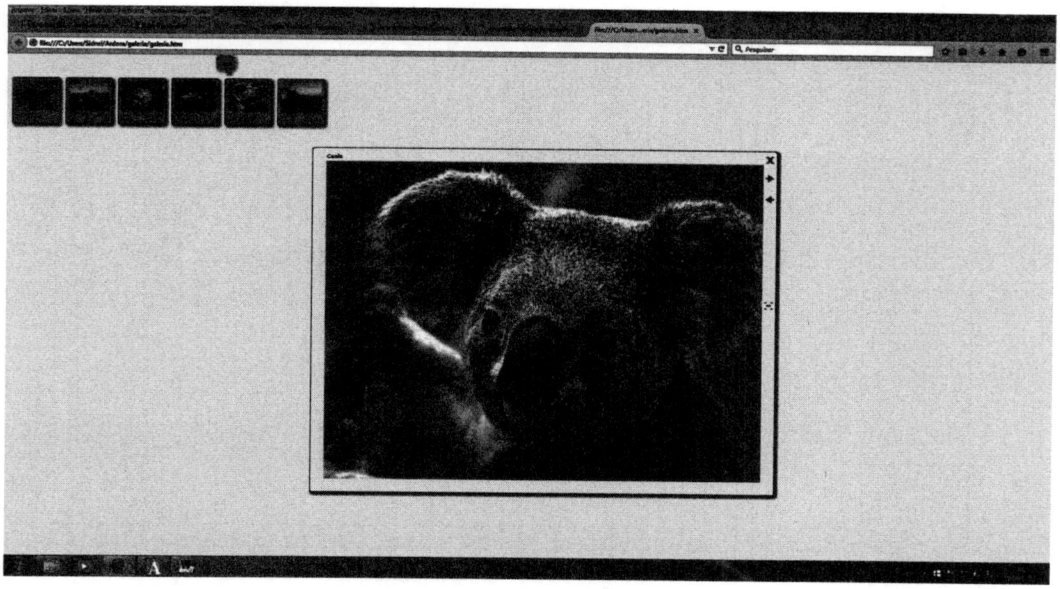

Figura 8.29 - Visualização da Galeria de Imagens
(Fonte: dos autores)

Existe uma grande gama de atividades disponibilizadas pela ferramenta, tais como *ordenar, classificar, caça-palavras, forca, jogo de memória,* entre outras. Maiores informações e outras atividades podem ser encontradas em http://webardora.net/axuda_gal.htm. É preciso armazenar os arquivos gerados pela ferramenta na mesma pasta (arquivos *HTML*, CSS e JS), para que a execução das atividades possa ser realizada no *browser*.

REFERÊNCIAS

ARAMBURU, R. **HTML 5: novos elementos de estrutura.** 14/01/2012. Disponível em: <http://www.botecodigital.info/web/html5-novos-elementos-de-estrutura/>. Acesso em setembro, 2015.

BAQUERO, R. A Zona de Desenvolvimento Proximal e a Análise das Práticas Educativas. In: **Vygotsky e a Aprendizagem Escolar.** Porto Alegre: Artes Médicas, 1998. p. 97-116.

BARNES, D. J.; KÖLLING, M. **Programação Orientada A Objetos Com Java: uma introdução prática usando Bluej.** 4. ed. São Paulo: Pearson, 2009.

BERTAGNOLLI, S. C. **Fundamentos de Programação Orientada a Objetos com Java 1.6**. Porto Alegre: UniRitter, 2009.

BEZZI, M. L. *et. al*. Objeto de Aprendizagem da área de Geografia. **Revista Novas Tecnologias na Educação**, 2007. Disponível em: <http://www.cinted.ufrgs.br/ciclo10/artigos/4lMeri.pdf>. Acesso em setembro, 2015.

BIOE. **Banco Internacional de Objetos Educacionais.** Disponível em: <objetoseducacionais2.mec.gov.br>. Acesso em agosto, 2015.

BONGIOLO, C. E. F. *et. al*. **Subindo e Escorregando:** jogo para introdução do conceito de adição de números inteiros. In: Congresso da Rede Iberoamericana de Informática na Educação, 4., 1998, Actas. Brasília: Universidade de Brasília, 1998.

BORGES, K. S. **Java: uma linguagem de programação orientada a objetos.** Canoas: ULBRA, 2004. Cadernos Universitários n. 217.

BRENELLI, R. P. **O Jogo como Espaço para Pensar: a construção de noções lógicas e aritméticas.** Campinas, São Paulo: Papirus, 1996.

CINTED, Centro Interdisciplinar de Tecnologias na Educação. **CESTA: Coletânea de Entidades de Suporte no Uso de Tecnologias na Aprendizagem.** Disponível em <www.cinted.ufrgs.br/CESTA>. Acesso em fevereiro, 2014.

CHAPMAN, G. M.; MARTIN, J. F. Computerized Business Games in Engineering Education. **Computers & Education**, Oxford, v. 25, n. 1/2, p. 67-73, 1995.

COSTA, J. A.; REIS, P. C. S. K.; SILVEIRA, S. R. **Jogo Educativo Digital para Estimular o Processo de Aprendizagem do Desenho como Prática Projetual.** In: VI SEPesq - Semana de Extensão, Pesquisa e Pós-Graduação do UniRitter, 2010, Porto Alegre. Anais. Porto Alegre: UniRitter, 2010.

CLUNIE, G. *et. al.* **ESCOLA: Meta-ambiente de aprendizagem baseado em hipertecnologias.** In: Congresso da Rede Iberoamericana de Informática na Educação, 3., 1996, Colômbia, Barranquilla. **Anais...** [s.l.: s.n.], 1996.

CROCKFORD, D. **Classical Inheritance in *JavaScript*.** Disponível em: <http://*javascript*.crockford.com/inheritance.html>. Acesso em setembro, 2015.

CSU, California State University. **MERLOT: Multimedia Educational Resource for Learning and Online Teaching.** Disponível em <www.merlot.org/merlot/index.htm>. Acesso em fevereiro, 2014.

DOWNES, S. **Learning Objects: Resources for Distance Education Worldwide.** InN: Internacional *Review* of Research in Open and Distance Learning. V.2, n.1, 2001.

DOURADO, M. *et. al.* **Elaboração de Atividades com Objetos de Aprendizagem de Física no Repositório de Conteúdos Digitais InterRed.** RENOTE, v. 6, n.2, dezembro de 2008. Disponível em: < http://seer.ufrgs.br/renote/article/view/14408>. Acesso em setembro, 2015.

ECMA International. **ECMAScript 2015 Language Specification.** Disponível em: <http://www.ecma-international.org/ecma-262/6.0/index.html#sec-this-keyword>. Acessado em setembro, 2015a.

ECMA International. **ECMAScript 2015 Internationalization API Specification.** Disponível em: <http://www.ecma-international.org/ecma-402/2.0/ECMA-402.pdf> Acessado em setembro, 2015b.

FALKEMBACH, G. A. M. **Adaptive hypermedia: An option for the development educacional systems in order to getting more effective learning. In: International conference on new technologies in science education, Aveiro - Portugal.** Proceedings International Conference on New Technologies in Science Education. 2001.

FALKEMBACH, G. A. M.; TAROUCO, L. M. R. **Hipermídia Adaptativa: um recurso para a adequação de ambientes e aprendizagem ao perfil do aprendiz.** Canoas: ULBRA, 2000. Revista Acta Scientiae, v.2, n.1/2, p. 67-75, jan/dez 2000.

FALKEMBACH, G. A. M. **Concepção e Desenvolvimento de Material Educativo Digital.** Revista Novas Tecnologias na Educação - CINTED - Centro Interdisciplinar de Novas Tecnologias na Educação, v. 3, n. 1 (março/abril) e Revista Novas Tecnologias na Educação (ISSN 1679-1916), 2005. Disponível em: <seer.ufrgs.br/renote/article/download/13742/7970>. Acesso em agosto, 2015.

FALKEMBACH, G. A. M. **Desenvolvimento de Habilidades Cognitivas com o Uso de Atividades Digitais.** Conferência Iberoamericana WWW/Internet. Murcia, Espanha, 2006.

FEB. **Federação Educa Brasil.** Disponível em: <feb.ufrgs.br>. Acesso em agosto, 2015.

FLANAGAN, D. ***JavaScript*: o guia definitivo.** 4. ed. Porto Alegre: Bookman, 2004.

FRANKLIN, A. **Tenha o DOM: Entenda o que é o Document Object Model e tenha o DOM, 2011.** Disponível em: < http://tableless.com.br/tenha-o-dom/>. Acesso em setembro, 2015.

GELLER, M.; SILVEIRA, S. R. **Estudo e Análise de Jogos Educativos Computadorizados.** Relatório de Pesquisa. Canoas: ULBRA, 1998.

GELLER, M.; SILVEIRA, S. R. ; SILVA, J. ; PANICHI, M. **Perspectivas para o Uso de Objetos de Aprendizagem no Ensino de Biologia Celular no Contexto da Educação Especial**. In: IV SEPEsq - Semana de Extensão Pesquisa e Pós-Graduação, 2008, Porto Alegre. Anais.... Porto Alegre: UniRitter, 2008.

GIARETTA, L. L. *et al.* **Camaleão: ferramenta de apoio à confecção de jogos educativos computadorizados.** In: Congresso da Rede Iberoamericana de Informática na Educação, 4., 1998, Brasília. **Actas...** Brasília: Universidade de Brasília, 1998.

GROSSI, E. P. (Org.). **Escolas Infantis: leitura e escrita**. Erechim: Edelbra, 199?.

HUNLOCK, P. **Mastering *JavaScript Arrays*.** Disponível em: <http://www.hunlock.com/blogs/Mastering_*Javascript_Arrays*>. Acesso em setembro, 2015.

IEEE Learning Tecnology Standard Committee. **LOMWG12: Working Group for Learning Object Metadata.** Disponível em: <http://standards.ieee.org/develop/wg/LOMWG12.html>. Acesso em setembro, 2015.

*JAVASCRIPT*KIT. **Window Object.** Disponível em: <http://www.*javascript*kit.com/jsref/window.shtml>. Acesso em setembro, 2015,

KONRATH, M. L. P. **Nós no mundo: objeto de aprendizagem voltado para o 1° Ciclo do Ensino Fundamental.** 2006. RENOTE: Revista Novas Tecnologias na Educação. Disponível em: <http://www.cinted.ufrgs.br/renote/jul2006/artigosrenote/a2_20139.pdf>.

KOTLIARENCO, M. A. El Juego como Posibilidad de Refuerzo a la Resiliencia. In: **Brinquedoteca: o lúdico em diferentes contextos.** Petrópolis, Rio de Janeiro: Vozes, 1997.

LEBOVICI, S.; DIATKINE, R. **Significado e Função do Brinquedo na Criança.** Porto Alegre: Artes Médicas, 1985.

LEIF, J.; BRUNELLE, L. **O Jogo pelo Jogo: a atividade lúdica na educação de crianças e adolescentes.** Rio de Janeiro: Zahar, 1978.

MAILLARD, P. A. J. **Estruturas de Dados II**. Disponível em: <http://professor.unisinos.br/pjaques/>. Acesso em maio, 2013.

MATANZA, J. M. B. **Ardora.** Disponível em: <http://web*ardora*.net>. Acesso em agosto, 2015.

MAZZA, L. ***HTML5* e CSS3: Domine a web do futuro.** Casa do Código, 2012.

MEYER, J. **O Guia Essencial do HTML 5: usando jogos para aprender *HTML5* e *JavaScript*.** Rio de Janeiro: Ciência Moderna, 2011.

NED Núcleo de Educação a Distância, UNIFENAS. **CSS: Folhas de estilos em cascata.** Disponível em: <http://ned.unifenas.br/cursosgratuitos/CSS/Index.aspx>. Acesso em setembro, 2015.

MDN, Mozilla Development Network. **Lista de Elementos do HTML 5.** Disponível em: < https://developer.mozilla.org/pt-BR/docs/Web/HTML/HTML5/HTML5_element_list>. Acesso em setembro, 2015a.

MDN, Mozilla Development Network. **Document.** Disponível em: <https://developer.mozilla.org/en-US/docs/Web/API/Document#Properties>. Acesso em setembro, 2015b.

MUNIZ, R. C. *et. al.* **Uma Abordagem Baseada em Agentes para Recomendação de Objetos de Aprendizagem utilizando o padrão T-SCORM para TVDi.** RENOTE, v. 10, n. 3, dezembro de 2012.

MUZIO, J.; HEINS, T.; MUNDELL, R. **Experiences with Reusable eLearning Objects:** From Theory to Practice. Victoria, Canadá. 2001

NEGRINE, A. **Aprendizagem e Desenvolvimento Infantil: simbolismo e jogo.** Porto Alegre: PRODIL, 1994. v. 1.

OSMANI, A. **Learning *JavaScript* Design Patterns.** O'REILLY, 2012. Disponível em: <http://addyosmani.com/resources/essentialjsdesignpatterns/book/ >. Acesso em setembro, 2015.

PASSERINO, L. M. **Avaliação de Jogos Educativos Computadorizados.** In: TISE'98 - Taller Internacional de Software Educacional, 1998, Santiago do Chile.

PIAGET, J. **O desenvolvimento do pensamento: equilibração das estruturas cognitivas.** Lisboa: Dom Quixote, 1977.

PIAGET, J. **Epistemologia genética.** São Paulo: Abril, 1978.

RANGEL, A. C.; SILVEIRA, S. R. **Jogo Digital para o Desenvolvimento do Raciocínio Lógico-Matemático.** In: IV SEPEsq - Semana de Extensão Pesquisa e Pós-Graduação, 2008, Porto Alegre. Anais.... Porto Alegre: UniRitter, 2008.

Rea-Br. **Recursos Educacionais Abertos.** Disponível em: <http://rea.net.br>. Acesso em abril, 2014.

RIZZI, L. *et. al.* **Atividades Lúdicas na Educação da Criança.** São Paulo: Ática, 1994. Série Educação.

RIZZO, G. O Método Natural de Alfabetização. In: **Alfabetização Natural.** Rio de Janeiro: Francisco Alves, 1988. p. 33-129.

RODRIGUES, M. **O Desenvolvimento do Pré-Escolar e o Jogo.** São Paulo: Ícone, 1992.

SAMY, M. S. **Construindo um *layout* sem tabelas.** Disponível em: <http://www.maujor.com/w3ctuto/*layout*.html>. Acesso em maio, 2014.

SANTOS, C. A. **Jogos e Atividades Lúdicas na Alfabetização.** Rio de Janeiro: Sprint, 1998.

SILVA, I. C. S.; FALKEMBACH, G. M.; SILVEIRA, S. R. **Algoritmos e Programação em Linguagem C.** Porto Alegre: UniRitter, 2010.

SILVA, M. S. ***HTML5*: A linguagem de marcação que revolucionou a web.** São Paulo: Novatec, 2011.

SILVEIRA, S. R. **Estudo e Construção de uma Ferramenta de Autoria Multimídia para a elaboração de jogos educativos.** Dissertação de Mestrado, PPGC UFRGS, 1999.

SILVEIRA, S. R. **Programação com Visual Basic. NET 2005**. Porto Alegre: UniRitter, 2006.

SILVEIRA, S. R.; CIRIACO, E. L.; RANGEL, A. C. S. **Utilização de Jogos Digitais para o Desenvolvimento do Raciocínio Lógico-Matemático.** #Tear - Revista de Educação, Ciência e Tecnologia, v. 1, p. 13, 2012.

SILVEIRA, S. R.; CANDOTTI, C. T.; FALKEMBACH, G. A. M; GELLER, M. **Aplicação de Aspectos de Design Instrucional na Elaboração de Materiais Didáticos Digitais para Educação a Distância.** Revista D (Uniritter), v. 3, p. 77-96, 2011.

SILVEIRA, S. R.; BERTAGNOLLI, S. C.; RIBEIRO, V. G.; RODRIGUES, A. M. **Aplicação de Técnicas de Hipermídia Adaptativa em Sistemas Tutores Inteligentes.** Colabor@ (Curitiba), v. 7, p. 4, 2011.

SILVEIRA, S. R.; GELLER, M.; FALKEMBACH, G. A. M. **Desenvolvimento de Jogos Educativos Digitais utilizando Ferramentas de Autoria Multimídia:** um estudo de caso com o ToolBook Instructor. RENOTE. Revista Novas Tecnologias na Educação, v. 4, n.1, 2006.

SILVEIRA, S. R.; BARONE, D. A. C. **Uma Ferramenta de Autoria Multimídia para Elaboração de Jogos Educativos.** Acta Scientiae (ULBRA), Canoas, v. 2, n.1/2, p. 17-27, 2000.

SILVEIRA, S. R. **Professores Utilizando Ferramentas de Autoria Multimídia no Desenvolvimento de Software Educacional.** Acta Scientiae, Canoas - RS, v. 1, n.1, p. 15-21, 1999.

SILVEIRA, S. R.; SILVA, J. ; GELLER, M.; SZABLUK, D. **Construção de Objetos de Aprendizagem para o Ensino de Biologia Celular no Contexto da Educação Especial.** In: V SEPEsq - Semana de Extensão, Pesquisa e Pós-Graduação. Anais. Porto Alegre: UniRitter, 2009.

SILVEIRA, S. R.; BARONE, D. A. C. **Uma Ferramenta de Autoria Multimídia para a Elaboração de Jogos Educativos.** Anais do X SBIE - Simpósio Brasileiro de Informática na Educação, 1999.

SILVEIRA, S. R.; BARONE, D. A. C. **Ferramenta de Autoria Multimídia para a Elaboração de Jogos Educativos.** In: Tise 98 - Taller Internacional de Software Educativo, 1998. Anais do Tise 98, 1998.

SILVEIRA, S. R.; BARONE, D. A. C. **Jogos Educativos Computadorizados Utilizando a Abordagem de Algoritmos Genéticos.** In: IV RIBIE - Congresso da Rede Iberoamericana de Informática Educativa, 1998, Brasília - DF, 1998.

STAHL, M. M. **Ambientes e Ensino-Aprendizagem Computadorizados: da sala de aula convencional ao mundo da fantasia.** Rio de Janeiro: COPPE-UFRJ, 1991.

TAROUCO, L; TAMUSIUNAS, F. R.; FABRE, M. **Reusabilidade de Objetos de Educacionais.** RENOTE - Revista Novas Tecnologias na Educação - CINTED - Centro Interdisciplinar de Novas Tecnologias na Educação, v. 1, n. 1, UFRGS, 2003.

TAROUCO, L. M. R. *et. al.* **Objetos e Aprendizagem para *M-Learning*.** Florianópolis: SUCESU - Congresso Nacional de Tecnologia da Informação e Comunicação, 2004.

VYGOTSKY, L. S. O Papel do Brinquedo no Desenvolvimento. In: **A Formação Social da Mente.** São Paulo: Martins Fontes, 1989. p. 106-118.

WILEY, D. A. **Learning Object Design and Sequenceing Theory.** Tese de Doutorado, Brigham Young University. Provo, EUA, 2000.

WEBREFERENCE. **Professional *JavaScript* for Web Developers: *JavaScript* in the Browser.** Disponível em: <http://www.webreference.com/programming/prof_java/4.html>. Acesso em setembro, 2015.

W3C.BR. **CSS: Curso W3c Escritório Brasil.** Disponível em: <www.w3c.br/pub/Cursos/CursoCSS3/css-web.pdf>. Acesso em setembro, 2015.

W3C.BR. **Curso de *HTML5*.** Disponível em: <http://www.w3c.br/cursos/html5/conteudo/capitulo5.html>. Acesso em maio, 2014.

W3C.BR. **História. Sobre o Consórcio W3C.** Disponível em: <http://www.w3c.br/sobre/#history-head>. Acesso em setembro 2015.

W3.ORG. **DOM: Document Object Model.** Disponível em: <http://www.w3.org/DOM/>. Acesso em setembro, 2015.

W3SCHOOLS. ***JavaScript* Objects.** Disponível em: <http://www.w3schools.com/js/js_object_definition.asp>. Acesso em setembro, 2015a.

W3SCHOOLS. **HTML DOM Events.** Disponível em: <http://www.w3schools.com/jsref/dom_obj_event.asp>. Acesso em setembro, 2015b.

W3SCHOOLS. **BOM *JavaScript* Window:** the *Browser Object Model*. Disponível em: < http://www.w3schools.com/js/js_window.asp>. Acesso em setembro, 2015c.

Anotações

Anotações

Impressão e acabamento
Gráfica da Editora Ciência Moderna Ltda.
Tel: (21) 2201 - 6662